世界经济格局变动中的发展中国家经济

北京大学经济学院教授文库

巫宁耕 著

通过这些著述和文稿，我们不仅可以分享教授们的研究成果、领略他们的学术风格，而且可以把握不同历史时期我国经济学研究的思想脉络，反思特定历史阶段的特殊经济实践以及经济学理论发展和研究方法的进程。

巫宁耕文集

PEKING UNIVERSITY PRESS · 1902

北京大学出版社
PEKING UNIVERSITY PRESS

图书在版编目(CIP)数据

世界经济格局变动中的发展中国家经济:巫宁耕文集/巫宁耕著.—北京:北京大学出版社,2005.9

(北京大学经济学院教授文库)

ISBN 7-301-09620-8

Ⅰ.世… Ⅱ.巫… Ⅲ.①发展中国家-经济发展-文集 ②经济发展-东亚-文集 Ⅳ.①F112.1-53 ②F131-53

中国版本图书馆 CIP 数据核字(2005)第 100748 号

书　　名:世界经济格局变动中的发展中国家经济——巫宁耕文集

著作责任者:巫宁耕　著

责 任 编 辑:陈　莉　熊少萍

标 准 书 号:ISBN 7-301-09620-8/F·1191

出 版 发 行:北京大学出版社

地　　址:北京市海淀区成府路 205 号　100871

网　　址:http://cbs.pku.edu.cn

电　　话:邮购部 62752015　发行部 62750672　编辑部 62752926

电 子 信 箱:em@pup.pku.edu.cn

排　版　者:北京高新特打字服务社　82350640

印　刷　者:北京原创阳光印业有限公司

经　销　者:新华书店

650 毫米×980 毫米　16 开本　19 印张　321 千字

2005 年 9 月第 1 版　2005 年 9 月第 1 次印刷

定　　价:38.00 元

编 委 会

主　编： 睢国余

副主编： 黄桂田

编　委： 何小锋　胡　坚　黄桂田　睢国余
李庆云　李心愉　刘　伟　刘文忻
孙祁祥　王大树　王跃生　王志伟
萧　琛　萧国亮　萧灼基　晏智杰
叶静怡　郑学益

序　言

北京大学经济学院成立于1985年5月,其前身是北京大学经济学系。经济学系始建于1912年,是中国高等学校建立最早的经济系科,源于1898年戊戌维新运动中创办的京师大学堂商学科。

在近百年的北京大学经济学系、经济学院发展进程中,不同历史阶段的教授们以崇高的敬业精神和执著的经世济民的职业操守为北京大学经济学科的发展作出了自己的卓越贡献。这些教授不仅包括学术泰斗和学界先贤,而且包括活跃于经济学舞台的先贤传人和后起之秀。他们是北京大学经济学系及迄今为止有20年历史的经济学院发展中的开拓者、建设者。在北京大学经济学院成立20周年庆典之际,我们对历代北京大学经济学系、经济学院的教授们表达诚挚的敬意和衷心的感谢!

《北京大学经济学院教授文库》选录了经济学院部分教授公开发表的有代表性的著述。虽然这些著述由于文稿作者的年龄、阅历、所处时代背景不同,学术视野、价值取向各异,甚至文稿所反映的某些学术观点和理论判断值得进一步斟酌和商榷,但是通过这些著述和文稿,我们不仅可以分享教授们的研究成果,领略他们的学术风格,而且可以把握不同历史时期我国经济学研究的思想脉络,反思特定历史阶段的特殊经济实践以及经济学理论和研究方法的发展进程。有些论文的思想和方法按今天的某种"学术规范"或"学术前沿"衡量,可能显得"陈旧"和"过时",但它们却是属于"当时"的学术前沿和符合"当时"的学术规范的。从动态的、历史的、发展的眼光审视经济类学科的发展,不仅是过去,而且在现在和将来,都不存在一成不变的"学术规范"和永恒的"学术前沿",因为经济活动现象和经济发展过程太具有嬗变性、多样性和生动性,以解释和解决现实经济问题为出发点的经济学成果怎么可能保持它的不变性?尊重历史、尊重反映各个阶段历史的学术成果,从历史史实和"历史性"成果中吸取养分,借以站在前人成果的肩膀上"创造"我们所处阶段的"学术前沿",才是学术发展永恒的道理。可以说,这是我们出版《北京大学经济学院教授文库》的宗旨之一。

我们希望通过这套文库的出版，进一步推进经济学院未来学科的建设，吸引北京大学经济学院未来的教授们以更精彩的篇章进入《北京大学经济学院教授文库》。

真诚地感谢北京大学出版社的合作及相关工作人员的辛勤劳动！

《北京大学经济学院教授文库》编委会

2005 年 5 月

自 序

这本论文集主要选自1978年改革开放以来我在杂志、报纸和其他出版物上发表的一些有代表性的文章，其中也包括为一些研究机构撰写的未发表的调研报告节录。经济学院领导决定出版我院教授的论文集，这是经院发展史上的一大决策。我们也能有机会回顾和检讨自己的学术思想和观点的发展轨迹，总结做研究工作的体会和不足，这是难得的机会，对后来者可能也有所启示。

我从事世界经济特别是发展中国家经济的教学和研究，已经四十多年。北大是全国高校中最早设立世界经济专业的，我也有幸参与了它的组建工作。不过回想起来，这虽然是当年形势发展的需要，但对我也有很大的偶然性。

1935年我出生在中国的文化名城苏州，幼年家境贫困，1949年解放前夕我已濒临失学的困境。新中国的成立，为我开辟了崭新的前景。我报考了当时免收学费的苏州市农业学校，得以继续我的学业，并愿以此为终身奋斗的事业，这是我人生的第一个转折。然而，1952年当我即将走上农业战线工作的前夕，学校根据上级指示决定我留校任政治辅导员并兼任政治课教员。这是完全出乎我意料之事，因为当时我对政治工作一窍不通，对政治经济理论也不甚了了，惟一所有的是青年人一股革命热情和对知识的渴望。两年后，就在我刚刚开始熟悉自己工作时，学校领导又根据上级指示，鼓励我们年轻教员参加当年高考。有一个继续深造的机会，当然是我求之不得的事。我抱着侥幸的心理报考了北京大学经济系，幸运的是，我被录取了。

几年的大学生活，是我系统地学习经济理论和知识的难得机遇。我们这批当年的“调干生”，几乎个个都十分珍惜每一分钟时间，如饥似渴地学习。冬天，我们冒着刺骨寒风，天不亮就上图书馆“抢坐位”；夏天，个个都汗流浃背地坐在教室里苦读，也不觉得辛苦。我们引以自豪的是，北大不仅有全国高校中最美丽的校园，当时经济系还集中了一批全国著名学者，如陈岱孙、樊弘、陈振汉、罗志如、徐毓楠、严仁赓等教授。正是在他们的言传身教之下,我们这批初学者顺利地步入了经济学的殿堂。同时,我们的大学生活也是丰富多彩的,每天进行体育锻炼,周末有舞会,我还担任了两年北大摩托车队队长。1956 年我被评为北京市“三好学生”。

1958 年我又毕业留校任教,搞政治经济学教学。1960 年教育部根据中央关于加强对国际问题研究的指示,决定在北京大学和人民大学设立世界经济专业,并在北京几所有关高校中抽调一些教员着手编写世界经济教材,北大经济系决定让我和洪君彦同志参与这一工作,这是我真正转入世界经济这一新学科工作的开始。

可以说,从那时起到 1978 年中共十一届三中全会前的十多年里,国内学术界对世界经济的研究还只是处在起步阶段。大家对什么是世界经济,它的研究对象、内容和方法等问题,众说纷纭,莫衷一是。那时还没有一本全国性的世界经济教材,有关的论著也是屈指可数。特别是受到当时国际关系的制约,国内信息的匮乏,加之“左”的思潮的影响,世界经济研究的范围和内容都很受限。如对发达国家经济的研究,重点是在经济危机和无产阶级贫困化,以揭露制度的腐朽性和垂死性;对苏联、东欧的研究,主要围绕如何反修防修,对它们的经济改革持一概否定的态度;至于对发展中国家经济,着重探讨那里的阶级斗争和民族斗争的经济背景和根源,对它们中一些国家发展经济的努力则不屑一顾。总之,这一时期的研究工作,一切服从于政治斗争的需要,以我划线、以我为标准。“左”的思潮在“文化大革命”中达到登峰造极的地步。由于这条思想路线是由上而下贯输的,它不能不对我们的教学和研究产生影响。当然,在实践中我们也有怀疑和困惑。如在“文革”中,我们抵制了要我们批判在经济危机期间和西方国家做生意是“卖国主义”、“洋奴买办”的荒唐说法。

党的十一届三中全会为新中国的历史开创了一个新的时期,它的最大成绩是意识形态上拨乱反正和端正思想路线。党中央强调,在理论和实践的结合中,不惟上、不惟书、不惟人、要惟实;要运用科学的方法,在研究大量事实的基础上,探讨客观事物的性质和规律;要不以已有的结论为定论,而要以实践作为检验真理的惟一标准。这一切使全党全民思想大解放,它为社会科学包括世界经济研究的繁荣创造了重要前提。同时,随着改革开放事业的发展,对外交往日益扩大,信息和通讯事业的突飞猛进,大大改善了研究国际问题的环境和条件。我们对世界经济的研究领域不断扩展,不仅包括对全球经济的研究,也涉及对不同地区、不同类型国家以及世界经济各个领域(贸易、金融、投资、技术转让、跨国公司、全球化和一体化等)的研究。

过去被视为不敢涉及的理论禁区,现在也能正确处理。

在改革开放以来的二十多年里,我讲授了《战后发展中国家经济》、《经济发展的理论和实践》、《世界经济》、《印度经济》、《世界经济研究专题》等课程,出版了近十部专著和合著,在报刊上发表了一百多篇论文。这里我挑选出 27 篇,集成一书,并取名为《世界经济格局变动中的发展中国家经济》,有些文章虽已时过境迁,但它是针对当时情况撰写的,曾在社会上有较大影响,也反映了我的学术思想的成长脉络,这里还是原文收录其中。在内容编排上,为方便阅读,采取了由近及远、由局部到全局的原则,全书分为 4 个部分:

第一部分,讨论亚太地区经济合作及其和中国的关系。众所周知,亚太地区经济一体化是 1980 年代才提出的问题,我们对此的认识也有一个过程。80 年代后期,欧洲提出加快统一大市场进程的问题,美加自由贸易区协议的达成,对东亚地区形成了巨大压力。由于当时中国的经济体制改革刚刚起步,中国的综合经济国力和企业竞争力还相当薄弱和低下,因此只能走先参加次区域性和非机制性的经济合作,再逐步过渡到区域性和制度性的合作形式,这就是我发表《次区域性合作是通向亚太经济一体化的现实道路》(1992 年)一文的背景和基本思想。此后情况的逐步变化,关于区域经济一体化的讨论集中在两个问题上:(1) 关于 APEC 问题。这里收集的两篇文章(其中一篇是调研报告),讨论了 APEC 出现的历史必然性及其发展趋势。在 1990 年代后期,当 APEC 的发展出现停滞后,作者对导致它将继续存在和发展的一些基本因素作了深入讨论,同时也指出,它的发展方向和发展速度将会受到多重矛盾的制约。(2) 关于东亚区域经济合作的发展道路问题。在《东亚经济合作的道路》(2004 年)一文中,作者分析了 21 世纪以来东亚出现区域经济合作高潮的动因和特点,分析了这一地区的区域合作道路与欧洲、北美的差别,也提出了中国应采取的具体对策。

第二部分,讨论东亚经济和东亚模式。中国改革开放初期,"左"的传统思想还有较大影响,如对东亚"四小龙"的发展持否定态度者不少。1986 年新加坡举办第一届《亚洲大专辩论会》,邀请北京大学参加,我有幸作为北大辩论队教练与洪君彦领队一起率队赴狮城参赛(获团体冠军)。此后,又赴香港这一中国的"东方明珠"作了几个月的访问学者。对两地的经济和生活经过几个月的考察后,我深感需要对国内学术界的一些糊涂观念作一清理,这样就在当时党中央刊物《红旗》上发表了《亚洲"四小龙"经济奇迹剖析》一文(1987 年)。文章指出,"四小龙"的发展是客观存在的现实,它们实施的战略和政策,虽有其特殊性,但也有符合发展中国家现实的普遍性。论文发表后,在国内外引起较大反响。日本《每日新闻》(1987 年)发表署名文章称:"近来中国从正面评论在经济上继续突飞猛进的亚洲新兴工业国家或地区的情况,正开始显著增加"。评论直接提到《红旗》杂志发表的论文,指出"中国最近之所以对亚洲新兴工业国和地区作出评价,是由于中国内部出现了现实主义的想法"。在本编中讨论的另一个重要问题,是 1997 年爆发的震惊世界的东亚金融危机。作者分析了这场危机的特点、原因和影响,并对与此相关的"东亚模式"问题作了评价。论文批判了当时国际货币基金总裁康德苏和一些美国舆论认为"东亚模式"已经"过时","美国模式"将"取而代之"的奇谈怪论,指出由于"东亚模式"存在的明显缺陷,调整和改革是必然的,但由于东亚地区特殊的政治、经济、历史和文化条件,发展模式也必然带有本地区不同国家的特点。

第三部分,讨论了发展中国家经济中的一些重大问题,如发展战略、发展危机和经济调整、农业问题、贫困问题和跨国公司等问题。1980 年代初,中国改革开放不久,正在开始制定自已的发展战略。在有关的几篇论文中,作者在理论和实践结合的基础上,着重分析了战后以来发展中国家实施的内向战略和外向战略的内涵和利弊,并提出作为发展中大国应该把这两种战略适当地结合起来。如在《评发展中国家社会经济综合发展战略》(1982 年)一文中,作者根据发展中国家的经验教训,较早地提出应该把经济发展与社会发展结合起来,实行社会经济综合发展战略。由于论文的开创性,此文获中国社会科学院优秀论文奖。1980 年代初,在发达国家陷入严重经济衰退的同时,多数发展中国家(除东南亚和南亚地区外)陷入了长达 10 年的经济困境。根据发展中国家经济的性质和造成经济困境的原因,作者第一次提出"发展危机"的概念,并分析了这一危机的表现、特点、成因、与发达国家周期性危机的区别和解决危机的途径。在《世界格局变动中发展中国家面临的挑战》(1992 年)一文中,作者根据 1980 年代以来世界格局的变化、新科技革命的发展及区域经济一体化高潮的再次掀起,提出发展中国家在世界政治经济中的地位正面临着被"边缘化"、"外切化"、"分裂化"和"从属化"的严重挑战。同时,作者还从发展中国家的角度,讨论了人类面临的重大问题之一——贫困问题,分析了这一问题的严重性及其形成原因,讨论了发展中国家在解决这一问题上的经验教训,并结合中国扶贫的实践,提出了在解决这一重大战略任务上应采取的措施。该论文由于具有重要性和现实性,获校刊优秀论文奖。

第四部分,世界经济和南北(即发展中国家与发达国家)经济关系,可称为总论。其中首篇是《西欧国家联合反霸是历史发展的必然趋势》(1978年),这里作者根据毛泽东同志提出的"三个世界"理论,指出西欧国家走上联合自强的道路,既是针对苏联的,同时也有要求与当时资本主义世界霸主美国平起平坐的一面,它们是国际反霸统一战线的重要力量。在本编中,作者讨论的另一主题是当时正在掀起的发展中国家反对旧的国际经济关系,争取建立国际经济新秩序的斗争(即"破旧立新"斗争)。在《论建立国际经济新秩序的斗争》(1980年)一文中,作者较早地、全面地论证了这一斗争的起因、内容、性质、意义及其发展趋势。与此有关,在以后的《世界经济危机和南北经济矛盾》(1984年)和《南北关系和国际经济新秩序》(1984年)等文章中,又深入探讨了南北矛盾的经济根源,分析了"相互依赖"中的不对称性,揭示了发达国家通过贸易的不等价交换、直接投资利润和贷款利息等几项"常规"途径,每年从发展中国家攫取巨额财富的真相。同时,由于南北双方力量的悬殊,作者分析了当时"破旧立新"斗争所面临的困难及其前景。

总之,作者在世界经济,特别是发展中国家经济领域耕耘了几十年,深感这一新兴边缘学科研究的广泛性和交叉性,要求学者必须正确地把握和运用马克思列宁主义理论和方法;必须有坚实的经济学理论基础和广博的各学科的知识;同时还必须有对历史、地理、文化、宗教等领域的广泛了解以及有较好的外语和数学基础。这些年来我一直有力不从心之感,为此,只能抖擞精神、兢兢业业、脚踏实地地搞教学和研究,遇到不清楚的问题不仅向书本,也向有关研究机构、国家机关和学校同仁请教,包括向自己的学生学习。这次收集的论文中,有3篇就是师生合作的成果。由于知识的局限,论文中缺少运用数理统计方法进行实证的文章,这是一大遗憾。但是,也不能走到另一极端,认为只有用数学方法的论文才是科学的文章。用数学方法来求证某一命题是必要的,但也有局限性。如果对此发展到盲目崇拜的地步,学术研究也就成了少数学者学院式研究的"象牙之塔"。

同时,几十年的实践也使我认识到,社会科学领域的研究,会受到时代背景、信息把握和个人条件的制约,即使是伟人和巨匠也不例外。作为一个普通学者,要使自己的研究对中国的改革开放和学科建设有所贡献,必须善于把握与当前世界经济和中国经济可持续发展有密切关系的重大问题;必须掌握尽可能完备的材料,在理论和实践的结合上,对事物的本质及其客观规律作出分析;最重要的,我认为还是必须明确做研究工作的目的,并努力去把握和运用正确的方法,切忌主观性、片面性和功利性。可以说,这些就是我的座右铭。

在《世界经济格局变动中的发展中国家经济》一书的出版中，我对文章逐一作了校改。为保持原文的思想和风格，如实地反映自己当时的思想，我只对个别提法作了技术处理，一般不再修改。在技术层次上，由于文章很多发表在20世纪八九十年代上半期，而现在结集出版已进入21世纪，这样，尽管文章已加注，标明原来发表的时间和杂志名称，但在个别地方还是加了少量“20世纪”的字样或改为“19××年代”。同时，这一时期是国际关系格局和中国对外关系发生巨大变化的时期，如苏联的瓦解、西德的统一、中韩建交、港澳的回归、中国台湾地区的“独派”上台等。因此在20世纪90年代前后，原文中对上述地区的提法与现在也不相同，如1992年中韩建交前，对“韩国”一般称“南朝鲜”；在香港回归前，我们对当时的“香港政府”也常称“港英当局”或“香港当局”；1990年代前，海峡两岸对一个中国并无异议，因此在“台湾”前，有时仅加一个“省”或“地区”的字样，这次校改时根据规定，将“南朝鲜”统改为“韩国”，在“台湾”前添加了“中国”，以正名。另外，由于文章发表在不同的报刊上，对参考文献的要求不一致，此次收进文集时，由于年代久远，部分引文已不可考，所以只能保持原貌，敬请读者谅解。

这本书能顺利出版，首先应当要感谢经济学院领导对老一代教师的关心和支持；也要感谢北大出版社领导和编校同志的热心帮助和所付出的辛勤劳动。

北京大学经济学院

巫宁耕

2005年1月20日

目 录

亚太经济合作和中国

东亚经济和东亚模式

发展中国家经济问题

世界经济和南北经济关系

亚太经济合作
和
中　国

加深理解，推进东北亚地区的经济合作*

一、发展东北亚地区的经济合作是历史发展的必然趋势

近几年来，加强东北亚地区的经济合作，已经成为本地区有关国家日益强烈的愿望。各种推进东北亚地区合作的构想，如东北亚经济圈、环日本海经济圈、黄海经济圈等，也应运而生。战后一直是大国角逐场所的东北亚地区，现在开始刮起一股清新的要求合作之风，这不能不说是一个新转折的起点。

这种新的变化，当然不是突然降临的。它是多年来国际环境变化和本地区人民要求和平、合作和发展愿望的产物。

首先，它是与大国关系日趋改善的形势相联系的。在过去的几年里，美苏两大国之间的关系出现了明显的缓和。特别是1990年以来发生的东欧的剧变，两个德国的重新统一以及苏联国内严重的政治、经济和民族危机，标志着战后一直以美苏为主要对手的旧的国际政治格局正在走向解体，国际关系处在大动荡的变化之中。在这种新旧格局的交替过程中，一方面，不可避免地孕育着许多新的不稳定因素，局部的紧张和地区冲突仍会发生；另一方面，大国之间的军事对抗和军备竞赛将逐渐降低，缓和和对话会持续下去；同时，政治的、外交的，特别是经济上的竞争和摩擦会更加突出。在一个时期内，军备竞赛将转向各个国家综合国力的竞争。

在这种情况下，世界主要国家都将利用缓和的时机，重新修订20世纪90年代的长远战略，并把提高本国的综合国力，特别是提高自己的经济技术实力和对国际事务的影响力，作为战略的首要目标。处在东北亚地区的各国也无一例外。因此，推进东北亚地区的合作，正是有利于实现这一战略目标的重要步骤。

---

* 原载《北大亚太研究》1991年第5期。

其次，它和国际经济中的多极化和区域化趋势密切有关。战后初期，美国一度在世界经济中独执牛耳。不久，西欧和日本的经济迅速恢复和发展。进入70年代后，资本主义世界实际上已经形成美日欧三足鼎立之势。此后，这种不平衡的发展趋势一直在继续。日本在世界经济中的地位进一步上升，并发展成为资本主义世界名副其实的第二号经济大国。日本的国民生产总值1960年仅为美国的8.4%，1970年升至20.2%，1989年已相当于美国的60%，人均产值已超过美国的20%。日本的对外贸易不仅发展迅速，而且自1983年以来顺差不断扩大。从1983年至1989年贸易顺差达5 000亿美元，从而使日本的外汇储备居世界之首。日本的金融实力已与美国相匹敌。世界最大的10家商业银行均为日本所有，1987年日本的股票市场总市值已经超过美国，居世界首位，1989年更达4.1万亿美元，占世界股市总市值的40%(美国占30%)。日本的对外资本输出急剧增加，已成为当今世界最大的债权国。

在西欧，尽管70年代以后经济增长有所放慢，但联邦德国一直是欧洲国家之佼佼者。近几年来，联邦德国的出口贸易一直居世界之首。1989年美国出口贸易略高于联邦德国，但联邦德国的贸易顺差超过了日本，跃居世界第一。特别是在民主德国、联邦德国统一后，一个8 000万人的德国，无疑在人口、经济和金融实力方面，都是其他欧洲国家所无法比拟的。

世界经济多极化的发展，使发达资本主义国家之间的经济摩擦随之加剧。世界经济中区域化、集团化趋势，是这一矛盾发展的必然结果。现在，欧洲经济共同体计划1992年建成欧洲统一大市场，并可能逐步扩大到欧洲自由贸易联盟国家；1989年美国与加拿大之间的自由贸易区已经生效，并正在争取与墨西哥之间签订类似协定。这无疑给亚太地区带来严重影响，而首当其冲感到这种冲击的是日本。为了摆脱自己成为“世界孤儿”的形象，树立政治大国的地位；也是为了对抗美欧的经济压力，日本急切希望推进亚太地区经济一体化的进程。

最后，这一变化也是和亚太地区的经济发展需要，特别是东北亚地区各国的政策变化分不开的。

近二十年来，西太平洋亚洲地区的经济和贸易增长，一直领先于世界其他地区。除日本外，亚洲“四小龙”迅速崛起。80年代以来，东盟其他国家也紧跟其后。改革开放后的中国经济增长更是突飞猛进。与此同时，它们相互间的贸易、投资、技术转让也日益增加。在西太平洋亚洲地区正在逐步形成一个多层次的国际劳动分工体系。

但是，由于多种原因的交互影响，亚太地区的经济一体化进程，迄今进展迟缓。到 1980 年亚太地区才组成民间性质的太平洋经济合作会议（PECC），以讨论本地区合作的一些重大问题。1989 年 11 月在澳大利亚召开的亚太经济合作部长会议（APEC），虽然在 PECC 的基础上前进了一步，但各国政府在亚太经济合作的范围、方式和机构等许多方面，还存在重大分歧。

特别是东北亚地区，历史上就是大国争夺的场所。二次大战后，又成为两大体系（社会主义和资本主义）和三类国家（发达资本主义国家、社会主义国家和发展中国家）利益相互交叉的地区。这里不仅存在着东、西问题，也存在南、北矛盾。特别是美苏的对抗，使东北亚地区长期来一直处在紧张的对峙状态。这种状况，加深了它们相互间的不信任，并严重影响它们之间的经济合作。事实上，东北亚已经成为世界上惟一没有多边合作条约或区域性经济组织的地区。

然而，随着整个国际政治经济格局的变化，特别是 70 年代中期以后，中日和中美关系的正常化，使东北亚各国的相互关系出现了明显的改善，并为东北亚地区各国的经济合作创造了条件。

1979 年，中国确定了对外开放的基本方针，为中国与东北亚地区各国的经济合作打开了新的局面。中国的对外开放是全方位的。不仅对西方发达国家，也对发展中国家开放；不仅对社会主义国家，也对资本主义国家开放。几年来，中日两国政府为使两国人民世世代代友好下去，都着眼于未来的长期目标，并确定了“和平友好、平等互利、相互信赖、长期稳定”的四项原则。与此同时，在和平共处五项原则的基础上，中国和东北亚地区周边国家的关系也得到迅速恢复和加强。

日本出于政治和经济的需要，对东北亚地区的合作也表现出明显的兴趣。1985 年在美国和西欧的压力下，日本被迫进行经济战略的调整。1986 年和 1987 年发表的两次《前川报告》，强调了扩大内需，增加进口，加强资本输出，实现产业结构向国际协调型的转变。为此，日本在加紧对西方发达国家和东南亚地区国家输出资本的同时，正在部署和加强与东北亚地区各国的经贸关系。一方面，日本根据 21 世纪的国土发展计划，加强对日本海沿岸各县的开发；同时，召开各种会议，提出各种构想，探索东北亚地区加强合作的途径。

二十多年来，韩国经济有了很大发展，被国际上称为“汉江奇迹”。但是，和日本一样，它地少人多，矿产资源十分缺乏。近几年，韩国又面临美国贸易保护主义的强大压力,加上国内劳工成本上升较快,使它急切希望在亚太地区开拓市场,并实行产业结构的调整。另一方面,为改善自己的国际地位,1988 年韩国提出了"北方政策",积极希望发展与中苏的关系。正是在这样背景下,韩国提出了"黄海经济圈"的构想,并为此制订了开发西海岸的宏大计划,即自 1987 年起,用 15 年时间把牙山湾建成韩国最大港口,建立群山、长项工业区和牙山工业区;与此同时,修建西海岸高速公路网,并着手扩建光州和木浦机场。

自 1985 年以来,苏联日益重视与亚太地区的合作。苏联政府表示"对共同建立这一地区的公正的关系持有真诚的愿望。"其领导人在 1986 年符拉迪沃斯托克(海参崴)的讲话中,提出了相应的计划。1987 年苏联通过了《综合发展西伯利亚和远东经济区生产力的长远纲要》,1988 年成立了亚太经济合作委员会。此后,又计划在远东滨海地区建立若干经济特区。总之,苏联希望通过与东北亚地区各国的经济合作,引进资本、技术和人力,开发西伯利亚和远东的丰富资源,把这一地区建成扩大对外经济联系,促进国内经济改革的基地和窗口。

朝鲜和蒙古近年来也正逐步改善和西方国家的关系,积极推动与韩国对话,对外实行有限度的开放政策,吸引外国资金和技术,发展各种形式的经济合作。

总之,近几年东北亚地区各国相互关系的改善,既有国际格局变化的大背景,又是和各国的政治、经济利益密切相关。更重要的是,它反映了长期处在敌对状态的东北亚地区各国人民要求和平、友好和发展的共同心声。

二、东北亚地区经济合作的条件和形式

一般认为,东北亚地区包括中国的东北、华北和山东半岛地区,日本(特别是濒临日本海的沿岸地区),朝鲜,韩国,蒙古和苏联的远东和东西伯利亚地区。总面积 1 600 万平方公里,占世界领土面积的 12.6%;人口 3 亿多,占世界人口的 6%左右。

从客观条件来说,东北亚地区各国经济存在着很大的互补性,发展经济合作有着广阔的前景。

首先,这里是亚太地区最大的资源库,而且各国生产要素的比较优势各不相同,互有需要。

苏联西伯利亚和远东地区面积辽阔,拥有丰富的自然资源。这里的天

然气蕴藏量占世界储量的1/3，石油占1/5，煤储量占全苏储量的90%，水力资源占全苏的80%，木材蓄积量占全苏的75%。此外，还拥有数量巨大的有色金属、贵金属、稀有金属和非金属材料矿藏。大片的处女地还尚待开发。目前缺少的就是资金、技术和劳动力。据苏联开发西伯利亚和远东的长期计划，到2000年需要的资金就达两千多亿卢布。仅仅是由于严重缺乏劳力，这一地区每年有大片进入成熟期和过熟期的森林无法采伐，自生自灭。

中国的东北和华北地区，不仅有丰富的石油、煤、天然气、铁、木材和其他矿业资源，而且是中国主要的钢铁、煤炭、石油、机械等重工业区和粮棉油等主要农业区。这里劳动力充裕，科技人才也比较集中。问题是，在对原有企业进行技术改造和调整产业结构中，资金、技术和现代化企业的管理人才不足。

日本和韩国情况恰恰相反。现在，日本已经成为世界上第一号资金大国。在许多高科技工业方面，已经赶上和超过了美国。它拥有先进的技术和充裕的科技人才。韩国作为新兴的工业化经济之一，不仅拥有较强竞争实力的轻纺工业，重化和机械工业也有相当的基础。此外，它有许多实用先进技术。由于国际收支状况的改善和调整产业的需要，海外投资的能力也正在加强。然而，这两国的自然资源十分贫乏，国内市场相对狭小，加上国内劳动力和其他要素成本提高，它们都急切希望在国外寻找稳定的原料来源及商品和资本的市场。

其次，在产业结构上，东北亚地区国家各有特色、互相补充。

在本地区内，实际上形成一个包括不同层次在内的、互有特点的产业结构和出口结构。日本的经济发展水平最高。目前正积极利用微电子等先进技术，发展新兴的电子、宇航、新材料工业、运输和精密机械等工业，并试图借助进口廉价的传统工业品和消费品，逐步向外转移已经失去比较优势的产业，如钢铁、有色金属、纺织、造船等工业。现在日本的出口结构已从过去传统的钢铁、造船、化工等产品让位于电子产品、电气机械、运输机械和精密机械。

韩国目前正着力发展资金—技术密集型产品，以代替因原材料和工资上升、货币升值而失去优势的劳动密集型产业，与此同时，正致力于新的科技开发，开拓新兴产业。目前，韩国出口的钢铁、汽车、造船、家电、石化和一些轻工产品，在国际上有很大的竞争能力。

近二十年来，苏联的西伯利亚和远东地区的燃料工业和重工业虽有一定发展,这一地区的石油、天然气和煤炭产量占全苏产量的一半以上,然而相对苏联西部地区,东部特别是远东地区的工业还十分落后,农业和轻工业的失衡状况尤其严重,致使日常消费品和农产品严重短缺。在这一地区的未来发展中,重点是加快燃料动力基地和冶金、化工、建材等耗能耗材的部门建设,并希望通过与外资合作,发展农业和轻工业。

中国东北、华北和山东半岛的重、化工业有相当的基础,但由于技术设备落后,目前这一地区出口仍以劳动密集型产品和原材料及其加工品为主。

这一地区经济力量最弱的是朝鲜和蒙古。长期的内向发展,使它们和世界市场处于隔绝状态。它们的出口主要是农矿产品或畜产品。

总之,在这一地区,各国经济发展水平存在明显的差异,这就使它们之间的经济合作,具有客观的基础。

最后,东北亚各国之间地理上靠近,基础设施相互衔接,也为它们之间经济交流创造了良好条件。

东北亚各国交通比较发达,除蒙古外,沿海都有许多天然良港,互相间的距离不远,而且都和本国的大城市相连。

目前大多数国家已有空港联系。近两年来中、苏、日之间新潟——伯力(哈巴罗夫斯克)——哈尔滨之间已实现初航。汉城——莫斯科直达航班也已通航。随着相互交往的扩大,将会开辟更多的航线。

在陆地方面,著名的西伯利亚铁路、中东路和贝阿路是联系欧亚大陆的大动脉。从大连港或纳霍德卡港,经西伯利亚铁路到欧洲的路程仅1.3万公里,比海路到欧洲近一半左右的路程。1991年9月,中国境内的兰新路一段已全面通车,这样,从连云港起,经陇海路、兰新路,与中亚细亚铁路接轨,开辟了横贯欧亚大陆的第二条大动脉。从连云港起到鹿特丹,全长仅10 800公里左右,这为欧亚两大洲的贸易往来,提供了极大的方便。

共同的愿望,有利的条件,加上1985年以来东北亚地区政治气氛趋于缓和,使这一地区的经济合作出现了长足的进展。

就中国而论,中日之间1979年的贸易总额仅67亿美元,1989年已增至196.6亿美元,增长了1.9倍。到1989年,日本在中国的投资项目已达951项,合同金额26.4亿美元,实际接受投资19.16亿美元。在技术合作方面,1977年至1988年,中国从日本引进60亿美元的技术成套设备,加上日方贷款中的采购,总计100亿美元。日本企业组建的“日中东北开发协会”还参加了东北一些企业的技术改造。

中苏关系的改善也为两国经济合作铺平了道路。十年来,两国间的贸易发展较快。1959年两国贸易曾达到21亿美元顶峰，1978年降为4.4亿美元，1989年又增至31.7亿美元，比1978年增加6.2倍。特别是近几年中苏两国的边境贸易发展迅速。1988年边境贸易和地方贸易达3.5亿美元，1989年完成5.4亿美元。中国与苏联的其他技术经济合作也有一定发展。1989年底双方签订的工程承包、劳务合作项目95项，合资项目14项，合同总金额2.4亿美元，仅黑龙江省对苏劳务出口就达1.3万人次。

随着朝鲜半岛局势的稳定，中国和韩国之间的经贸关系也开始发展。1980年双方的间接贸易额仅7 800万美元，1989年已达31亿美元。同时，到1989年，韩国对中国的投资38项，共计5 400万美元，其中18项已投产。

除中国外，日苏和日朝之间的经济关系也有所发展。自1968年日苏签订第一个合作开发远东森林项目以来，两国间已相继签订合作开发雅库特煤田和天然气田、萨哈林大陆架石油和天然气等项目。1988年两国的贸易额已达60亿美元的水平。苏联和韩国之间1987年的贸易额仅为1.64亿美元，1989年增至6亿美元。为发展两国经贸关系，1990年9月底苏联已与韩国正式建立外交关系。

然而，从东北亚地区各国目前的经贸合作情况看，不仅规模较小，水平也不高，基本上属于双边的机能性的合作。而且，在近期内，东北亚地区要发展成制度性的多边合作体制，即使是像自由贸易区这样的贸易一体化形式，条件也未具备。这里，除了东北亚地区各国存在着语言、宗教、民族、历史、文化和社会制度方面的重大差异外，还存在着不少政治的和经济的实际困难，影响着合作的进程。

首先，历史遗留下来的政治分歧和矛盾，很难一下解决。例如日苏之间不仅有着根深蒂固的不信任感，还存在现实的北方四岛之争。朝鲜半岛南北双方还处于分裂状况，尽管已经实现了双方总理的会谈，但相互之间的意见分歧还比较严重。中国和韩国之间迄今尚未发展正式的关系，这势必影响双方经贸关系的大踏步前进。此外，东北亚地区一些国家对日本由经济大国走向政治和军事大国，还存有种种疑虑。特别是目前日本和韩国对美国还有程度不同的依赖关系。美国在亚太地区的战略目标是，希望建立以它为主的，至少也是美日共同主导的经济一体化组织，因此，东北亚地区合作如若把美国排除在外，当然不是它所希望的。

其次，从经济上说，主要问题是：(1) 发展水平上差异较大，目前日本的人均国民生产总值已超过1.5万美元，韩国超过4 000美元，中国还仅为300美元。各国的经济结构层次也不相同，这就有一个一体化组织中的利益协调和均衡分配问题。因为处在低层的国家,即出口初级产品和一般劳动密集型产品的国家,在国际分工体系中总是处于不利的地位。(2)各国市场的发育程度不同,日本和韩国以私有经济为主,实行政府指导下的市场经济。多年来,它们已经培育了较发达的商品市场和金融市场,并与世界市场紧密相连。中国和朝鲜等国则不同。它们以公有制为基础,由于历史的原因,迄今尚未形成完善的市场。这样,这两类国家在经济机制和市场衔接方面,就会出现困难。

最后,从各国的经济重心看,虽然中苏等国对发展东北亚地区合作有很大的积极性,但是,它们对开发本国的相关地区还拿不出很多的资金。这一地区拥有资金最多的是日本,但是,有关东北亚地区的合作,在日本更多的还是理论和方案上的探索。目前日本的战略利益主要在亚太地区,特别是在东南亚和太平洋地区确立自己的主导地位。因为这里不仅有日本的传统利益,而且是近二十年来世界增长最迅速的地区。此外,日本在政治和军事上还离不开美国,经济上在很大程度上还要依赖美国的市场。这一切,决定了日本的经济重心目前还不可能放在东北亚地区。至于韩国,对发展东北亚地区合作虽有很大的兴趣,但经济能力终究有限。

综上可见,发展东北亚地区经济合作将是一个逐步的发展过程。作为第一步,这一地区的经济合作形式将主要采取双边的形式,也不排除通过多边合作,共同开发一些项目。同时,这种合作应该是开放的,不排斥亚太地区和其他地区的参与。目前,我们应该做的是:(1)积极改善东北亚地区的政治气氛,促进双边和多边的政治对话,加强相互理解;(2)动员东北亚各国的技术经济专家,合作探讨加强本地区合作的途径和近期可行的一些合作项目;(3)把东北亚地区的经济合作纳入亚太地区合作的总框架之内,争取太平洋经济合作会议和亚太经济合作部长会议给予支持;(4)用积累的方式,积极推进本地区的双边和多边合作,包括以合作形式加强本地区的电力、通讯、交通等基础设施,各国也可根据条件开辟一些自由贸易港和其他经济特区;(5)加强技术、资金和人员的合作,建立共同的合作开发基金,努力促进人才培养和信息交流。

三、中国在推进东北亚地区合作中的地位和思考

发展东北亚地区的经济合作,对推进中国东北、华北和山东半岛地区的

对外开放，促进这些地区的现代化进程，无疑是一个很大的机遇。

1. 中国的东北部地区与朝鲜半岛接壤，与日本是一衣带水之隔，北部和东部是苏联的东西伯利亚和远东地区，西部与蒙古相连，地理上就处于东北亚地区的中心。同时，近几年来，由于各方面的共同努力，中国与这一地区周边国家的关系日益改善，这就便于中国在推进这一地区合作中可以发挥一定的桥梁和中介作用。

2. 1949年以来，中国的东北和华北地区经济曾有很大的发展，已经建立了比较雄厚的经济基础。但是，改革开放以来，由于条件的限制，这一地区对外经济关系发展相对落后于华南和长江流域。现在，东北亚地区合作的发展将使中国形成一个“南开北放”的新局面，给这一地区的发展注入新的活力。

3. 目前东北亚地区各国正处在经济调整过程中。一方面，日本和韩国正逐步扩大内需和进口，并把部分失去比较优势的产业向外转移，这将有利于我国增加制成品出口，亦有利于我国吸引部分资金，促进我国产业结构的优化。另一方面，苏联、蒙古、朝鲜等国急需大量的轻工纺织产品和农副产品，而且这种需求将持续很长时期，这就为我国的出口提供了一个广阔的市场。此外，我国有充足的劳力，比较能适应西伯利亚、远东和蒙古的气候环境，是推进中国与苏、蒙劳务和技术合作的有利条件。

当然，机遇和挑战同时存在。东北亚地区经济和合作的发展，同样使中国面临很大的竞争和挑战。这主要是：

1. 中国目前的产业结构和出口结构与周边国家和地区，特别是东南亚国家和地区有明显的相似性。我国出口的轻工产品质量不如韩国和中国的台湾、香港等地，必将遇到越来越大的竞争。同时，苏联东部地区的逐步开发，也将使我国某些原材料和农副产品出口面临强大的压力。

2. 在资金方面，中、苏、朝、蒙面临同样的问题。几年来，我国在投资环境方面虽有所改善，但还不理想。如基础设施有待进一步改造，投资的软环境还亟待改进。特别是由于中国与韩国尚未有正式的关系，不仅双方贸易目前只能以间接方式进行，在投资方面也有许多问题（如投资保障、避免双重税收、投资纠纷的仲裁等）无法解决，这不能不影响我国吸收外资的规模和效益。

3. 在其他领域也有不少制约因素。如在技术合作方面，我国拥有的优势不多。目前中国虽向苏联等国出口一些轻工和农业开发技术，但仍处于低层次、低水平状态。现在中国主要还是引进技术，不仅资金短缺，也存在经济体制和企业消化吸收能力等方面的问题。中国的市场潜力很大,但在相当长的一个时期里,中国的经济战略也只能是外向与内向相结合的战略,对外国制成品进口,不能不采取控制的政策。中国的东北、华北和山东半岛地区人口有3亿多,剩余劳动力不少,但要苏联大规模吸收国外劳力开发东部地区也还有种种疑虑。

在这种机遇和挑战的面前,中国对参加东北亚地区的经济合作应该采取的态度是:一方面要积极参加。无论是双边的或多边的合作,中国都应根据需要和可能广泛地参与其中,以他人之长补己之短,并为东北亚地区逐步走向制度性合作作出贡献;另一方面,要有自知之明。必须看到中国目前的财力、物力和技术力量都十分有限;中国对外开放的时间还短,经验不足;中国的经济改革还有待深入。这一切,决定了中国目前不应该也不可能成为东北亚地区合作的主导力量。当务之急是,中国应为发展东北亚地区的经济合作做好各种准备,积极解决目前与周边国家发展经济合作中的一些问题。

1. 要确立中国发展东北亚地区合作的总格局。在中国南部开放过程中,事实上形成了以广东、福建为中心的对中国的香港、台湾、澳门地区和对东南亚地区的合作格局。在中国与东北亚地区的合作中,也应该根据地理、历史和现实条件,逐步形成以大连、沈阳为中心的,北部哈尔滨和南部烟(台)青(岛)为两翼的对外开放格局。这是因为,大连、沈阳不仅地理位置适中,历史上与东北亚地区周边国家有较多来往,交通方便,大连为不冻港,而且有较好的基础设施,工业基础雄厚,科技人才集中,可以成为中国与东北亚地区各国合作的基地。在北部,哈尔滨在历史、文化传统上,则与苏联的联系较多;而南部的烟台和青岛,不仅港口条件好,有广大的腹地,而且和朝鲜半岛南北方及日本距离最近,历史上就有不少人员来往。当然,在发展与东北亚地区的合作中,不仅东北、华北和山东半岛要加强协作,打破目前存在的地区封锁、互相竞争的局面;而且,也应该发展"北开南联",积极加强与中国其他地区包括与港、澳、台地区的协作。应该定期召开中国东北亚地区经济合作的协调会议,统一筹划发展东北亚地区的对外合作事宜。

2. 实行更加开放的吸引外资的政策。目前中国的东北、华北和山东地区,一方面面临着产业结构的优化和老企业改造的艰巨任务;同时,这一地区的许多资源和部门还有待开发,如三江平原、石油和其他资源的深加工等。所有这些,仅仅依靠自己的力量显然是不够的,应该实行更加开放的政策,吸引外资的进入。在这方面,一个重要的问题是,妥善处理集中与分散的关系，发挥中央、地方和企业的积极性。一方面要强调执行全国统一的政策法令，强调在全国协调的基础上，从提高我国产业、贸易和技术层次出发，安排各地的产业布局，克服前一时期在政策法令、产业布局、资金使用上的分散主义和不顾大局的倾向。要切实解决各地不在改善投资环境上下功夫，而只是在对外商提供优惠上互相竞争的错误倾向；要切实解决各地产业雷同化和大规模、低水平重复引进的问题。与此同时，也要充分发挥地方和企业在对外开放中的主动性和灵活性。在利用外资方式上，除了现有的各种形式外，在中央指导下，应该允许在沿海和边境地区选择若干条件优越的地点，实行某种自由港和免税区的政策；亦可采取洋浦和浦东开发区的方式，吸引外资参加整片开发。要发挥有条件的大型企业进行对外经济贸易活动的积极性；国家给予必要的资金、物资、信息和人员方面的扶植，并建立必要的“出口风险基金”和“新技术开发基金”。同时，也要明确各级政府和企业的责权利制度。

3. 积极改善对外开放中的环境。在这方面主要问题是：(1) 抓紧交通运输、电力通讯、港口机场等基础设施的建设，改善投资的硬环境。(2) 抓紧人才培养，提高开放意识。由于这一地区过去商品经济不发达，开放起步较晚，从事对外经济贸易活动的人才严重不足，已有的队伍素质也不高，以致在对外贸易中出现不注意产品质量、品种和花色，不懂保险、做买卖不会签合同的现象。要下大力气，通过正规教育、在职教育、短期培训、招聘外地专家等多种形式和多种渠道，尽快造就一支德才兼备、精通业务的骨干力量，以适应形势发展的要求。(3) 抓紧法制建设和机构改革。要进一步完善有关外资、外贸和技术引进的法律和法令。要大力克服机构臃肿和官僚主义的弊端，严厉惩治对外经济活动中的腐败行为。

4. 逐步解决在与周边国家经济合作的一些具体困难，中国与东北亚地区发展合作的潜力很大，但也有一些问题急需妥善处理。我们的对外开放应该是独立自主、平等互利的。具体地说，应该是全方位、多渠道、有重点、重实效的政策。这些年来，在对日经济关系上发展较好。问题是，日本应该进一步放松贸易限制，特别是技术出口的限制，以利于目前中日之间的产业分工能由垂直型向水平型发展。对苏经贸关系虽然发展较快，但起点较低。主要问题是，在贸易中，苏方逆差较大，但又缺乏现汇。由于实行出口许可证制度，在易货交易中能提供的产品也有限。随着中苏贸易由记账贸易改为现汇交易后，这一矛盾将更加突出。当然，问题的解决需要双方共同努力。为了发展与苏联长期的合作关系，除了努力提高对苏出口产品的质量外,应该根据自己产业调整的需要,扩大从苏联原材料和设备的进口;同时积极发展与苏联其他形式的合作。对韩国的关系,是一个十分敏感和微妙的问题。由于历史的原因,既不能操之过急,也不能消极等待。应该促进朝鲜南北双方的对话进程。同时,随着朝鲜半岛局势的进一步缓和,要不失时机地首先解决三通问题(通航、通邮和通商),在双方互设贸易机构,以便扫清发展双方经贸合作的障碍。

总之,发展东北亚地区经济合作,各方既有共同的利益,又充满矛盾和困难。在经济区域化问题上,目前实现制度性合作的条件虽不具备,但只要有关国家之间能够进一步加强了解和信任,积极采取实际步骤,发展相互间合作的前景是良好的。一个相互尊重、密切合作、共同繁荣的新东北亚的出现,也是完全指日可待的。

次区域性合作是通向亚太经济一体化的现实道路*

近些年来，在国际关系趋于缓和和欧洲北美区域集团化加速发展的推动下，亚太地区经济合作的步伐也大大加快。一个重要特点是，在西太平洋地区，一些次区域性和小区域性合作有了显著加强，呈现一幅多层次的、相互交叉的经济合作结构，预示了本地区未来合作的方向。

一、近几年来次区域性合作在东亚的兴起

在东北亚，环绕日本海和黄海的区域合作加快了步伐。

环日本海的合作是由日本提出和推动的。区域内各国生产要素和产业结构有很大的互补性。近年来，随着有关国家相互关系的改善，它们之间经济和贸易关系发展较快。1990年日苏贸易额已达60亿美元，日在苏的合资企业已达一百多家。苏联为吸引日本的资金和技术共同开发远东地区，曾向日本提出一些长期的、大型的合作项目，其中包括雅库特天然气开发、萨哈林大陆架开发、第四次远东森林开发、萨哈林纸浆厂等，日方也表现了合作的热情。苏韩建交后，双方经济关系取得了突破性进展。苏韩贸易已由1988年的2.9亿美元增至1990年的8.9亿美元。1990年3月成立了苏韩经济合作委员会，同意五年内对苏提供30亿美元贷款，一些韩国大企业财团如现代、三星、乐喜、金星、大宇、双龙等已经和计划在原苏联远东和其他地区投资设厂、开发项目。今后双方合作的步伐还将加快。此外，中国和苏联的经贸关系也有了进一步的发展。

值得注意的是，在日本海地区，有关各方对开发图们江领域表现了浓厚的兴趣。1991年下半年起，在联合国开发计划署的援助下，对图们江流域开发和设立经济特区的可行性探讨已达成基本共识，计划在20年内投资

---

* 原载《国际经济合作》1992年第8期。

300亿美元，在620平方公里范围内建立一个自由贸易区和特别投资区，并建设世界性港口。无疑，这里将成为未来日本海经济圈的一个中心。

建立黄海经济圈是由韩国提出的，目前这一合作设想正在顺利实施。韩国的开发西海岸计划进展较快。中韩间的贸易在1980年还不足1亿美元，1991年已增至58亿美元。1990年中韩双方互设贸易办事处，海上和空运航线开通后，1992年5月又签订了《投资保护协定》，韩国对中国的投资有可能上升。

在东南亚地区，首先是东盟内部的经济合作有了加强。与此同时，在东南亚地区已经提出或实施一些小区域设想。例如在新加坡、马来西亚柔佛洲和印尼的巴旦岛三地组成经济成长区；在马来西亚的槟榔屿、泰国的普吉岛和印尼的北苏门答腊首府棉兰之间，联合成另一个“增长三角”的开发区。泰国也曾设想联合印支三国和缅甸，建立某种次区域的经济合作组织。1991年，马来西亚总理曾经倡议，建立包括东盟、日本、中国、亚洲“四小龙”和印支三国在内的东亚经济集团，这反映了一些东南亚国家对欧美地区集团化浪潮的担心和目前多边贸易谈判不重视第三世界利益的不满。

在这一地区，另一个值得注意的情况是，近年来在港澳与珠江三角洲，中国台湾地区与福建之间的经济关系日益密切的基础上，正形成一个南中国经济圈。目前大陆已占香港出口的近40%，进口的1/5以上。香港在大陆的投资一直居首位，仅广东一地就雇佣了170万人，相当于香港制造业工人的1.9倍。1991年海峡两岸的贸易已达50亿美元。1991年年底，中国台湾地区到大陆投资已达3000多家，协议金额为40亿美元，实际投资累计20多亿美元。

二、次区域性合作发展的原因

亚太地区出现的区域一体化进展缓慢和次区域合作日益发展的现象，当然不是偶然的。

首先，从“天时”，即从客观环境的需要和可能看，东亚地区经济的高速增长，欧美贸易保护主义加强和国际上大国关系的缓和，是推动亚太地区特别是东亚地区一体化的强大动力。但是，亚太地区要在短时期内与欧洲北美一样，实现经济集团化目标是困难的，甚至是不可能的。除了本地区各国在社会、历史、文化条件上的差异，各国经济发展水平与现行社会经济体制的不同之外，把这么多的国家结合在一起，还有一个核心的问题，即哪个国家有能力和资格充当这种合作的推动者和组织者。虽然，日本一直致力于东亚地区的合作，并企图以此树立自己政治大国的地位。但是，尽管日本大大增加了从亚洲"四小龙"和东盟国家的进口和对它们的投资，一定程度上起到了"增长推进器"的作用，仍很难取代美国在东亚地区的地位；何况，美国在这一地区的贸易有大量的逆差，而日本却有大量的顺差。除历史的因素以外，它还要考虑与欧美保持协调关系，以免造成日本主宰东亚的印象，导致欧美联合对付日本。为此，日本多次声称"东亚经济圈"要以东盟为主。无疑，这就大大制约了日本的行动。就美国而言，它在世界的经济地位确已下降，严重的财政困难和国际收支危机一直困扰着美国经济。然而，作为世界的超级大国，其综合国力仍在日本之上，这就决定了美国当前的战略考虑仍然是全球性的。在经济上，首先它正努力推动乌拉圭回合谈判的进展，以取得在全球范围的经济利益；其次，面对西欧日本的挑战，为扭转巨额贸易赤字的困难，它正努力扩大北美自由贸易区，并逐步向整个美洲扩展；最后，亚洲仍然是它的最大市场，美国决不会把它轻易地让给日本，因此它需要稳住东亚，加强同有关国家的对话与协调，逐步建立起以美国为主导的亚太合作体制。这种状况，不可避免地会带来许多矛盾和摩擦。

东亚地区的次区域性合作则不同。由于这种合作是以双边为主，也不拘泥于一定的合作形式和体制。它既不是排他性的，也不会制约参与合作国家和地区自身的多边联系；更重要的是，合作的各方完全是出于自身的利益，通过合作求得共同的发展，而不是强制的和不对称的合作。因此，这种合作遇到的困难和矛盾就会少得多。例如，目前南中国经济区的发育和形成，就是与客观形势的变化和自身利益的需要密切相联系的。

其次，从"地利"的因素分析，亚太地区范围太大，迄今应该包括哪些国家也众说纷纭，何况中间还隔着浩瀚的大洋，不少国家相互接触甚少，这就给亚太经济一体化带来很大困难。东亚地区合作在一定程度上避免了这一缺点，但这一地区南北之间终究延伸上千公里，相互间的差异也需要有一个认识和适应过程。

次区域或小区域的合作则完全不同。从最富有前途的东北亚地区合作来说，近年来合作势头的高涨，除了客观的变化和自身经济发展的需要外，最重要的是，地理上的接近和经济上的互补性。如以黄海经济圈而言，韩国西海岸与中国山东半岛、辽东半岛等隔海相望。中国的青岛、威海、烟台、大连等沿海城市与朝鲜半岛的仁川、牙山、群山、木浦等城市相距仅数百公里，航行十多小时，交通十分方便。日本离青岛、大连稍远，也只有一千多公里，空运也只需二小时左右。而且,这里经济上的互补性是明显的。(1) 它可以实现日本、韩国的资金、技术、管理经验与朝鲜、中国山东和辽东半岛的资源、劳动力与原有工农业基础的结合;(2) 它可以把日本、韩国的部分中间产品、资本货物与朝鲜、中国山东辽东半岛的能源、原材料、农产品及其加工品相结合。显然,这种合作对各方都有利。日本、韩国如从辽东和山东半岛进口能源和原材料,仅节省运费一项,就能带来巨大的效益。

此外,无论是东盟、"南中国经济圈",还是目前新加坡提议的"金三角计划",之所以能进展较快,重要条件之一,就是地理上的接近和经济上互补性的优势。

最后,从"人和"的因素分析。在这方面,次区域性合作的长处也是明显的。由于地理的接近,使次区域内部在历史上就有传统的联系和交往,比较熟悉相互间的文化和民族特点。更重要的是,近几年来,通过共同的努力,使黄海地区有关国家的相互了解日益增进。

三、次区域性合作的地位和前景

按照事物发展规律,任何地区的经济一体化进程,都必须经历一个由小到大,由低级到高级,由简单到复杂的过程。应该指出的是,目前在东亚地区兴起的次区域性合作与欧洲共同体比较,无论在合作性质和合作结构上都有根本的不同。(1) 这种合作兼容了本地区不同类型的国家和地区;(2) 目前合作的结构还是不固定的,尚未发展到制度性合作;(3) 这种合作是开放的,并不针对某个国家,而是为了本地区经济的共同发展。当然,目前这种次区域性合作能否发展为制度性的合作,不是凭主观的愿望,而要取决于许多条件。比如包括次区域内部相互关系的进一步改善,并逐步解决历史遗留下来的一些问题;各国之间发展水平和市场发育程度的接近;各国间经济关系的进一步加强,生产国际化和协作水平的大大提高;在双边合作发展的同时,多边国际经济合作也有较大发展。在此基础上,政府间协调的要求就会加强,并逐步建立起制度性合作安排。

至于未来亚太经济合作体制的前途,迄今虽然众说纷纭,但无疑目前政府间的经济合作机制和民间的经济合作机制将会继续存在,但必须完善和扩大,使它真正成为有代表性的平等的协商机构。未来亚太经济合作体制的发展无疑会有多种可能,然而,无论是由北美自由贸易区为核心,以此向全美洲和西太平洋扩展,形成更大的亚太自由贸易集团的设想;还是由日本通过向亚洲“四小龙”和东盟国家提供投资、援助和技术，形成以日本为中心的东亚经济圈的设想，看来都难以实现。比较现实的可能是，建立一种包括中国、朝鲜、蒙古和俄罗斯等国在内的东亚地区多层次的合作体系，由现存一些彼此开放、相互交织的次区域和小区域经济区组成，并与世界各国保持联系。这一设想的根据在于：(1) 既然北美和欧洲经济集团的存在是客观现实，东亚地区国家既要保护自己的利益，又必须保持自己的开放性来缓解与西欧、北美之间的矛盾和摩擦；(2) 东亚地区国家虽然存在加强自身合作的能力，但由于它的多样性，目前很难建立统一的合作体制；(3) 目前亚太地区的合作机制是各方多年努力的结果，虽然需要不断完善，但它在亚太地区合作中无疑可以发挥一定的协调作用。

在东亚地区这种多层次的合作体系中，中国的地位是历史注定的。中国地域广阔，资源丰富，市场潜力大；在历史上，中国与周边国家就有密切联系，现在又与亚太多数国家面临共同的发展任务；十多年来，中国改革开放的成就是世人公认的，中国已经形成经济特区——沿海开放城市——沿海经济开发区——内地的开放格局。正是这样，目前东亚地区一些次区域性合作大多与中国相联系。

当然，中国离不开亚太，就像亚太离不开中国一样。中国要积极参加亚太和东亚地区的经济合作。要做到这一点，从目前情况看，首先要在平等互利的基础上，坚持实行全方位开放，积极参与次区域合作。在发展与周边国家双边合作的基础上，加强多边合作。其次，要积极加强基础设施建设和法制建设，抓紧人才培养，努力改善投资环境；同时，要加强对中国北部、南部和西部各省对外开放的统一规划和指导，形成相互协调和合作的格局。再者，要进一步深化经济体制改革，在宏观上抓紧的同时，微观上要进一步放开。要加快大中型企业的体制改革，增强企业活力。有条件的大中型企业，可以独立进行对外经贸活动，组建跨国企业，积极参与国际竞争，各级政府应给予必要的扶植和管理。

亚太地区次区域集团对 APEC 影响的探讨*

在亚太经济合作组织(APEC)范围内,有十多个各种形式的次区域集团。① 不少 APEC 成员,同时又是某次区域集团的成员。APEC 和这些次区域集团虽然追求相似的目标——区域经济贸易自由化,但它们的运行机制和自由化进程又各不相同。因此,APEC 1994 年通过的《茂物宣言》和 1995 年通过的《大阪议程》,都要求"对 APEC 与现存的次区域安排之间的关系作出审评","研究并监督次区域贸易安排的影响"。本文拟就此进行探讨。讨论将主要集中在三个次区域集团,即东盟自由贸易区(AFTA)、《北美自由贸易协定》(NAFTA)和《澳新紧密经济关系协定》(CER),因为这些集团的全部或大部分成员是 APEC 成员,而且它们内部合作的进展较快,影响较大。

一、次区域集团的政策

目前各种次区域集团大都是以不同程度的"对内自由和对外保护"为特征的。它们的政策涉及以下一些方面:

(一) 双边和多边政策

以自由化为目的的次区域集团的启动,一般都伴随着自动生效的关税和非关税措施削减的时间表,服务和要素流动领域(如投资和劳动力流动)的新规定,以及一些保证自由化利益实现和公平分享的具体措施,如原产地规则、保护知识产权和反倾销条例等。其后,次区域集团的内部深化和扩大自由化的渠道主要来自四个方面:一是吸收新成员,如东盟新近吸收越南加入;二是扩大优惠安排的覆盖面,如 1994 年 9 月东盟经济部长会议决定将

---

* 原载《世界经济》1997 年第 4 期,合作者:邱巍博士。

① 在东亚有东盟自由贸易区、《曼谷协定》、《老挝泰国贸易协定》等;在美洲有《美加/北美自由贸易协定》、《东加勒比拉美一体化联盟(智利参加)》、《哥墨委自由贸易协定》、《中美/墨西哥自由贸易协定》等;在大洋洲有《澳新紧密经济关系协定》等。

未加工的农产品也列入减税计划；三是采取新的促进自由化的措施，如CER继欧盟后也停止了在成员间实施反倾销条例；四是深化已有的自由化措施，如东盟首脑第五次会议决定把原计划在2003年实现的0—5％的AFTA关税最终降到0。以上政策和措施是次区域集团自由化的主要内容。

（二）国内政策

次区域集团的政策往往还延伸到成员的国内政策领域。这些国内政策常常成为保护主义的非关税壁垒的掩体，它们或妨碍了平等竞争的原则，或增加了交易成本。这些领域包括国内补贴和奖励、货物税和增值税、商业法规和技术标准及海关程序等。如CER第12条提出，"考察在标准、技术规范和测试程序、标签等限制贸易开展的领域需要协调的范围"；在AFTA的"有效普惠关税计划"中，成员也表示愿意在国内政策如标准协调、评估的相互认可等方面进行合作。

（三）竞争政策和其他政策措施

竞争政策是近年来多边合作的一个活跃领域。CER制订了自己的竞争政策，成员在这方面实施共同的和相似的法规，并在政府间有着高度的合作。一些次区域集团还在某些新的领域开展合作。如NAFTA正试图在成员中实施一些共同的环境政策和解决劳动标准问题。这些看来虽是国内问题，但经常能够间接地或在无意中损害贸易伙伴的利益。

二、次区域集团政策对APEC的影响

从长远看，全球范围的贸易和投资自由化无疑对世界各国是最优的安排。但因各国经济发展水平上的巨大差别，在可预见的未来，这一目标还难以实现。APEC提出"将以有助于鼓励和加强整个世界贸易和投资自由化的方式"，追求本地区贸易和投资自由化。如这一目标能够达到，对其成员也将是一个次优的结果。然而，现存的和可能出现的次区域集团给实现APEC目标会带来两个方面的问题。第一，对于APEC的非次区域集团成员来说，它存在正反两方面的影响：次区域集团实施的歧视性政策，给它们带来较高的经济成本并引起资源分割；但次区域经济力量的增强而产生的扩散效应，却是非成员发展的有利因素。第二，次区域集团对APEC贸易和投资自由化进程的影响是，它们为实现排他性利益而抵触较广泛自由化的

倾向,可能会阻碍APEC协议的达成和实施;但内部小范围的快速自由化实践,会给其成员一个适应的过渡过程,这对争取更大范围的自由化有重要意义。因此,我们的分析必须从多角度进行。

(一) 直接的和静态的效应

APEC内部次区域集团的产生和发展,无疑会给集团成员带来贸易转移和贸易创造这两种效应。这些影响是直接的和显性的。由于APEC内部贸易和投资的依存度相当高,我们可以把这两种效应对世界贸易格局的影响粗略地等同于它们对APEC地区的影响。从以下分析可以看出,在我们重点考察的三个次区域集团,它们所带来的贸易转移的负面影响是有的,但比较有限。

在东盟,“例外商品条款”的存在和滥用,使AFTA的自由化回避了很多潜在的重要贸易部门;原产地规则使大量的转口贸易商品和制造业中的来料加工出口品被排除在优惠安排以外。虽然AFTA成立后,东盟地区的内部贸易有了显著的加速增长(1994年内部出口贸易增长达41%),但各成员高速的经济增长和持续的单边自由化,在很大程度上创造了更多的贸易机会,从而削弱了贸易转移效应。同时,由于东盟目前在APEC中所占有的贸易比重比较小,贸易转移所造成的影响暂时不会太严重。

澳大利亚和新西兰彼此并不是天然的重要贸易伙伴,CER成立后也没有因歧视性政策对非成员带来明显的负面影响。原因是:首先,在实施CER的同时,两国一直在服务业和产品贸易方面推动单边自由化的进程,其最终目的是取消所有的剩余配额限制,并把关税限制到统一的较低水平。虽然CER还存在歧视,如在纺织服装、制鞋、机动车辆等部门,在澳大利亚还包括一些农产品,但对第三国的配额和关税限制正在减弱。另外,由于两国较小的贸易规模(占世界贸易总量的约1.5%和占APEC内部贸易额的不到3%),在公共采购和原产地规则等方面虽有歧视性做法,但对APEC地区的贸易格局不会造成很大影响。

NAFTA的情况要复杂一些。美加两国在美加自由贸易协定成立以前便是重要的贸易伙伴,大部分双边贸易在缔结协定前就享受零关税待遇。两国相似的经济结构也限制了贸易转移的大量发生。但墨西哥与美加之间明显的经济互补性导致的贸易转移,尤其在劳动密集型产品等领域的贸易分流作用,对东亚发展中国家无疑是一个严峻的挑战。

不过,市场进入条件的变化也会引起外国直接投资的重新配置。一旦次区域集团被判断会带来新的机会和经历高增长,如进一步的自由化、新成员的加入等,它便会把本应投向其他地区的资金吸引过来,NAFTA 的资金内循环倾向便是例证,这对 NAFTA 以外 APEC 成员的直接作用显然是消极的。同时,次区域集团的一些具体规定对 APEC 范围内的外国直接投资和技术传播也有引导作用,如较苛刻的原产地规则会促使外国直接投资在次区域集团内更多的国家分别进行,从而带来低效率的资源配置。

(二) 间接的和动态的影响

贸易创造和贸易转移并不是次区域集团带来的惟一重要问题。次区域集团至少给其非成员也带来三个方面的动态利益:一是规模经济效应。它使非成员可以获得低成本的进口品而增进福利。二是实际收入效应。次区域集团成员的较快的经济增长会引起从非成员进口需求的增加。三是大市场效应。次区域集团的一些贸易便利化措施,如统一技术标准、海关程序的简化和协调等,使非成员厂商在次区域集团大市场中经营交易的成本减少。

次区域集团的存在对 APEC 进程的影响也是双重的。从积极的意义看,首先,次区域集团不断接纳新成员和实施更广泛和深入的自由化措施,使 APEC 贸易投资自由化的目标在更大的区域和市场内被理解和实践;其次,规模经济的形成、技术交流的开展以及参与次区域自由化实践,使次区域集团成员经济竞争力加强,可能会减少保护主义的压力,为在更大区域内实施自由化铺平道路;最后,次区域自由化过程中获得的经验和教训,为 APEC 的机制设计、政策规划和实施提供了有益的借鉴。例如东盟所实行的"全体一致"、"7—X"等决策原则①,在 APEC 的机制设计中得到了注意。NAFTA 和 AFTA 在多样性成员中平衡利益的一些做法,也对 APEC 政策制定有一定的影响。

从消极的方面看,次区域集团的存在使其成员在 APEC 中处在"进可攻、退可守"的地位。次区域集团的成员和非成员实际上站在不平等的位置上对话,次区域集团成员倾向于提出并坚持一些超越非成员能力的措施,从而增加了达成协议的难度。如果在 APEC 中不能实现它们期望的利益,次区域集团成员可以迅速将重心转向次区域集团内部继续获得排他性的利益。另外,次区域集团的存在和运行,分散了用于组织、设计和实施区域自

① 当东盟由原 5 国扩大到 7 国(文莱和越南)时,考虑到成员国之间发展水平和利益上差异,在讨论某些问题决策时,允许个别国家作出保留,即"7—X"原则。目前这一机制已发展为"10—X"。

由化稀缺的人力资本,也影响了 APEC 自由化推进的效率。

三、次区域集团与 APEC 之间的政策协调

名人小组第二份报告指出,“外向型的次区域协定可以对 APEC 自由化起促进作用,这种作用可通过保证次区域协定与 APEC 进度的一致性来实现”①。这里,保证这种一致性的关键是政策的协调。

从时间表上看,CER 的自由贸易区已经建成,NAFTA 将在 2005 年建成,AFTA 预计在 2003 年建成(农业已提前到 2000 年,整个进程也可能提前到 2000 年)。这三个次区域集团均早于 APEC 实现内部的自由贸易目标。除了实施对象的范围扩大外,在关税、非关税、服务和投资等领域,APEC 协调的单边行动的要求应该不会造成对次区域集团政策太多的超越。但是,我们仍应看到存在的一些难点,例如 AFTA 中“例外商品原则”的使用,说明一些国家(主要是发展中国家)对自由化的承受能力仍然有限。既然在次区域集团内部的自由化遇到这个问题,那么在 APEC 范围内实施时也会遇到同样的问题。

贸易便利化应该说是共识比较多的领域,但仍有大量的工作要做。例如,在标准和一致化领域的协调中,应订立什么样的标准,对引起的成本和收益的对比以及给成员国带来的不同影响还需要详细考察。此外,如何协调区域和次区域两个层次上的工作也是个问题。

又如原产地规则,各区域集团对此已建立自己的标准,但它们之间又存在差异。如 AFTA 规定 40%以上的价值在区内形成的产品才视为 AFTA 产品;CER 的标准是 50%以上。NAFTA 还规定了带有部门和国别歧视性的标准,如对墨西哥的汽车行业,62.5%以上的区内增值才算 NAFTA 产品,在纺织业这个要求达到 100%,高于原美加自由贸易协定规定的 50%的原产地产品标准。考虑原产地规则常常成为保护主义的一个重要武器,能否和怎样建立一个统一、简便易行、透明度高且没有部门歧视的原产地规则,是 APEC 面临的一个难题。

再如知识产权保护领域,NAFTA 规定了比其他双边和多边协定更严厉的协议,要使 APEC 中众多的发展中国家短期内达到这样的标准是困难的。

此外,在竞争政策、政府采购、争端调解等敏感性的领域,也有大量的协

① APEC“名人小组”报告:《实现 APEC 的构想》(*Achieving the APEC Vision*),1994 年 8 月。

调工作需要去做。

应该指出,在协调过程中,不仅具有不同目标的次区域集团的态度会各不相同,就是同一次区域集团内各成员之间的立场也会有差异。这无疑会给 APEC 的发展进程带来很大的复杂性和不可测性。

如 AFTA 作为一个完全由发展中国家组成的集团,一般说,在 APEC 论坛中它反映发展中国家的立场,反对少数发达国家将 APEC 作为牟取私利的工具,客观上维护了占 APEC 成员多数的发展中成员的利益。另外,该集团成员单边自由化的进展令人瞩目。新加坡和文莱已基本上是零关税国家;在保护主义色彩上相对浓厚的菲律宾、印度尼西亚和泰国,过去几年中都实施了大幅度的在最惠国待遇基础上的关税减让。这些行动,有可能促进 APEC 的其他成员在示范效应和"比较压力"的作用下推进自身的自由化进程。

NAFTA 各成员的情况就比较复杂。作为该集团中心的美国,虽从全球贸易自由化的倡导者转向经营地区性集团,但它从未放弃对以其为中心的更大范围的自由化的追求。对 APEC 地区的渗透,是美国新亚太战略的组成部分。美国企图将亚太各国逐步纳入一种它能控制的区域性经贸集团中,以获得政治、经济和意识形态的利益。因此,美国在 APEC 中不断推出激进的自由化措施,并力图将 APEC 快速引向制度化的轨道。显然,美国的意图与 APEC 大多数成员的利益不符,它所鼓吹的措施也不适合 APEC 的现实条件。这就使次区域协定与 APEC 进程的协调,又常常表现为 APEC 内不同发展水平国家之间的利益协调。

为推进次区域集团与 APEC 之间的协商,减少和防止次区域集团政策的消极影响,各方宜采取的对策是:

1. 保证 APEC 各项协议的实施,让次区域集团成员较快地感受到 APEC 带来的利益,是保证次区域集团的外向性,防止其成员固守次区域堡垒,追求排他性利益,并遏制其他新次区域集团组成的关键。应深入了解各次区域集团的特点和在 APEC 中的追求目标,以此作为制定政策的参考,并引导次区域集团成员将其自由化的成果扩大到非成员。考虑到各次区域集团与 APEC 在起点和进度上的差异,协调相互的步调和利益,避免政策上的冲突至关重要。在此过程中应遵循务实和循序渐进的原则。

2. 对于次区域集团,应尽量保持本身的开放性,这种保证可通过类似名人小组对 APEC 实施开放性的建议中提出的四种方式来进行。(1) 最大限度地实施单边贸易自由化;(2) 在最惠国待遇基础上推行内部自由化的同时,许诺对非成员继续削减贸易和其他障碍;(3) 表示在互惠的基础上将次区域自由化扩展到非成员的愿望;(4) 成员单边地、有条件或无条件地将次区域集团自由化成果与非成员分享。

目前中国不是任何次区域集团的成员,虽然作为一个大国在 APEC 中受到关注,但仍力量单薄。中国应该加强和东盟这个发展中国家集团的接触,协调彼此的立场,利用集体的政治影响力,积极争取发展中国家的共同利益。另外,在参加 APEC 的同时,应积极推动华南、东北和环黄、渤海地区非制度化的跨国合作,争取地区利益的多元化,避免在 APEC 进程发生阻滞时,丧失发展机会。

中国加入 WTO 和东北亚地区经济合作的前景[*]

中国加入 WTO 走过了一条漫长而曲折的道路，现在有关谈判已接近尾声。一般预计，年内将会解决中国入世问题。中国加入 WTO 后将会对推进东北亚地区经济合作起什么作用，今后这一地区的经济合作将沿着什么样的道路发展？这里想谈一点看法。

一、东北亚地区经济合作的动力和阻力

东北亚地区的经济合作起步较晚，它的发展是和近二十年来国际和地区政治经济形势变化密切相连的。有几个因素起了重要作用：

1. 国际格局的变化。随着中美建交，中国与东北亚邻国关系出现明显改善；苏联的解体，使过去紧张对峙的两极格局体制瓦解。这为地区合作形成了和平的国际环境。

2. 科技革命的日新月异，高新技术产业迅速成长。为提高竞争力，迫使区内经济发展水平较高的国家和地区进行产业调整，通过积极扩大对外投资，客观上形成区域内"雁形模式"的产业链。

3. 经济市场化的改革。20 世纪 80 年代后，过去推行计划经济模式的国家，先后走上以建立市场经济为核心的改革开放道路。过去建立政府主导型市场经济的国家和地区，也加紧推进经济市场化和自由化改革。各国市场的逐步融合，为区域合作创造了制度条件。

4. 世界区域经济集团化浪潮的压力。80 年代中期后，欧共体内部统一大市场提出和实施，欧盟的建立和欧元的启动；80 年代末美加自由贸易区形成，并在 90 年代初扩大为北美自由贸易区；拉丁美洲和东南亚地区一体化的加快发展，这一切给东北亚地区各国提出严峻的挑战。

正是在这种背景下，东北亚 6 国特别是中、日、韩三国采取了各种举措

---

* 原载《北大亚太合作》2001 年第 5 期，合作者：陈红博士。

来推进本地区的合作。80 年代日本提出了"重返亚洲"的国策。三国学者分别提出了"黄海经济圈"、"日本海经济圈"和"东北亚经济圈"等构想。图们江开发区也在 UNDP 策划下启动。特别是近十多年来,三国之间的贸易、投资和技术合作获得了迅速发展,并且相互间已经成为重要的经济伙伴。

但是也应看到,本地区经济合作层次,与世界其他地区一体化水平相比,与本地的资源、市场潜力和发展水平相比,还是处在很低水平。本地区还是迄今世界上尚未建立制度性次区域合作组织的惟一空白点。其原因既有区域外部的因素,也有地区内各成员的利益关系以及各成员体制差异的因素。

1. 美国是当今世界惟一的超级大国,它当然不会放弃在东北亚地区的利益,也不会希望在本地区出现与美国利益相冲突的一体化组织。特别是近十年来,美国经济重新恢复活力,使它更加颐指气使。在美、中、日三国关系上,它一面通过维持驻军,加强美日安全同盟,把日本绑在自己的轮子上;同时对中国一直采取接触加遏制的政策,防止中国对美在本地区的主导权提出挑战。由于美国在很大程度上左右着东北亚地区的国际关系,这势必影响地区一体化的发展。

2. 冷战结束后,地区内各国的相互关系有很大改善,但相互间的不信任亦非一日能解决。例如,日本一直企图借与美国的关系成为政治大国,但又不正视在二战期间的侵略史,还企图修改宪法,发展核武器,一再出版歪曲历史的教科书等,使东亚各国不能不保持警惕。韩国愿意积极发展与中、俄的关系,但受长期冷战的影响,又使它存有戒心。此外,因历史原因造成的各国之间的领土纠纷,也是一体化发展的制约因素。

3. 长期以来东北亚地区存在两种社会制度和经济体制。近二十年来,制度的界线逐渐淡化,实行计划经济的国家也在加紧朝市场经济转化。但是,体制的转变毕竟是一个长期复杂的系统工程。中、俄、蒙目前在改革中取得了不同进展,但还都没有建立起成熟的市场经济。即使是日、韩两国,在 1997 年金融危机中也暴露出政府主导型市场体制的严重弊端,需要进行深入的调整改革。

二、中国加入 WTO 对东北亚地区经济合作的影响

中国要求加入 WTO,除了要实现 WTO 的普遍性原则外,更重要的是:

(1) 表明中国积极参与经济全球化,发展和各国经贸关系的愿望。经济全球化是一种无法回避的现实和趋势,是挑战也是机遇。中国参与这一进程是为了发展自己,也是为繁荣世界经济。(2) 表明中国深入进行市场经济改革的决心。目前,中国改革已进入关键时期,各种矛盾和问题只有通过深化改革才能解决。二十多年来中国改革的一大特点,是以开放促改革。加入 WTO,就是中国改革进入新阶段的标志。

这种以开放促改革的做法,在外贸领域可见一斑。当 1986 年中国提出复关要求时,出口补贴曾是审议的要害。正是在"入关"压力下,通过实践于 1991 年解决了此问题。1992 年后,中国又多次降低关税,减少非关税壁垒;逐步放开外贸经营权,让部分中外合资企业和私营企业参与外贸业务;取消外汇双轨制,实现人民币经常项目自由兑换;颁布了一系列有关外贸、投资和保护知识产权的法案。当然,以上措施的顺利出台,也说明 GATT/WTO 所制订的贸易规范,在根本上和中国建设社会主义市场经济目标是一致的。

因此,中国一旦进入 WTO,尽管会给中国带来严峻挑战,但它会带来新的契机,出现新的变化:

第一,它将进一步推进中国的市场化改革,促进资源要素更合理的配置,从而提高国家的综合国力。这是因为,WTO 的基本目标是推进公平、公开和非扭曲的竞争,促进经济贸易发展和市场化取向的经济改革。加入 WTO 后,中国将执行 WTO 的协议,承诺进一步减让关税,包括对信息产品零关税;承诺取消数量控制,实现关税化;承诺进一步打破国有企业的贸易垄断,降低非国有企业(包括外资企业)的进入门槛,增加政策和规则的透明度;承诺放开服务业的市场进入,对外国商品和外国企业实行最惠国待遇和国民待遇。无疑,这一切将使中国在推动产业结构调整,提高产业竞争力方面做出加倍努力。

第二,它将进一步推进中国和世界各国的经贸关系。加入 WTO 后,由于中国将加快结构调整,增强出口竞争力;同时积极推进外贸体制改革,加快外贸法制建设,这必将大大促进中国外贸事业的发展。考虑到今后一个时期世界经济应将维持平稳增长的态势,估计到 2005 年,中国对外贸易总额将由目前的 3000 多亿美元,急增至 6000 亿美元。在吸引外国资本方面,鉴于入世后中国将加快改善投资环境,进一步完善法律和增强政策的透明度,我国引进的外资规模也将从目前每年 300 亿—400 亿美元,增至 2005 年的 1000 亿美元左右。

第三,有利于扭转对区域经济一体化的认识。就中国来说,在经济全球化和区域一体化中，人们担心民族产业受到冲击，宏观调控难度加大，经济安全面临威胁。所有这些是可以理解的。问题是采取什么态度，是消极的“堵塞”，还是积极的“进取”。加入 APEC，是认识上的一大飞跃。但是，APEC 实施贸易投资自由化，还是由各成员根据两个时间表(即发达国家于 2010 年，发展中国家于 2020 年实现贸易投资自由化)，自主确定速度和进程，无约束机制。加入 WTO，是认识上的又一飞跃。因为尽管 WTO 为发展中国家提供了若干保障机制，但它同时要求必须履行贸易投资自由化的承诺，并遵守 WTO 制定的一套规则。

第四，减少美国对推进东北亚地区一体化的阻力。长期以来美国从维持自己在东北亚的政治、经济和安全利益出发，对东北亚地区经济一体化持消极态度。现在中美之间有关加入 WTO 双边协议的签订，应该说基本上实现了美国所希望的双边贸易格局和投资利益的要求；当然，中国也基本上获得了发展中国家的地位。因此，从近期看，对双方特别是美国扩大进入中国市场十分有利；从长远看，它也有助于稳定中美关系，并逐步扭转美国对东北亚合作的态度。

三、走向东北亚区域经济一体化之路

进入新千年开始，东亚地区就接连出现不少有利于加强本地区合作的信息。在经历近两年的东亚金融危机冲击之后，东亚各国相继踏上经济复苏和振兴之路，经济调整和改革在继续推进。2000 年 6 月长期处于分裂状态的朝鲜半岛南北双方举行了第一次历史性的首脑会晤，从而为半岛走向和平和合作开辟了光明前景。值得注意的是，由于本身机制上的缺陷和东亚危机的影响，APEC 发展几年来处于停滞不前状况，这使东亚地区内一些成员企图通过双边和多边形式加强合作的趋势有了发展。如近年来，面对经济全球化的挑战，为提高自身的经济竞争力和抗风险能力，新加坡正与新西兰、日本、加拿大、韩国和智利等国谈判签订自由贸易协议；日本也在与墨西哥、韩国、加拿大等签订类似协议。在东盟的带动下，东亚地区正以 10+3 模式(东盟 10 国加中、日、韩)推进本地区合作。在 2000 年 11 月举行的 10+3 会议上，除继续加强相互间金融合作、加快人力资源开发和湄公河流域开发等合作外，还提出设立东亚首脑会议建议和建立地区自由贸易区的设想。这一切标志着东亚地区合作将揭开新的一幕。与此同时，10+3 会议期间，中、日、韩三方领导人也举行会晤，提出三方合作的内容和设想。

然而,整个东亚地区的政治经济关系比较复杂,热点较多,潜在的和公开的矛盾还时隐时现,一些国家的政局目前也还不稳定,因此,东亚经济的一体化要迈出实质性的步伐尚需时日。相反,在东北亚地区,近十多年来,中、日、韩三国经济贸易关系发展的进展是十分惊人的,相互间已经成为贸易和投资的重要伙伴。因此,在适当的条件下,小区域的经济一体化进展有可能超过东亚次区域的合作步伐。

在目前条件下,如何进一步推进东北亚地区的经济一体化,现实的做法是:应该借鉴 APEC 坚持的行之有效的原则,即在坚持多样性的基础上,坚持渐进性、灵活性和公开性。

在经济一体化相对落后地区,坚持渐进性是区域经济合作进程的灵魂。这表现在:(1) 在范围的选择上,东北亚地区可以中、日、韩(一定程度上加上俄罗斯)等条件较成熟的国家为主。因为它们的产业结构和要素资源有明显的互补性,过去有较好的合作基础,有要求加强合作的强烈愿望,地理上相互毗邻。由它们先走一步,可以起扩散和示范作用。(2) 在合作的形式上,可由非制度性合作或准制度性合作逐步向制度性合作发展。特别是中、日、韩、俄都是 APEC 成员,在此基础上,可加快相互协调,建立一些"经济圈"、"增长三角"、"特惠关税区"。在条件成熟后,可进一步向自由贸易区等制度性一体化形式发展。

所谓灵活性,不仅表现在不同经济发展水平的成员,在实现贸易投资自由化方面应有不同进程,更重要的应该在东北亚次区域内落实经济技术合作计划,包括共同建立高新技术开发区;建立共同基金;按"共同投入,共同分享"原则,加快区域内基础设施建设、人力资源投资和资源技术开发以及加强金融协调和监管等。

最后,在本地区内任何形式的一体化合作,都必须坚持开放性原则。这不仅是 WTO 和 APEC 的基本原则,而且本地区发展也需要其他国家,特别是美国、欧盟和其他地区资金和技术的进入。这既是长期以来东亚发展的重要动力,也是东北亚地区一体化顺利发展的必要条件。

APEC 发展趋势研究*

12 年来，APEC 走过了一条不平坦的道路。最初，APEC 挟亚太地区经济蓬勃发展的势头，通过了一项又一项的宣言和议程，从西雅图规划蓝图，茂物确定时间表，大阪制定行动议程，到马尼拉提出行动计划，在短短几年里取得如此骄人成就，在全球区域经济组织中可谓独领风骚。但是近两年来，特别是在 1997 年东亚金融危机和 1998 年 EVSL(部门自愿提前自由化)计划受挫以后，国外舆论界对 APEC 的作用和前景，表现出的忧虑和失望日益增多。例如，有的说："目前 APEC 的声望正处于 1989 年成立以来的最低点，其危险就是 APEC 的作用正逐渐被淡忘"。(《亚洲华尔街日报》2000/11/10)有的认为："1994 年保证两个时间表，现在面对困难和该组织履行这种保证的决心有动摇。"(美国《国民先驱论坛报》2000/11/13)日本的一些舆论还认为："APEC 目前正站在十字路口上"，"APEC 现在缺少具体实现这些目标所需要的向心力"。(《读卖新闻》2000/11/16)

应该说，以上种种疑虑和担心，亦非空穴来风，无中生有。在一定意义上说，APEC 的困难似乎滋生于经济体的多样性以及由此引起的利益目标的差异性。问题是：APEC 未来将如何发展？究竟有哪些有利的和不利的因素制约 APEC 的未来发展？这是我们需要讨论的。

一、决定 APEC 存在和发展的一些基本因素

澳大利亚经济学家德赖斯代尔曾指出："国际经济交流的协议和谅解框架，既非永恒的，也不是可改变的。它是经济和政治环境以及历史的产物，也是社会的、或政治的、或经济的利益和行动的结果。"① 我们认为，从 APEC 成立到现在的 12 年中，当年推动 APEC 形成的一些基本动因虽有变

---

* 本文是作者在 2001 年承担的南开大学 APEC 研究中心课题《APEC 发展趋势》的一部分，合作者：〔美〕哥伦比亚大学博士生纪沫。

① 〔澳〕彼得·德赖斯代尔：《国际经济多元论》，东方出版社 1993 年版，第 250 页。

动,但仍然存在,有些还在加强。

1. 区域经济一体化的趋势仍在发展

从理论上说,区域经济一体化是世界经济发展不平衡的产物。在主要国家经济实力发生变化,国际竞争日益加剧的条件下,一些国家可能通过区域经济一体化形式追求利益的最大化。1980 年代中期以后,区域经济一体化再掀高潮,其背景在于,当时两极格局体制正趋瓦解,在两霸的争夺中,美国虽是胜利者,成了世界上惟一的超级大国,但其经济上已相对衰落。激烈的国际竞争,使提高综合国力,特别是经济实力,成为各国战略的首要目标。正是在此情况下,各国逐渐淡化意识形态分野,日益走向务实的经济合作,区域经济一体化成为实现自已利益的重要手段。欧洲统一大市场的提出,拉美一体化运动的复兴,美加自由贸易区的启动,这一切,直接推动了 APEC 这一特殊的经济合作体的出现。

APEC 成立 12 年来,国际政治经济形势确实发生了很大变化。一个突出的特点是,美国在世界经济和金融中的地位有明显上升。克林顿政府上台以来,利用美国在信息技术革命中的优势地位,大力发展高新技术产业,积极推动产业结构调整和升级;调整政府的宏观经济政策,控制财政支出,抑制通货膨胀,扩大对外出口,加大科技教育投入;利用经济全球化和金融危机之机,吸引大量资本流入美国,而廉价商品的进口不仅推动了消费,也抑制了通胀。正是在这些因素的推进下,整个 90 年代,在欧洲经济发展步伐放慢,日本经济多年来处在踏步不前的情况下,美国经济一花独放,从 1991 年以来维持了 110 多个月的持续增长。与此同时,美国利用自已在经济、政治、军事和文化方面的优势地位,积极推行霸权主义和强权政治,造成当前国际局势动荡不安,引起世界各国特别是发展中国家的强烈不满和反对。

然而,与此同时,国际格局"一超多强"的趋势并未改变,多极化趋势仍在发展。在国际经济领域,随着经济全球化的迅猛发展,国际间的竞争加剧,整个 90 年代区域经济一体化趋势不仅没有停滞,而且在向纵深发展,其特点是:(1) 原有的组织在调整中保持了活力,新建的区域经济一体化组织如雨后春笋遍及世界各地。据日本贸易振兴会的统计,在 1996 年前后,世界上区域性经济合作组织共计 101 个,其中 1990 年后新成立的 69 个,占总数近 70%,1980—1989 年为 20 个,1979 年前成立的为 12 个。[①] (2) 打破了

① 《世界经济》,1997 年第 11 期,第 42 页。

传统一体化成员同质性的要求,出现了越来越多不同政治经济体制、不同发展水平和不同民族、文化、宗教国家间的合作。(3) 区域一体化中不仅出现了一体化组织内部的多层次性,大中有小,大小结合,而且在各一体化组织之间联合对话趋势也在发展,如亚欧会议(25 国)和欧盟与拉美国家首脑会议(48 国)。(4) 在区域经济一体化中,政治与经济紧密结合,区域经济合作同时也是大国政治战略的组成部分。如美国以北美自由贸易区为核心,西向谋求主导亚太经合组织,南下积极筹建泛美自由贸易区,东进正谋划大西洋自由贸易联盟,其目的显然是利用区域一体化为手段,来维持美国的世界霸权。欧盟作为历史最长的区域一体化组织,1990 年代以来在不断深化内部一体化建设的同时,积极向东在东欧国家扩展地盘,南下抓紧控制地中海和非洲地区,并通过亚欧会议和欧盟—拉美首脑会议,加强与这些地区的沟通和磋商,目的无不在与美国展开争夺。日本实力不如美欧,但从未放弃在亚太经合组织和东亚地区发挥主导作用的努力。

总之,区域经济一体化已成为当代世界经济和政治发展的一个重要特征和发展趋势。在未来的发展中,现存的各类区域一体化组织当然还会有一个变化和调整的过程,但是,面对日益深化的国际经济和贸易竞争,区域经济一体化已经成为并将继续成为包括发展中国家在内的各类国家维持自身利益,提高自身竞争实力,促进经济增长的一种有效手段和途径。因此,它必然对 21 世纪的世界经济发展和国际新格局形成产生重大影响。

2. 东亚地区经济经过艰苦调整改革,仍将保持其活力

1980 年代后,东亚地区经济的高速增长和其对外经贸关系空前活跃,曾经引起国际舆论的高度赞扬,各国企业家都热切期望在这一地区一试身手,这是当时推动 APEC 成立的重要基础。然而,1997 年爆发的东亚金融危机,不仅使东亚地区经济遭受沉重打击,而且西方一些政治家和经济学者也站出来极力否定"东亚发展模式",甚至称所谓的"东亚奇迹"完全是言过其实,并将从此烟消云散。如果真是这样,那么 APEC 是不是既无存在的条件,又无未来发展的基础?

其实,对东亚地区过去 20 年的发展成就及其经验,采取一概肯定或者一概否定的态度都是错误的。东亚地区除了有较好的地理和资源优势外,人民勤劳节俭,国内储蓄率一直较高;重视教育和人力资源开支,劳动力工资较低,素质较高;在东西文化熏陶下,造就了一支积极向上、勇于创新的技术管理人才和企业家队伍;特别是,他们根据当时的国际环境和自身条件,先后实施了外向型发展战略和建立市场经济体制相结合的"东亚模式"。正

是这一切,造就了"东亚奇迹",并使东亚地区在经济规模、对外贸易和外汇储备等方面急剧增长,到 1997 年在总量上已接近美国、欧盟的水平(见下表)。

表 1 1997 年美国、欧盟和东亚主要经济指标

单位:亿美元

	总产值		与世界其他地区贸易	官方外汇储备
	按市场汇率计算	按购买力平价计算		
东亚	63 820	94 310	13 800	6 680
欧盟	80 930	75 590	16 400	3 800
美国	78 340	76 650	15 860	710

注:东亚包括东盟 10 国和中国、日本、韩国。

资料来源:F. Bergsteu(〔英〕《经济学家》2000 年 7 月 15 日)。

一场暴风骤雨式的金融危机使东亚地区经济出现急剧回落,特别是"重灾区"的几个国家陷入严重困境。但是,它也使这些国家更加清醒起来。危机的诱因固然是国际投机家的恶性炒作,但是根本原因还在于它们的经济政策、产业结构、企业组织、经济体制以及政府素质本身存在缺陷,适应不了经济全球化、信息化的发展趋势。在痛定思痛之下,东亚国家在加强宏观经济调整的同时,大力深化金融体制和企业体制改革;加快产业结构调整,积极发展信息经济;加快人才培养,健全法律法规;推进区域合作,加强政策协调。经过两年的痛苦调整和改革,从 1999 年起东亚经济就出现强劲复苏和重振。据亚洲开发银行材料,2000 年东亚(不包括日本)经济增长率可望达到 6.5%,再次成为全球经济增长率最高的地区,其中亚洲"四小龙"1999 年和 2000 年的增长率为 7.4% 和 7.9%。2000 年马、泰、菲、印尼的经济增长也恢复到 4%—6%。与此同时,外资流入开始回升,出口和外汇储备也有很大增加。

虽然东亚经济增长中还存在不少问题,其中最重要的是金融改革、企业重组和结构调整等问题,在深层上,还有发展模式的调整改革。然而,东亚地区有自身的优势,只要认真解决上述问题,东亚经济的增长率仍将高于世界和发展中国家的平均水平,未来亚洲经济一定能再创辉煌。据日本系统研究所所长大西昭预测,从 2001 年到 2010 年和从 2011 年到 2020 年,世界经济平均增长率为 3.2% 和 3.3%,其中发达国家分别为 2.3% 和 2.8%,发展中国家为 4.7% 和 5%。东亚经济年均增长率从 2001 年到 2010 年为

6.4%,从2010年到2015年为6.2%。[①] 我们也借助目前广泛流行的两种计量理论模型,即有条件的增长收敛模型(Conditional Convergence Model Approach)和梅塔生产函数模型(Meta-Production Function Approach)对2000年到2010年APEC成员的经济增长进行了预测。其结果是,在改革的条件下,APEC 21个成员平均年经济增长率为2.7%,其中APEC中发达成员为2.1%,发展中成员为5%,而东亚"四小龙"为5.3%,东盟为5.8%。由此,我们可以预见,只要东亚地区的经济和贸易能保持旺盛的活力,亚太地区的经济合作包括东亚地区的合作,无疑将持续地向前推进。

3. APEC目前仍然是区内成员协调利益、加强合作、促进地区发展的有效形式

APEC的建立是当时历史条件下各成员政治经济利益推动的结果。对美国来说,作为世界和亚太地区头等大国,推动亚太经济合作的战略目标是力争主导亚太合作,遏制日本对本地区的经济主导势头,逼迫东亚各国进一步开放市场,以稳定和发展在本地区的利益,进而达到在本地区促进民主和建立共同安全体系的目标;与此同时,美国也期望通过APEC来牵制欧盟和促进多边贸易体制的进程。日本是亚太地区二号经济大国,它推动本地区经济合作,期望谋求与美国分享主导权。由于它和东亚地区发展中成员有密不可分的经济联系,希望在亚太地区作为发达国家和发展中国家之间的桥梁,担当中介作用,以巩固和扩大在亚太地区的政治和经济地位。当然,就本地区发展中成员来说,情况比较复杂。有的如东盟成员因对亚太市场依赖较大,它们参与APEC,不仅可以用"一个声音"说话,保持在地区的影响力,同时为自己的经济发展构筑了较为宽松的外部环境。至于中、俄、越等转型中国家,加入APEC这类灵活的地区经济一体化安排,除了减少进入外部市场的成本外,更重要的是通过融入世界市场来推进和深化国内的经济改革。

区域经济一体化组织能够生存和发展,重要的前提是,在这个组织内各个不同成员能够找到利益的均衡点。也就是说,如果区域一体化组织成立后"无所事事",对一体化成员无任何经济利益,那么这个组织是不可能存在下去的。不仅如此,如果这个区域一体化组织的所作所为,只是为少数国家的利益服务,譬如在像APEC这样的多样性组织中,如果它只是为发达成员的利益或仅仅是美国的利益服务,那么,这样的组织同样也无法存在下去。

① 李长久:《东亚经济重振:问题和前景》,《亚洲纵横》,2001年第1期。

然而，对 APEC 来说，尽管它有不少不尽如人意之处，但是，由于它从多样性的现实出发，建立了一套独特的运行机制和组织架构，十多年来，它还是在推动市场的开放和促进地区经济的发展方面，发挥了重要的不可替代的作用，基本上实现了 APEC 成立时确定的目标和功能，使所有成员从中获得了利益。表现在：

1. APEC 通过各项安排和议程，召开各种会议，给地区内各成员的政府官员、商界、专家和学者提供广泛接触与联系的机会，讨论地区合作和其他有关事务。特别是 1993 年以来每年一度的领导人峰会，为亚太地区参与各方提供了一种制度化的联系、交流和合作机制，从而有利于在区域内创造一个和平、稳定与发展的环境。应该说，在亚太地区目前还没有其他任何机制能替代 APEC 的地位。

2. 在贸易投资自由化和便利化方面，各成员按单边行动计划已经取得实质性的进展，特别是 APEC 中发展中成员在关税减让、非关税措施、服务贸易市场准入和投资自由化方面承诺和实施的幅度较大。在便利化方面，各成员的态度和行动都较积极，进展较快。经济技术合作的进展虽不甚理想，但也进入实质性阶段，并取得了一些重要成果。① 应该指出，即使在金融危机期间地区内贸易保护主义也并未泛滥，各成员的贸易仍有增长，这与 APEC 成员的自我约束不无关系。

3. APEC 在 WTO（和以前的 GATT）多边贸易体制中发挥了重要的推动作用。这不仅表现在 APEC 在推动贸易和投资自由化方面与 WTO 保持一致，而且从乌拉圭回合的完成到新回合的启动以及信息技术协议和金融领域服务协定在 WTO 的成功签署，APEC 的"催化剂"作用，是其他区域一体化组织无法相比的。

4. 扩大了金融领域的合作。虽然几次 APEC 峰会都强调支持 IMF 等国际机构在解决东亚危机中的主导作用，但该组织的有关会议和机构，如 APEC 财长会议和 APEC 工商理事会，还是从不同角度对克服危机、促进区域经济恢复和持续发展等问题提出了一系列建议措施②，其中不少措施已被成员国采纳。2000 年 5 月在泰国清迈召开的"10 + 3"财长会议达成的《清

① 宫占奎等：《亚太经济发展报告 2000》，南开大学出版社 2000 年版，第 13—27 页。
② 宫占奎等：《亚太经济发展报告 1999》，南开大学出版社 1999 年版，第 79—93 页。

迈倡议》,还就东亚地区的金融合作迈出了重要步伐。[①]

从以上一些基本因素的分析中可以看出,尽管 APEC 近几年来没有正面的轰动效应,甚至针对它还有种种微辞,但支撑它存在和发展的一些基本因素仍然存在,参与这一组织的经济体从中还有广泛的政治经济利益,因此可以说,它还有生命力,目前在亚太地区还没有可以取代它的区域经济合作的机制。当然,这些基本因素不是一成不变的。APEC 自身也尚未找到克服当前面临矛盾的办法,这两个方面相互联系,共同制约着 APEC 的发展方向和进程。

二、制约 APEC 发展方向和速度的一些因素

我们说,在一个相当长时间内,APEC 作为机制创新的经济合作体仍会存在下去,然而,它的道路不会是平坦的,不仅因为它本身的机制还不完整;而且,在贸易和投资自由化的实施阶段,每一步都会遇到实际厉害的矛盾;特别是不断变化的环境和政府交迭引起的政策变化,也会影响成员间的相互关系和推进 APEC 目标的合力,从而影响 APEC 的发展方向(前进还是倒退)和速度(快还是慢)。具体地说,这些因素主要有:

1. 亚太地区发达国家当前经济走势对 APEC 的影响

APEC 的目标之一是实现贸易和投资自由化,因此它的进程必然会受到世界经济特别是区内经济大国美国、日本等成员经济走势的影响。历史的经验表明,一般而言,周期性衰退的爆发,直接导致企业倒闭增加,工人失业上升,消费和投资出现萎缩。在此情况下,发达国家的贸易保护主义就会抬头,并用种种借口限制进口。因此,在危机期间,以往有关国际经济关系方面的一些承诺,也往往会无法兑现。

1990 年代,美国依仗在信息产业方面的优势和强美元政策等原因,保持了经济十年的持续增长。但是从 2000 年下半年起,美国经济逐步显出疲态,经济好像画上休止符。各大公司纷纷发布盈利警告,并进行大规模裁

① 为加强金融合作,在东亚危机爆发后不久,日本就提出“亚洲货币基金”设想,向受危机冲击国家提供帮助,但遭美国封杀。1998 年,日本又提出“新宫泽构想”,提出建立总额 300 亿美元的“东亚货币基金”的倡议。正是在此基础上,在 2000 年 5 月泰国清迈召开的“10 + 3”财长会议上,达成了《清迈倡议》协议。其中有关金融合作的内容有:(1) 加强有关资本流动的数据和信息交换;(2) 在“10 + 3”成员间构筑两国间货币互换交易网和债务交易网;(3) 考虑利用成员国充裕的外汇储备的一部分用于相互间金融合作。

员，工矿企业和公用事业的生产连续几个月处于低迷状态；美国股市出现暴跌。2001 年 3 月道琼斯工业指数一度跌破万点；纳斯达克指数从 2000 年 3 月的 5 000 多点，跌至 2 000 点以下。股市市值严重缩水，投资者损失惨重。与此同时，反映经济态势的一些重要指标如消费者开支，特别是设备投资率等出现明显下降。2000 年第二季度美国经济增长率曾达 5.6%的高位，到第四季度已降至 1%。在此情况下，美联储从 2001 年以来半年里连续 5 次降低联邦基金利率和贴现率，总计降息幅度达近 2.5 个百分点，以刺激投资和消费。但是，根据美国商务部公布的统计显示，2001 年第一季度实际国内生产总值按年率计算增长仅为 1.3%，低于商务部门的原先统计。① 进入 4 月份的工业生产仍比 3 月低 0.3%，4 月的工业生产能力利用率为 78.5%，为 10 年来最低水平。与此同时，失业人数还在增加。投资(特别是技术投资)仍在下降。一年前，人们还在热烈讨论美国的新经济似乎摆脱了通货膨胀和经济周期的困扰，而现在人们的讨论已集中在美国经济的下降是“软着陆”，还是“硬着陆”。

与此同时，尚未摆脱困境的日本经济有可能与美国同时步入衰退。整个 90 年代日本经济受“复合型危机”的折磨，一直处在萧条状态。2000 年日本经济开始止跌复苏，预计年增长率为 1.4%，但是 2001 年以来工业生产指数下降 3.9%，失业率又在上升。由于日本的财政刺激手段的作用已达极限，中央银行又再次宣布实行零利率政策，个人消费受失业影响长期疲软，资本设备严重过剩，不良债权隐患未除，企业重组和金融改革远未完成，因此，近期内经济仍有进一步恶化的可能。

美日两国是世界和亚太地区两个最大的经济实体，其国内生产总值占世界生产总值的 46%。亚太地区多数成员的出口有一半左右输往美日两国。因此，美日两国的经济衰退，势必会使贸易保护主义抬头，它对世界经济特别是东亚经济的影响不可忽视。这种影响的路径除传统的贸易渠道外，还有资本市场和外汇市场。一些迹象表明，今年东亚地区的出口，特别是与信息产业有关的零部件出口，将受到严重影响，贸易收支将会恶化，爆发金融危机的隐患仍然存在，整个经济增长将会下降。显然，在 APEC 成员经济艰难竭蹶的情况下，要大力推进 APEC 目标的进程是困难的。

2. 经济全球化和区域经济一体化发展对 APEC 的影响

经济全球化趋势是当今世界经济和科技发展的产物。1980 年代以来，

① 2001 年 3 月美国正式宣布经济进入衰退。

随着信息科技的发展,以市场经济为导向的经济改革在全球推行,跨国公司在全球贸易、生产和金融活动中作用空前提高以及发达国家和国际经济机构的极力推行,这一切,使经济全球化进入一个新的发展阶段。

经济全球化的含义是指"跨国商品和服务交易与国际资本流动规模和形式的增加,以及技术的广泛迅速传播,使世界各国经济的相互依赖性增强"。[①] 从理论上说,经济全球化是一把"双刃剑",它给世界各国带来发展机遇,同时也带来严峻的挑战和风险。但是实际上,发达国家与发展中国家的境遇并不相同。由于发达国家和发展中国家经济发展不是在同一条起跑线上,少数发达国家垄断着世界贸易、生产、资金和技术;而且,现在的国际经济关系仍然是不公正和不合理的,发达国家仍然主导着主要的国际经济机构。这样,经济全球化一方面意味着资源在全球可以更有效地配置,从而有利于世界市场的开拓和世界经济的发展,从这方面说,它是历史发展的必然趋势;但是另一方面,它是以少数大国和大公司为主导的,因此全球化的主要得益者是发达国家和它们的大公司。正如哥伦比亚前总统桑佩尔所说:"在经济全球化中蛋糕是做大了,但大蛋糕分给了富人,其他人得到了面包屑"[②],这就不可避免地导致各种摩擦和矛盾。

当然,经济全球化对不同发展水平的发展中国家情况也不相同。其中一些有一定工业化基础的国家,它们有可能通过全球化,扩大开放和合作、加快经济的整合;但同时也面临危及自身经济、政治、社会和文化等方面安全的挑战。1990 年代发生的东亚金融危机,就是在条件未具备时过快实现金融自由化的结果。不仅如此,经济全球化对不同的发达国家情况也不同。1998 年 APEC 吉隆坡会议讨论 EVSL(提前部门自由化)计划时,就因日本等国的异议而致搁浅。1999 年在西雅图召开的 WTO 部长会议的失败,不仅是因为震惊世界的反全球化力量的街头示威冲突,更重要的是会议在议程上因农业、投资和反倾销问题的分歧,导致新一轮多边贸易谈判的推迟。

因此,经济全球化是一个时疾时缓的曲折发展过程,在世界经济发展比较顺利时,全球化进程的动力就加大;反之,全球化进程的阻力就会增长。作为经济全球化的一个重要组成部分的 APEC 贸易和投资自由化,当然也不会超越这一法则。

在经济全球化发展的同时,近几年来在亚太地区,新的次区域和双边贸

---

① IMF, *World Economic Outlook*, 1995 年 5 月。
② 1998 年 10 月 10 日《人民日报》。

易协定谈判正在迅猛发展。在1998年以前,本地区仅有三个主要的次区域贸易协定(即北美自由贸易区、东盟自由贸易区和《澳新紧密联系协定》),而1998年后,迄今又有超过25个次区域和双边贸易协定或已经提出、或正在谈判,有的已达成协议。其中西太平洋地区范围的有新加坡—日本、新加坡—韩国、新加坡—新西兰、新西兰—中国香港地区等之间的双边贸易协议正在谈判之中;已经提出倡议或正在研究的有东盟10国+3国、日—韩—中以及AFTA与CER之间的协议。值得注意的是,近两年还出现了大量跨太平洋两边国家进行的贸易谈判,如新加坡与美国、新加坡与加拿大、韩国—智利等;此外,日本与墨西哥、日本与加拿大、韩国与墨西哥等贸易谈判也在研究之中。

APEC区域内次区域和双边贸易协定的大量涌现,对APEC发展产生的影响是复杂的。它将在APEC的成员和组织两个层次上带来不确定性。对APEC中的非次区域集团成员来说,次区域集团实施的歧视性政策给它们带来的是额外的经济成本以及由此引起的资源分割;有利之处在于,次区域集团由于经济力量壮大而产生的扩散效应可能使非次区域集团成员受益。同样的,次区域集团对APEC进程的影响也是一分为二的:内部小范围的快速自由化实验给其成员一个适应外部环境的过程,这对争取更大范围的自由化有积极意义;不利影响是,它们为实现排他性利益而抵触较广泛自由化的倾向,可能会阻碍APEC协议的达成和实施。次区域集团对APEC的最大威胁还不在于它们是否分割了资源,或者转移了贸易,关键在于,次区域集团成员在APEC进程发生阻滞时可能表现出的有恃无恐的态度,将会严重削弱APEC的凝聚力,甚至有架空APEC的危险。正因为如此,在2000年峰会上,领导人一致指出"区域和双边贸易协定不应该成为WTO多边贸易自由化的障碍。因此我们郑重声明现存的和正在兴起的地区贸易协定应与WTO原则和要求保持一致。我们也相信这些协议应该与APEC性质相一致并支持APEC的目标和原则。"①

3. 美国政权更迭及其对外政策变化对APEC的影响

在APEC的发展进程中,美国的亚太战略起着重要作用。美国亚太新战略的提出主要经历了两个时期,即里根—布什总统执政时期和克林顿总统执政时期。从里根总统对亚太地区的关注重视到布什政府的泛太平洋扇形结构,可以说,美国政府关于建立"太平洋共同体"的亚太战略思想已初步

① 张蕴岭、P. Drysdale,《中国:2001年APEC上海峰会的议程》,2001年1月。

形成。克林顿亚太新战略的最重要内容是关于成立“新太平洋共同体”的构想,并在美国主动提出召开的 APEC 第一届峰会上企图推销这一计划。不过,这两个时期都与东亚地区经济的持续高速增长及亚太地区内经济一体化的发展进程密切相关。

美国政府的亚太战略实质上是实现美国全球霸权主义战略和自身利益的一个重要组成部分,其原则是政治、经济并举,经济利益优先;其核心是维持美国的政治军事存在,通过经济参与和拓展自由市场范围来分享亚洲繁荣,同时推进民主,最终确保美国在亚太地区的主导地位。

小布什新政府上台后,是否会沿袭过去的亚太战略或是有重大改变,这是世人所关注的,它将直接影响亚太地区的态势和 APEC 的发展进程。

几个月来,尽管小布什政府的对外战略尚未最后确定,但种种迹象表明,它的霸权主义目标更加露骨,手段更具破坏性。表现在:

(1) 小布什政府将自持美国是惟一的超级大国,更强调从实力地位出发来维护美国在世界的霸权地位。布什在宣布鲍威尔为国务卿时就曾说,“未来几年的外交政策必须服务于我们在全世界的利益,同时要反映美国的最高主张”。[①] 鲍威尔在接受提名的仪式上则说,美国应运用其实力地位积极参与国际事务,以推动世界向更加“自由”的方向发展。美国将继续谋求绝对战略优势。布什的国家安全顾问赖斯在 2000 年《外交》双月刊发表的题为《为了国家利益,冷战后的现实》一文中,批评了克林顿的对外政策,说“国家利益”被“人道主义利益”或“国际社会的利益”所取代。她认为,美国武装力量应能果断地对付亚太地区、中东、波斯湾和欧洲,即不仅美国,而且我们的主要盟国都想获得利益的地区出现的任何军事威胁。[②] 为此,布什上台后迫不及待地大幅度增加军费,在开发导弹防御系统的同时,积极购置新式武器,目的是增强在世界各地军事干预的能力。

(2) 小布什上台后,在一系列对外政策行动上,也是随心所欲,大搞“单边主义”。美国防部长公然称:“以前的美国,一切考虑都是战略平衡;而到了今天,它已成了上古史,我们不会让它成为我们选择的妨碍。”[③] 这就是说,美国是全球的超级大国,他们爱怎么做,就怎么做! 正是在这种指导思想下,美国不顾全球反对,执意推动国家弹道导弹防御系统和撕毁《京都议

① 袁润:《布什政府—外交政策走向》,《中国经济时报》,2001 年 1 月 19 日。
② 同上。
③ 南方朔:《谁是流氓国家》,《亚洲周刊》,2000 年 4 月 9 日。

定书》，鼓励俄罗斯和伊拉克内部的叛乱，蛮横地继续对古巴和伊拉克实行制裁，蓄意破坏朝鲜半岛的和平统一进程，甚至反对通过降低艾滋病药品价格等。美国的这种新霸权主义行径，已经引起国内和世界普遍的谴责，以至一贯以“人权”标榜的美国，竟在 2001 年 5 月联合国人权委员会和联合国国际麻醉品药品管制局的改选中双双落选，出现了美国在联合国历史上少见的耻辱，也是它的盟国对其政策强烈不满的反映。

(3) 在军事战略上重心转移。最近的消息透露，美国可能放弃实施了十多年的“打赢两场战争”战略，转为集中力量“打赢一场战争”战略。战略重点也由过去把俄罗斯和中国作为主要遏制对象，转为以中国为全球主要竞争对手。原因是俄罗斯的衰落和中国的崛起。对美国霸权主义者来说，当然不愿看到中国的逐渐强大，认为这是对美国在全球特别是在亚洲利益的最大“威胁”。正是由于这种战略思想的转变，才出现美国侦察机一再侵犯我领空，并在海南岛上空发生撞击我机的事件。同时，小布什政府虽多次表示坚持“一个中国”的原则，继续与中国接触和进行贸易，但是，实际上一而再地违反中美三个联合公报精神，对台出售大量先进武器，允许陈水扁在纽约过境进行招摇撞骗活动。

美国的亚太政策的核心是维持美国在这一地区的霸权。为此，它将继续维持在本地区的军事存在，加强与盟国(特别是日本)的关系；利用东亚地区各国间的矛盾和不信任，在中小国家中维持其“公平的局外人”形象；煽动“中国威胁论”，孤立和遏制中国，以防止避免任何可能对它“领导”地位构成挑战的大国或国家联盟的出现。美国亚太战略的实现，必然会遇到来自地区内和地区外的挑战。前者是指本地区内对现存的秩序和现实的利益格局以及对各种力量和各种利益均势的寻求；后者则是指地区外大国在亚太地区的利益争夺以及方兴未艾的跨地区经济合作势头。当然，经济总是政治的基础，美国对外政策的一连串变化，已经对亚太地区经济合作造成了严重的影响，并引起美国国内企业家的不安。保持和东亚地区，特别是和中国的贸易和投资关系，对促进当前美国经济复兴、稳定美元、缓和通胀和增加就业都有重要的意义。现在小布什表示准备参加 2001 年在上海召开的第 9 届峰会。然而，美国对 APEC 的政策有何变化，人们还将拭目以待。

4. 亚太地区一些成员的政局稳定及地区安全对 APEC 的影响

亚洲各国在经历了金融危机之后，虽然都在推进结构改革，但进展不一。一些受危机打击比较严重的国家出现了政局更迭，有的至今还存在着严重的社会动荡(如印度尼西亚和菲律宾等)。这些国家国内政局的稳定与否,不仅关系到其自身的经济和社会改革,也影响它们参与 APEC 活动的愿望与能力。

此外,亚太地区一些成员间还存在一些历史遗留问题。如朝鲜半岛问题,日俄、日韩、日中的领土和岛屿问题,南中国海问题等。这些问题一直是影响地区安全的潜在的不稳定因素。如果这些问题长期不能公正合理地解决,一旦受某些大国挑动而突现出来,必将会影响成员间的关系和 APEC 的进程。有些学者曾提出建立地区安全机制,以保证整个亚太地区的安全,但根据亚太地区的发展现状,目前还不具备建立这种有形的安全机制的条件。

三、APEC 未来发展中一些问题的探讨

以上我们主要讨论了外部经济政治环境对 APEC 未来生存和发展的影响,然而事物的发展还有另一个重要方面,即如何恢复目前 APEC 成员因东亚金融危机消极影响以及 APEC 的两个轮子进展不力造成的下降的凝聚力,这是 APEC 当前面临的首要挑战。这就涉及 APEC 未来发展中若干重要问题的走向。

1. 关于 APEC 机制化的前景

事实上,从 APEC 成立的最初时日起,在成员内部对 APEC 未来要不要走向制度化的问题就争论不休。发展中的成员特别是东盟国家从成立之初就明确表示,APEC 是讨论亚太经济合作的协商论坛,各成员以平等伙伴身份参与活动,应采取协商一致的活动原则;而以美国为代表的发达成员则极力主张使 APEC 成为一个制度性组织,即对成员具有约束力的地区性经济合作组织。当然,在以后的发展中,APEC 形成了一套独特的运行模式,即 APEC 方式。这种合作方式,不是靠谈判和规则,而是靠倡导和协商,即采取"承认多样性、强调灵活性、坚持协商一致、自主自愿、循序渐进"的方式;协商的结果只是单边自愿基础上的承诺,不具有法律效力,是非约束性和非强制性的;同时 APEC 奉行"开放的地区主义",不搞封闭的、内向型的贸易集团。由于 APEC 的运行模式与其他地区组织有明显的不同,所以我们称之为 APEC 的"制度创新"。

不过,随着贸易和投资自由化和便利化的推进,特别是发达国家的影响加强,APEC 机制化发展中硬约束机制在不断加强而软约束的成分在逐渐削弱。表现在:在目标和行动议程上,自由化的两个时间表是确定的,而且对单边计划的评审监督职能会不断加强;机构运作已常规化,领导人的承诺

虽无法律效力，但它有很强的道义约束力，并作为一个前提由下级来推动等等。这一切说明，APEC 在缓慢地朝机制化方向转变。

当然，APEC 目前还不是严格意义上的区域组织，与其他区域组织和 WTO 相比，机制上主要差别在于：(1) 一般区域组织和 WTO 大多采取实质性多数(Critical mass)原则，但目前在 APEC 内这一原则只能作为对议程过程的一种“促进机制”，而不能作为“决策机制”来替代“协商一致”的原则。(2) 一般区域组织和 WTO 大多采取“谈判协议 + 强制推行”，它有一套执行、监督和管理各项贸易协议和规则的机构。而 APEC 不仅强调协商一致，而且坚持自主自愿，坚持灵活性，没有强制性的具有实际管理职能的机构。(3) 在一般的双边和多边贸易协定中，都有一套解决成员之间争端的机制，作为协定一个不可分割的组成部分。APEC 至今尚没有这样的机制和机构。

因此，在机制化的问题上，APEC 目前处于两难的困境。硬性的机制化，放弃“开放的地区主义”，放弃独特的 APEC 方式，那么不仅不利于建立一个公正合理的国际经济新秩序，不利于在全球推动贸易和投资自由化，同时也不利于 APEC 自身的发展，也是多数发展中成员一时难以接受的。然而，机制化又是一个不可避免的趋势。任何地区组织要实现贸易投资自由化，没有很强的约束机制是不可能的。同时，要恢复人们对 APEC 自由化目标的信心，也必须增强 APEC 的硬约束机制。因此，目前比较合适的做法是，通过渐增式机制，积极地、稳妥地推进硬约束机制的建设。

目前，机制化发展上可以考虑的方面有：(1) 在贸易投资自由化便利化方面，APEC 成员仍应每年都要提交修订的 IAP，同时，应建立强有力的审评、比较和监督机制。同时，应加强 1999 年开始的伙伴审查活动，在不改变自愿性的基础上，使这一审查活动向常规化、目标明确化和专业化发展。(2) 在经济技术合作方面，要扭转发达成员认为 Ecotech 是负担的错误认识。要加强 Ecotech 分委员会的作用；要积极设法多方面筹集资金，鼓励民营企业的参与；加强与其他地区国际机构合作，特别是要制定合作的规划和落实机制。(3) 在组织结构和协商决策机制方面，应加强秘书处，扩大其职能，使它成为高官会的常设工作机构，参与协议实施的监督并管理；要更好地发挥各委员会的作用，同时，进一步完善和加强 APEC 协商和决策机制，防止出现未经充分协商，领导人就仓促决策的情况。

2. 加强市场和能力建设

为恢复和加强人们对它的信心和向心力，1999 年奥克兰会议提出要强化市场功能,2000年文莱会议提出加强新经济的能力建设,并通过了相应的行动议程,应该说这些是朝着继续推进APEC两个轮子前进的重要步骤。

加强市场和能力建设不是要取代贸易投资的自由化和便利化以及经济技术合作。相反,它着眼于进一步强调各类经济技术合作的重要性,并且把贸易投资自由化、便利化与经济技术合作作为一个协调的整体来对待,改变两者之间目前的分离性。可以说,加强市场和能力建设将为贸易投资自由化与经济技术合作提供结合的框架。

具体说,加强市场机能旨在为APEC成员中正在进行的调节机制的改革和运作能力的提高奠定基础,以在本地区建设更强大和更高效的市场。在这方面,特别重要的是加快金融体制改革,加强金融监督,改进公司治理,建立完善的竞争规则,实行稳健的经济政策,加强经济法规基础等。太平洋经济合作理事会(PECC)和APEC中小企业部长会议等机构曾为此提过很多有益的设想。可以说,如果加强市场机能这个环节真正处理好了,它将对APEC今后在自由化、便利化和经济技术合作三方面的工作提供一个良好的基础。

金融危机清楚地揭示,单是从贸易和金融改革上寻求对策离从根本上解决问题还很远,完整的应对措施必须涉及微观经济的各个方面。因为经济全球化的发展和持续经济增长的要求,不是单纯的贸易自由化所能完全解决的,必须把各成员的对外贸易投资政策和其国内经济政策结合起来,促进两者之间的协调,才能解决问题。因此,APEC如只集中注意力于贸易自由化,难免脱离实际。一些发展中成员的市场开放度明显地受他们的机构不完善、法制不完备和人力资源不足的限制。在这种情况下,单纯推进自由化只能是拔苗助长,造成严重后果。

与此同时,加强市场和能力建设就是把贸易投资自由化的注意力,向经济技术合作适度转向的过程。事实上,在吉隆坡会议上发表的题为《增强经济增长的基础》的领导人宣言里,就已经开始重视把APEC的活动领域由传统的"三大支柱"转向加强"市场化"和能力建设方向的变革。宣言指出:"我们强调谨慎的、注重经济增长的宏观经济政策,加强金融机构和金融市场,推动贸易和投资自由化以及'增强能力',将是恢复和取得可持续增长的基石……APEC强调通过提高劳动技能等人力资源开发措施、技术升级换代、基础设施改善以及扩大中小企业的影响范围,来提高经济的愈合能力,增强能力，克服目前所遇到的困难，重振亚太区域内的信心，恢复经济稳定”。[①] 可以看出，这里所说的“加强市场”、“增强能力”和奥克兰会议主题之一“强化市场机能”是一脉相承的，并在奥克兰会议的领导人宣言《奥克兰挑战》[②] 里表述得更为清楚。

总之，APEC 下一步的进程中，加强市场和能力建设的方向将越来越明显，越来越受到重视，它更会给 APEC 在 21 世纪的发展增添动力，推动 APEC 两个车轮滚滚向前。

3. 关于 APEC 一体化发展的问题

区域经济一体化包括两个方面，一个是体制问题。制度性的经济合作，通常将国家的部分主权交由超国家机构去处理，一体化的程度越高，国家主权的转让度越大。另一个是合作的内容，由经济领域向非经济领域纵深扩展，包括政治、外交、安全、社会、文化等。这里讨论的是后一个方面。

目前 APEC 的活动主要集中于经济领域。但是，经济领域的范围很广，不仅仅是市场开放和投资活动，从发展和合作的需要来看，经济政策上的协调，金融合作机制的建立和加强等也是不可避免的。同时，领导人会议所讨论的问题已经远远超出一般经济问题。从当前情况看，APEC 的活动已涉及越来越多的地区社会问题（如社会保障、毒品和犯罪）、环境和生态问题以及所谓的非传统安全问题（如人口、粮食、资源）等。显然，APEC 已经向综合性的地区合作体方向发展。至于地区内部政治和安全问题，目前 APEC 尚未把此类问题列入正式讨论议程，但各成员也常常利用 APEC 会议进行双边和多边会晤，讨论和解决一些非经济的包括政治性的问题。问题是，APEC 今后是否必然会加强政治色彩，它对实现 APEC 的经济目标有何影响？

冷战结束后，国际经济竞争在很大范围内代替了政治与军事竞争，但这很难说在程度上也是如此。我国学术界在解释 APEC 的成立以及发展的原因时，主要是从经济的角度来分析，很少从政治因素来思考这个问题；相反，国外的学者在注重经济分析的同时，相对说比较强调背后的政治考虑。[③] 其

① 1998 年 APEC 领导人宣言《增强经济增长的基础》，引自张蕴岭主编：《走出危机的阴影——亚太经合组织面临的新挑战》。

② 宫占奎主编：《亚太经济发展报告 2000》，南开大学出版社 2000 年版。

③ 一些学者例如澳大利亚 APEC 研究中心主任 Alan Oxley 就指出 APEC 是一个政治机构；澳大利亚国立大学的 Peter Drysdale 则认为 APEC 将政治议题围绕在经济合作框架下来讨论并没有减轻 APEC 政治目的的力度和相关性。

实,这个角度的分析有助于很多问题的理解。

APEC发展中的政治因素是无处不在的,这既是其迅速前进的动力,也是影响其发展的内在弊端。表现在:(1)过分注重年度会议成功的政治意义。多年来APEC会议上外交部长的重要性一般高于财政金融部长和经济计划部长。由于APEC秘书处的政治价值不大从而也忽视了其经济需求,经济技术合作也一直处于次要地位等都是例证。(2)APEC的自由化计划主要依靠领导人的政治承诺来推动。即便存在问题,由于领导人的承诺是具有政治意义的,也就很难推脱责任,这与通常就贸易投资自由化达成协议进行协商的国际惯例不一样。这不仅可能造成落实的困难,而且可能会产生不利于弱势地位成员的利益。(3)APEC的领导人会议越来越带有明显的政治色彩。正如新西兰APEC特别工作组负责人韦弗斯说的,APEC不是十全十美,但它已经成为一个"比七国集团重要的政治聚会"。[①] 暂且不说APEC领导人会议是否比七国集团会议更重要,但把它看成政治聚会的观点已经被越来越多的人所认同。

另外,APEC开始以经济为中心,避免直接讨论安全和政治问题,但近年来特别是自从亚洲金融危机以来,APEC不断介入非经济问题,特别是有关国家的人权和安全问题。1998年,由于马哈蒂尔总理解除了副总理安瓦尔的职务,马来西亚政治陷入动乱之中,参与APEC会议的美国副总统戈尔公开干涉马来西亚内政,激怒了东道国政府。[②] 1999年的APEC会议,正值东帝汶局势因全民公决而急转直下之际,那里暴力活动加剧,印尼在东帝汶实行了戒严。一时间,那里的局势成为APEC关注的焦点。东道国新西兰和澳大利亚在东帝汶有切身利益,立即召集与会各国外交部长举行紧急会议,以商讨派遣国际维和部队事宜。[③]

虽然中国领导人不主张在APEC的发展中涉及较多的政治、安全和军事问题,但近年来,我国也逐渐利用APEC会议期间的领导人双边会晤以及

---

① 庞中英:《APEC还在十字路口?》,《中国经济时报》,1999年9月17日。

② 实际上,几个国家的领导人在出席会议的间隙去探望了安瓦尔的妻子,以委婉的方式表达了对安瓦尔的支持。

③ APEC关于东帝汶局势的处理被国外舆论称赞为APEC进行的一次漂亮的国际合作。一些学者还由此建议将安全问题逐步引入APEC的议程,例如Richard Feinberg在其论文*The International Environment Facing the APEC Process and APEC 2001*中就持此观点。

领导人会议，来解决一些非经济问题。①

APEC具有政治色彩也许不可避免。亚太地区的特殊性和多边政治与安全机制的短缺性，使APEC具有了不少非经济功能。但是，APEC的生命力取决于它对本地区和世界经济繁荣的贡献，否则，它的存在价值就会受到怀疑。

4．关于APEC和WTO与次区域组织的互动问题

一个问题是，APEC与WTO之间的关系究竟如何定位，这在APEC成员之间还是个见仁见智的问题。发达国家特别是美国在成立APEC之时，正值乌拉圭回合谈判难产之际，因此希望通过APEC来推进多边贸易谈判；而东亚国家关心的是，通过对外开放的经济贸易政策，在与世界各国日益增进的经济关系中获得利益，因此坚持APEC应实行与GATT/WTO相一致的原则推进贸易投资自由化，不搞封闭的内向集团。

然而，APEC中的发达成员，特别是美国把APEC对WTO多边贸易谈判的辅助和补充作用，夸大到推动甚至某种程度主导的作用，作为WTO推进全球贸易投资自由化的试验场。显然，乌拉圭回合的成功和信息技术协议的通过，APEC起了一定的引导作用。然而，EVSL的挫折以及1999年11月西雅图WTO部长会议的失败，又马上招致舆论界对APEC的失望和不满。

因此，APEC应该摆正自己与WTO之间的关系。首先，这是两个性质不同的组织。APEC是一个区域组织，而WTO是全球组织。APEC中还有一些成员还不是WTO成员，它们没有义务去承担WTO的要求。但在APEC的贸易自由化方面，美国总是试图“超WTO”，让APEC去做WTO尚未做到的事，企图以此挤压APEC内部的一些成员和WTO中的非APEC成员，这样的做法显然脱离实际。

其次，在自由化目标的实施上，两者也有本质的不同。WTO使用谈判机制，以法律条款进行“硬约束”；而APEC却是以独特的协商一致、自主自愿加上领导人承诺的方式进行“软约束”。APEC的这种机制是有效的。EVSL的失败，并不是因为APEC“软约束”造成的，而是因为搞“超WTO”和违背了自愿原则。如果将WTO的谈判机制引入APEC，那么APEC就将失

① 中美首脑1993年西雅图会议上的非正式会谈标志着中美关系在“六四事件”之后恢复了正常。中美首脑在1996年的年会上的会晤为双方在1997年和1998年的互访起了很好的铺垫性作用。1999年奥克兰会议，两国首脑除就中国加入WTO交换意见外，还就美轰炸我驻南使馆问题进行会谈。中美首脑借助APEC年会进行一年一次的会谈对于双方均意义重大。

去自我,不打自垮。

第三,APEC 不能越俎代庖,去做自不量力的事。APEC 对 WTO 的作用:(1) 示范作用。APEC 实行开放的地区主义,改变了区域性合作组织对内自由、对外歧视的做法。(2) 催化作用。其中包括表达对多边贸易谈判召开的愿望,推动 WTO 准备新千年回合谈判。(3) 补充的作用。世贸组织的目标主要是促进贸易的自由发展,贸易和投资的便利化和经济技术合作就没有包括在 WTO 职能范围之内,因此,如 APEC 能在这些方面多出成就,才能充分体现 APEC 自身的存在价值。

另一个问题是,关于 APEC 与次区域组织的协调发展问题。1980 年代末以来亚太地区地区主义的迅猛发展,从发展的角度看,对 APEC 的进程是一个巨大的推动。从实际情况看,1993 年西雅图会议后,APEC 的贸易投资自由化进程能够出现突破性进展显然与 NAFTA 和 AFTA 的加速有关。

但是,APEC 是以其地区开放主义为特征的,并以此反对地区保护主义,维护和强化多边主义。① 由于其本身无法强制次区域组织无条件地向所有非成员开放,因此,必须接受 APEC 内部存在差别这一事实,并准备以一定形式的互惠减让获得次区域集团开放的成果。当然,APEC 是一个合作论坛,而不是一个组织,其进程是推动开放,而不是统一开放市场,那么出现内部的差别也是允许的。如果是有条件的开放可以推动 APEC 范围内的市场开放,而不导致次区域组织集团之间的对立,就应该说是积极的。如果次区域组织的先行开放变成推动 APEC 贸易和投资自由化的一个强大动力,应该说是理想的。如果非成员的开放可以达到次区域组织的水平,对等的问题也就可以解决了。事实上,APEC 只是将各次区域组织的自由化进程连接在一起的一座桥梁,有了 APEC,这些次区域组织便不再是分散在亚太地区的彼此孤立的贸易集团,从而有利于整个亚太地区的贸易和投资自由化的深入发展。

目前 APEC 处于裹足不前的状况,无法应对来自区内外次区域性组织的竞争压力,这对东亚成员特别不利。如在参与制定新的世界贸易规则过

① 1994 年《茂物宣言》曾希望名人会议"观察 APEC 与其他次区域协定(如 NAFTA、AUICER 和 AFTA 等)之间相互关系并提出避免两者相互阻碍、促进两者一致的可行选择"(APEC/EPG, 1995)。名人小组会议强调了任何次区域贸易协定(SRTA)的发展都必须完全符合 WTO 精神,并建议 APEC 内任何有关 SRTA 的动议都须立即提交 WTO 予以确定并接受监督。报告还建议涉及其他 APEC 成员的 SRTA 动议应遵守的基本原则。引自〔日〕山泽逸平:《APEC 亚洲太平洋经济论:世纪 APEC 行动计划建议》,上海人民出版社 2000 年版。

程中,APEC 中的 WTO 成员无法借助 APEC 这一集团力量获得更多的利益。APEC 中的北美和大洋洲成员还有相应的次区域组织来代表自身的利益,对于东亚成员,由于目前还没有一个能代表自身利益的组织,显然在以集团力量为谈判筹码的 WTO 中,处于弱势地位,东亚成员可行的出路便是加快本地区的一体化步伐。区域组织间竞争的另一后果是,各区域组织自行其是,不按 WTO 和 APEC 所要求的那样,对非组织成员实行日益严重的歧视待遇,最终架空 APEC,使 APEC 的努力毁于一旦。我们应尽力避免这种情况的出现。

总之,APEC 经历了十多年的发展历程,到今天应该从实践和理论的角度加以研究和总结。APEC 是亚太地区迄今惟一的全区域合作组织。APEC 做了很多工作,但最大的也是最成功的作用,还是促进了亚太地区各成员之间的相互沟通。APEC 也经历了不少挫折,但它的生命力并没有消失,也没有一个成员希望它就此夭折。成员中的许多合作还需要依靠它。然而,我们对于 APEC 的发展趋势持"谨慎的乐观"态度,毕竟是建立在理想的基础之上的,把这种美好的愿望变为现实还需要脚踏实地地具体努力。

东亚经济合作的道路*

1997年东亚金融风暴之后，在世界区域经济一体化中长期沉寂的东亚地区，也正加快赶上时代的步伐，掀起一股谈判和缔结自由贸易协定的热潮。特别是2002年11月《中国与东盟全面经济合作框架协议》的签订，大大推进了东盟10+3范围内各种自由贸易协议的谈判。可以说，东亚区域经济合作正处在一个重要的转折点。东亚自由贸易区的出现，尽管还会经历各种曲折艰难，但已不是遥远的幻想。

一、东亚区域经济合作的进程

近二三十年来，东亚区域经济合作走过了一条曲折发展的道路。大体上说，它经历了三个阶段：

在东亚金融危机之前是第一阶段。当时的东亚区域合作主要是以市场力量推进的一体化，即采取民间为主的非机制性合作形式，如东盟的成长三角、大湄公河次区域开发、图们江合作区和中国华南经济区等。机制性形式只有1992年建立的次区域组织——东盟自由贸易区(AFTA)，而东亚三个主要经济体中、日、韩均未参与。这种以市场驱动为主的一体化进程，对促进区内贸易和投资增长发挥了积极的作用。东亚区内贸易额1980年到1996年增加了6倍多，区内贸易额占贸易总额的比重也增至45%左右；同期，区内的外国直接投资流量中，60%是区内投资(特别是日本和东亚"四小龙"投资)，改变了以往过分依赖美国、西欧的情况。然而，由于没有制度保证，这种合作终究是自发的和不稳定的。

东亚区域合作的第二阶段，是以1997年危机后当年12月召开的东盟和日、中、韩(即10+3)首脑会议为起点的。在短短几年内，10+3不仅形成了一套运行机制，而且在"政策驱动"下，10+3制度在推进东亚区域经济一

---

* 原载《亚太研究论坛》2004年第1期。

体化中发挥了核心作用：如1999年第三次10+3首脑会议发表了《东亚合作联合声明》，就东亚合作的原则、方向和重点领域达成了共识。2000年5月，10+3财长会议达成了《清迈倡议》，该倡议主要是建立一个货币互换体系，以帮助出现短期国际收支困难的成员提供流动外汇支持。到2002年，在10+3范围内已签订了多个双边货币互换协议，互换量达200多亿美元。与此同时，10+3财长还同意建立10+3非正式政策评论和对话制度，以逐步建立成员国政策对话和协调的制度框架。

在2000年召开的第四次10+3首脑会议上，又提出进一步扩大合作的问题，并对建立《东亚自由贸易区》的可行性进行探讨。2001年，鉴于中国加入WTO的新形势，当年召开的第五次10+3首脑会议上具体确定了在8个领域加强合作的建议；在10+中会议上，东盟接受中国的创议，就10年建立“10+中自由贸易区”达成共识，并责成高官进行磋商。

2002年初，日本与新加坡《经济合作协定》的签订，特别是当年11月第六次10+3会议期间，中国与东盟签署了《全面经济合作框架协议》，标志着东亚区域合作进入了一个新阶段。正是在10+中协议推动下，一年多来，不仅AFTA在继续深化，10+日、10+韩、日与韩以及其他区内外双边自由贸易协定的磋商也在积极进行之中。

二、东亚经济合作高潮出现的动因

区域经济一体化的动因，从根本上说是与经济全球化和各国发展不平衡相联系的。经济全球化使各国间相互依赖日益加强，并提供了巨大的发展机会，但同时也使各经济体卷入更加激烈的矛盾和竞争之中。在此过程中，各国特别是一些相对落后的经济体的经济监控和管理能力将受到影响，对强国的不对称依赖也会加强；各国之间的利益得失将很难协调，企业间的恶性竞争将加剧；一些国际经济和金融机构因能力不足，既无法承担全球经济协调任务，又不能给予落后地区和经济体以切实的帮助。在此情况下，地域相近，又有传统经济联系的一些国家就会在共同利益的基础上，通过政府间达成某种贸易投资自由化和其他领域合作协议，协调彼此政策，实现成员国利益最大化。

关于区域经济一体化能带来何种利益，1950年代以来西方经济学家已作了较充分的研究。它既有贸易创造（Trade Creation）和贸易转移（Trade Diversion）的静态效益；又有推进规模经济、加大竞争、吸引外资等动态效益。从全球角度看，它也有助于提高在国际谈判中的地位和国家安全目标的实现。正是鉴于区域经济一体化和经济全球化之间既矛盾又统一的关系，所以关税贸易总协定和世界贸易组织对区域经济组织做出了既肯定又约束的处置，规定“区域贸易安排应与多边贸易体制的规则相一致”，“不得提高对未参加一体化组织缔约方的贸易壁垒”。

我们说，参加区域经济一体化利益大于成本，但一个地区如果条件不成熟，区域经济一体化机制也不可能建立，建立了也不能持续下去。1990年代前，世界其他地区一体化发展很快，东亚却冷冷清清，这不是东亚地区各界没有反应，而是内部和外部条件还不具备。这里除了受二次大战后两极对峙的影响，相互间怀疑和不信任需要时间化解外，东亚很多成员与美欧关系密切，因此尽管过去一些成员也提出过有关加强东亚区域经济合作的倡议和设想，但大多在美国的阻挠下告吹。①

90年代中期后，东亚地区合作出现了转机，这和国际经济环境变化和区内政治经济发展有密切关系，其中，东盟起了重要的作用。推进东亚区域经济合作的主要动因是：

1. 国际范围内区域经济一体化发展的巨大压力。据WTO统计，到2000年为止，向WTO提交的区域贸易协定共214项，其中1988—1994年共124项，而1995年后有90项。这214项协定中，目前仍有效的有134项，其中大半是1995年后成立的。这些自由贸易协定中，特别是发达国家带头组成的一体化组织(北美自由贸易区和欧盟)，对东亚构成严重的挑战，但也提供了机遇。过去一直干扰东亚地区组成区域经济合作组织的美国，现在也在积极策划通过美洲地区的一体化来摆脱它经济贸易上的困境。因此，在当今世界经济呈西欧、北美和东亚三角之势中，如果东亚不能走上联合自强、加强合作之路，不仅在国际政治中处于软弱地位，在经济上也将承受其他区域一体化组织贸易转移的冲击，从而失去自己的竞争优势。

2. 1997年东亚金融危机的沉痛教训。直到90年代中期前后，东亚地区经济增长仍然是一枝独秀，1990—1997年年均增长高达6.8%。然而由于卷入经济全球化中，仓促实现金融自由化，而金融监管又不健全，加上其他因素，最终导致1997年爆发震惊世界的金融风暴。这次危机不仅使东亚

---

① 关于太平洋地区的合作方案，最早由日本学者小岛清于1964年提出(“太平洋共同体”)，以后美国、东盟和日本都提出过类似设想。东亚地区合作设想稍晚。1986年日本提出“东亚经济国”设想，1990年马来西亚马哈蒂尔总理又提出“东亚经济集团”(EAEG)设想，均在美国反对下告吹。

直接损失5 000亿美元(其中东南亚2 000亿美元),一些国家经济也倒退了好几年,还导致严重的社会动荡和政府更迭。危机使东亚特别是东盟成员认识到,即使到2002年东盟FTA建成,也只有5亿人口,总产值5 000多亿美元,终究势单力薄,无法面对经济全球化的挑战。出路只有扩大范围,建立东亚FTA。

3. 东亚地区政治经济环境改善,为区域合作创造了条件。由于历史和现实的原因,东亚地区各成员之间特别是东盟与日、中之间的关系存在着复杂情况。对日本,东盟既需要它的资金、技术和市场;又对它的历史和现实表现持不满和怨恨情绪。对中国,它们欢迎中国的改革开放;但长期的隔阂和历史遗留问题,又对中国存有怀疑和恐惧心理。这种情况在90年代后逐渐改变。日本为实现政治大国的夙愿,主动采取不少措施改善与东盟的关系,也提出要由过去"脱亚入欧"转为"重返亚洲"。中国为创造稳定的周边国际环境,在平等互利、相互尊重的基础上妥善解决了大部分历史遗留问题,并积极发展与东盟各国的经贸关系。特别是在东亚危机中,中国提供了力所能及的真诚援助。与危机中美国袖手旁观和落井下石的做法相比较,现实使东盟认识到,远亲不如近邻,只有扩大东亚合作,才能促进本地区的稳定和发展。

此外,2001年以来世界经济的不景气也是推动东亚区域合作的催化剂。2001年3月起美国经济进入了衰退,从而结束了长达10年的经济周期。当年发生的"9·11"恐怖主义事件,对美国经济是雪上加霜。2003年以来暴露的一系列大公司的会计丑闻(如安然、安达信、美林、世通等),又严重打击了消费者和投资者的信心。小布什政府上台以来采取了不断扩大军事开支,三次大幅度减税,连续13次降息(联邦基准利率降至45年来最低点),大搞贸易保护主义等措施来振兴经济,但仍收效不显。2001年美国经济增长从上年的4.1%降至0.3%,2002年也仅维持2.4%的低增长。①2002年以来,美国又通过发动两次战争,扩大军事需求,来带动国内投资和消费。从目前情况看,尽管美国经济已走出最困难的阶段,生产和居民消费有所起色,股市出现了回暖,但美国经济积累起来的"三高"现象,即高财政赤字、高国际收支赤字和高失业,在短期内还难有大的改观。因此,人们对美国经济的现状和趋势只能持谨慎态度。同时,近两年来西欧和日本经济也一直处在萧条和衰退之中。

---

① IMF, *World Economic Outlook*, 2003年4月。

世界经济的严峻形势,使东亚经济的复苏和振兴再次遭受冲击,2001年不包括中国和日本在内的东亚经济的增长仅为1.1%,其中中国的台湾地区和新加坡都出现负增长,整个东南亚地区增长从2000年的5.9%降至1.9%。2002年,在世界经济一定复苏的情况下,东亚各国通过扩大内需,加快调整、改革,加强出口(特别是区内贸易),经济又有较快增长。但2003年以来由于伊拉克战争和非典型肺炎等外部因素冲击,东亚经济又再度陷入动荡和不确定的状态之中。

东亚区域经济一体化正是在这样背景下,出现了加速进程。

三、东亚区域合作的道路

近两年来,随着东亚区域内经济贸易合作的发展和10+中FTA框架协议的缔结,人们常常提出这样一个问题:东亚区域合作将走什么样的道路?它和欧美模式有没有区别?东亚区域经济合作将会有哪些特点?其实,讨论上述问题的一个基本出发点是必须从本地区的实际情况出发。和西欧、北美不同,东亚地区是一个政治、经济、历史、文化等方面多元化的一个地区。(1)从经济发展水平看,这一地区形成几个层次:发达国家(日本,人均GNP 35 600美元/2001年),NIEs(人均GNP从韩国9 460美元到新加坡、中国的香港24 000美元以上/2001年),中国与马、泰、印尼、菲律宾(人均GNP从700美元—3 700美元/2001年),最后是越南和一些最不发达国家(人均GNP 150美元—420美元/2001年)。(2)在东亚地区,语言、宗教、文化的差异也很大,除儒教文化外,佛教、伊斯兰教、基督教等文化在不同国家有不同影响。(3)政治经济体制上也是千差万别的,特别是像中国、越南等,由原先的计划经济体制转变为市场经济体制将会经历一个长期痛苦的改革过程。(4)更重要的是,东亚地区除日本外,其他国家在近现代都经历过外国殖民主义的直接或间接统治,他们深感国家主权来之不易。

正因为如此,东亚地区在走向区域经济一体化的道路上,与西欧、北美相比将有很大不同。具体表现在:

1. 在一体化推进形式上。欧盟的早期形式,是1958年根据《罗马条约》成立的西欧共同市场。成立前6国地域相邻,已经建立发达的市场经济,产业间有紧密的互补关系,经贸联系密切。在战后特殊的国际环境下,经过平等协商,很快达成协议。此后经过几十年发展,又演进为欧洲联盟这样的一体化高级形式。美加自由贸易区成立于1989年,但美加间就建立自由贸易区的谈判仅用了16个月时间。

东亚地区则不同。东亚多数国家在二次大战后取得独立,走上了不同的发展道路。经济体制的差异和发展水平不同,使相互间经贸关系并不密切。特别是长期以来处在冷战格局之下,这就使它们对民族国家的主权意识较强。在合作初期,任何需要让渡和放弃部分国家主权的区域合作形式都难以接受,因此,在一段时间内,只能是市场驱动为主的非机制性形式,如“经济圈”、“增长三角”等,以增加信任和促进经贸来往。只有经历一段时期后,才能进入机制性的最低形式——自由贸易区,但各种非机制性合作将同时存在。

2. 在一体化推进的速度上。东亚地区包括19个经济体(东北区6国+东盟10国+中国台、港、澳地区),情况复杂,一体化进程不可能一蹴而就。这里有一个“主导国”的问题。在一体化中,主导地位不是“自封的”,它是在长期政治经济发展中自发形成的,也是地区内各成员默认的,如欧盟中法德和北美FTA中的美国。主导国的存在,可以使一体化较快取得成就,给经济后进成员以差别待遇,从而促进一体化不断深化和扩大。如欧盟,由最初的6国发展到现在的15国,不久将扩大到25国;美加FTA已发展为北美FTA,不久将扩大为美洲FTA。

在东亚,最有经济实力充当“主导国”的是日本,也是它长期追求的目标。但因历史和现实的原因,它很难获得东亚各国的认同。特别是在涉及产业和技术的合作和转移上,它总是从民族利己主义出发,以一种封闭的、近视的和静止的观念来处置,遭到了许多东亚国家的批评。中国是东亚经济大国,二十多年来发展很快,但除了历史形成的一些误解外,目前就体制改革和经济实力而言,还难当此任。东盟成立时间早,2002年已建成自由贸易区,它是东亚合作的积极创导者,也希望发挥东亚合作中的核心作用,以提高它在国际上的地位,不足之处是经济力量较弱。这就形成了东亚合作中的困难:没有中、日积极参与,东亚经济一体化是不可能的;但如积极参与不适当,不仅中日间有主导之争,也会挫伤东盟积极性。这就使东亚一体化将经历一个缓慢曲折的过程。

3. 在一体化路径模式上。西欧北美一体化的早期成员经济发达、文化差异不大,在国际政治中有相似的立场,在此情况下,随着经济发展的需要,一体化采取了由“中心向外扩展”的模式。即最先由几个发达国家组成,然后以此向外扩大。在东亚一体化中,学者们也提出“一步到位式”(即东盟10国和中、日、韩3国一次组成)、“南北两步式”(中、日、韩组成东北亚FTA

与东盟谈判组成)、"三位一体式"(即先组成三个"10+1",再三合一)等发展模式。这些模式看来都有困难。主要原因是:(1) 东亚各国经济发展和文化差异较大;(2) 东盟担心它本身地位会因此削弱;(3) 中、日、韩三国都未参加过制度性合作,三国特别是日、韩两国对国内农业保护程度较高,一旦完全开放会影响国内政局稳定;(4) 美国政策变动也会影响一些国家对合作的态度。因此,东亚经济一体化发展将会采取'先散后聚'的模式,即先百花齐放,到一定时候水到渠成,形成整体的东亚经济一体化。

4. 在区域一体化的开放程度上。无论是 NAFTA 还是 EU,作为区域经济合作组织都有一定排他性。东亚区域经济合作虽多次声言将与 WTO 规则保持一致,但问题是,长期来美国把东亚作为它的势力范围,它对没有美国参加的东亚经济合作一直持反对立场。如 1990 年马哈蒂尔就建议成立"东亚经济集团"(East Asian Economic Grouping),因遭到美国的强烈反对而夭折。1991 年 EAEG 只得改为"东亚经济论坛",以消除要组成排除美国的新贸易集团的印象。1997 年东亚爆发危机时,日本提议创立一个亚洲货币基金(AMF),作为地区金融合作和政策协调的框架,与 IMF 一起,对未来危机发挥预防作用。这一建议也因以美国为主导的 IMF 反对而告吹。

现在美国虽对东亚区域合作无法持公开反对态度,但它时刻担心东亚形成独立力量,损害它在东亚的利益;而东亚地区多数是出口主导型经济,与美欧有紧密的联系,排斥美欧在东亚的存在,既不现实,也无必要。因此,东亚区域经济合作将会与 WTO 规则和 APEC 原则相一致,走一条更加开放的道路。

四、中国在东亚区域经济合作的作用

改革开放以来,我国经济增长取得了举世瞩目的成就。1978 年到 2002 年的二十多年里,GNP 年均增长达 8%,人均 GNP 也从 1980 年的 307 美元增至 2002 年的 994 美元,国民生产总值已居世界第六。进出口贸易也由 1978 年的 206.4 亿美元增至 2002 年的 6 207.9 亿美元,年均增长 15.2%,其中出口贸易由 1978 年的 97.5 亿美元增至 3 256 亿美元,由世界的 28 位增至第 5 位。至 2001 年,外资来华直接投资项目累计达 39 万个,合同外资金额 7 453 亿美元,实际使用外资金额 3 952 亿美元。2002 年全年外商直接投资合同金额为 828 亿美元,实际作用 527 亿美元,首次超过美国,居世界第一位。[①] 特别是在1997年东亚金融危机后，在世界经济出现严重动荡和低迷状态下，中国经济、贸易和外商投资仍保持较快增长，人民币币值稳定，无疑增强了中国在世界和东亚的经济地位。

然而，直到1990年代以前，由于内外种种原因，中国并没有参加任何制度化和非制度化的区域经济合作。90年代以后国际政治经济格局的巨大变化，美国成为世界惟一超级大国，在同中国接触的同时，加强了遏制中国的力度。同时，随着信息技术革命的掀起，经济全球化的迅速发展，使中国又处于两难选择之中：如果中国不积极参与经济全球化进程，就会失去利用其他国家资本、技术、市场和先进管理的机遇，失去通过发展经贸关系改善国际环境的机遇，从而牺牲本国的发展和人民的福祉；但是，如果不加区别、没有准备地全面参与全球化进程，也会在旧的国际经济秩序下，失去经济的自主性和安全性，几十年的社会经济成果也有失去的危险。出路只有走区域经济一体化的道路，因为它既可以通过加快调整和改革的步伐，先适应地区范围贸易投资自由化步伐，又可通过加强区域内合作与协调，增强抵御外部冲击的能力。

事实上，90年代后中国就积极参与各种非机制性合作安排。1992年中国参加了APEC，承诺到2020年实现贸易投资自由化目标，并积极创导区内经济技术合作。经过几年实践，中国又加快步伐，在2001年加入WTO后，率先提出与东盟建立FTA的主张，并于2002年达成《中国—东盟全面经济合作框架协议》(以下简称《框架协议》)，从而揭开了中国—东盟经济合作的新篇章。

《框架协议》的宗旨和目标，是在10年内即到2010年建成中国和东盟包括17亿人口的FTA(对东盟新成员给予特别待遇和灵活性)，这是迄今发展中国家中最大的FTA。无疑，它的建成不仅对缔约双方是互利的，对世界经济和政治也将有重要影响。表现在：

1. 由于贸易壁垒逐步消除，有助于双方扩大规模经济，进一步降低成本，提高效率，促进资源有效配置，从而进一步扩大区内贸易。90年代以来，双方贸易增长较快。1993—2001年中国与东盟的贸易总额从107亿美元增至416亿美元，年均增长18.5%。而且，东盟对中贸易一直保持顺差，2001年达48.4亿美元。2002年双方贸易额又增至548亿美元，比上年增加31.8%，东盟顺差额达76亿美元。东盟已成为中国在发展中国家最大的

---

① 国家统计局：《中国统计摘要》2003年，中国统计出版社。

贸易伙伴。但是即使如此,双方在各自贸易总额中比重都还不到10%,因此扩大贸易的余地还很大。就目前说,东盟在电子、热带农业、石油、天然气和木材,中国在机电、运输工具等方面都有很大互补性。

2. 通过扩大相互投资和技术经济合作,有助于促进双方经济持续稳定增长。《框架协议》除规定货物贸易和服务贸易条款外,还通过以下方面来促进相互间共同发展:(1) 逐步实现投资自由化,增加法规透明度,提供投资保护,促进相互投资。目前东盟在华投资特别是中国对东盟投资数量不多,潜力很大。(2) 协议规定了16个经济技术合作领域,其中5个是优先领域,即农业、信息通讯、人力资源开发、投资和湄公河盆地开发(中方承诺援建一些基础设施)。(3) 给东盟新成员的差别待遇和灵活性,包括中国对东盟非WTO成员从协定签订起就给予最优惠待遇和FTA建立中减免关税时间的差别待遇;免除柬、老、缅债务;对近600种农、副、水产产品实行“早期收获”。无疑这对提高东盟特别是新成员的出口能力,加快产业转型,促进均衡增长有重要作用。同时,10+中FTA的建成,对促进中国西部地区大开发,加强西南省份与周边邻国经贸合作也创造了有利条件。

3. 将加快东亚区域一体化进程,增强抵御外部冲击能力,维护东亚的安全和稳定。日本是东亚惟一的发达国家,但长期以来因内外因素的制约,对建立东亚FTA并不积极。10+中框架协议的达成对日本是一个冲击,为此,日本急忙向东盟提出希望在10年内与东盟建立FTA;与此同时,又与韩国谈判建立FTA,以争取在东亚合作中的“核心”和“主导”地位。

同时,10+中FTA建立,有利于东亚各种政治力量协调和合作,以应对经济全球化挑战;也有利于在国际事务中相互支持,提高在国际舞台上的发言权。在10+中《框架协议》中,还涉及区域内一些重要的政治和安全问题上的合作,如南海地区的稳定,打击跨国犯罪和恐怖活动,促进环境治理,遏制非法移民和毒品走私等等,所有这些将进一步改善地缘政治环境,使地区安全更有保障。

当然,在谈判建立10+中FTA中,也会面临各种困难和问题,其中有来自中国和东盟双方的,也有来自外部的。如东盟各成员发展水平差异很大,对建立10+中FTA的利益和要求并不一致:有的担心有关产品的竞争将更加激烈,对建立FTA动摇犹豫;有的希望建立FTA能获得更多援助和投资;有的担心东盟在一体化中的主导地位会削弱等。对中国来说,在经济上,短期内不可能立竿见影,甚至要有更多的付出。因此,要从长远的、战略的高度来认识10+中FTA的重要意义,要以平等互利、务实灵活的原则妥善处理FTA建立中的各种问题;同时要以加入WTO和建立10+中FTA为契机,进一步推进体制改革和对外开放,加快产业结构调整和企业体制整治,全面提高综合竞争能力。此外,要时刻警惕来自外部的各种干扰,包括散布"中国威胁论",以挑拨中国与东亚各成员关系的行径。

加强和东亚政治经济合作是中国长期坚定不移的战略方针,它符合中国人民的根本利益,也符合东亚各国人民的长远利益。中国的发展离不开东亚,东亚的发展也需要中国。同时,东亚区域一体化要发展,目前只能是以东盟为主导,以中、日、韩合作为基础展开,这是历史决定的,不以人的意志为转移的。

当前美国政治经济形势变化及其对 APEC 的影响*

小布什上台以来，美国政治和经济形势发生了重大变化，它不仅对整个国际政治经济关系已经产生严重影响，也会影响到对 APEC 的态度和政策。

一、政治形势的变化和影响

2001 年小布什上台之初，新政府面临国内严重的政治经济困难。不干不净的总统选举引起公众的信任危机。特别是从当年 3 月起美国经济就陷入战后第 10 次衰退：股市暴跌，国内消费和投资萎缩，企业大批倒闭，失业不断增加，经济连续两个季度出现负增长。小布什政府一开局就举步艰难。

“9·11”恐怖袭击事件的爆发，对美国经济无疑是雪上加霜，美国人民也蒙受巨大创伤，但对小布什所倚重的被称为“鹰派”人物的新保守派来说，无疑是一个千载难逢的机遇。

冷战结束后，美国成为世界上惟一的超级大国，综合国力特别是军事实力无人能敌。在此情况下，现任国防部副部长保罗·沃尔福威茨等人于 1992 年就提出要“确保美国在全球的统治地位”。2000 年他和拉姆斯菲尔德等人提出的“美国新世纪”计划中，又声称“即将来临的新世纪的挑战就是要维护并加强美国强权之下的世界和平”。这些人掌握政府对外政策主导权后，在国际事务中推行露骨的霸权主义和强权政治政策，独断独行，不可一世。他们不顾国内外批评，重新启动“导弹防御计划”，公然退出《京都议定书》、《反导条约》，不参加《国际刑事法庭》和《反地雷协议》，不签署《限制生物武器协定书》等，并在涉外的众多问题上推行“双重标准”。这种我行我素，一切以美国为中心，一切都由美国说了算，根本不愿受任何国际协定约束，也不把国际多边机构放在眼里的恶劣的单边主义行径，必然导致国内外

---

* 原载《北大亚太研究》2005 年第 6 期。

广泛的不满和批评。

因此,“9·11”事件无疑给新保守派实现战略目标一把利剑。他们马上打出“反恐”旗帜,一面煽动国内人民爱国主义情绪,转移国内视线,压制不同政见者的批评;同时,凭借其超强的军事技术力量,在国际上大搞以我划线,露骨推行单边主义、军事至上主义和先发制人战略,以图建立在美国领导下的世界新秩序,巩固美国在世界的霸权地位。正是在这一战略下,美国在不到两年时间里先后发动了两次战争。特别是在 2002 年初阿富汗战争结束后,美国统治集团更加恣意妄为,马上提出扩大反恐打击,提出三个“邪恶轴心”国家,并以‘反恐’和“防止大规模杀伤性武器扩散”为名,完全不顾联合国宪章和国际关系准则,不顾安理会多数国家反对,不顾国内外广大民众的抗议示威,公然发动对伊拉克的入侵。正如各国公正舆论指出,美国发动“倒萨达姆”战争的实施目的是:(1) 控制伊拉克丰富的石油资源,并以此削弱和瓦解 OPEC;(2) 在伊强制推行美国式民主制度和价值观,并以此为样板,进一步改造中东和阿拉伯世界,同时改善以色列的地缘政治地位;(3) 起“杀一儆百”的作用,对所有“专制国家”以及对美安全构成“威胁”的国家,如不屈服,就照此办理或孤立打击之。

应该说,这场力量悬殊的战争,如此速决是始料不及的。美国统治集团在一定程度上实现了自己的目标而更加踌躇满志,甚至拒绝联合国在恢复和重建伊拉克中发挥作用。但是这种表面上的成功背后,却不可避免地激化和加深了美国霸权主义面临的种种矛盾。

1. 和欧洲盟友的矛盾。在过去,无论是老布什发动的第一次海湾战争,还是克林顿时期的科索沃战争,欧洲一直是美国的盟友。即使在阿富汗战争中,欧洲也发挥了重要作用。但在“倒萨”战争中,美一反常态,自持其强大的军事力量,根本无视以德法为首的多数欧盟成员和平解决伊拉克问题的意见,一意孤行,甚至利用欧盟内部的意见分歧,鼓吹“新老欧洲”说,以我划线,拉一派打一派,企图以此分化欧盟,强化对欧洲的控制。可见,美国与法德的矛盾,本质上是主张单极还是多极的矛盾。欧盟希望通过增强自身力量,逐步摆脱对美依赖,争取平等地参与国际事务和分享欧洲事务决策权;在经济上,法德在中东也有重要利益,欧洲消耗的 35% 的石油来自中东。因此,对美国单边主义、霸权主义的做法,多数欧盟成员是无法接受的。当然,目前这一矛盾还不到破裂的地步,不仅在经济上,双方你中有我,我中有你;在感情和文化上也是剪不断、理还乱。2003 年 6 月召开的 8 国首脑会议上,双方都作出一些努力试图弥合裂痕。但是只要美国的既定政策不变,要消除矛盾很难。

2. 和中东阿拉伯国家矛盾。在“9·11”事件前,阿拉伯世界对美在处理阿以矛盾中一贯偏袒以色列的做法一直强烈不满。“9·11”事件不仅是恐怖主义事件,也是这种强烈不满的集中爆发,深刻地反映了两种宗教和文化间的冲突。“9·11”事件后,美国内煽起的歧视伊斯兰教情绪以及随后发动的阿富汗战争,进一步伤害了广大穆斯林的宗教感情。因此,和第一次海湾战争不同,在这次美国发动的对伊战争中,中东竟没有哪一个国家敢公开支持美国。萨达姆一倒台,沙特、伊朗、土耳其、埃及等8个中东国家就召开紧急会议,共同声明反对美国占领伊拉克,强调伊拉克命运应自主解决。当然,他们更担心,一旦在中东心脏地区扶植起一个用美国式民主“改造”的政权,将对阿拉伯世界产生深远的影响,特别是那些政教合一、家族统治的国家,当权集团将面对更大的改革压力。

3. 与广大国内外人民的矛盾。伊拉克战争后,美国统治集团虽气势汹汹,但日子并不好过。在阿富汗和伊拉克,不仅基地组织和萨达姆势力并未肃清,而且美国占领者越来越陷入处于困难中的当地人民反抗的泥潭之中,袭击占领军事件不断发生,美国在伊拉克死亡的士兵数已超过第一次海湾战争。与此同时,恐怖主义袭击在世界各地还在继续。特别是在美英国内,因占领军在伊找不到“大规模杀伤性武器”引起的“情报门”事件,遭致国内反对派和公众舆论的追究和斥责,以致近来一些美国著名学者和政客都撰文或发表谈话,劝告美国当局应悬崖勒马,以免重蹈历史上称霸一时的帝国覆灭的命运。

二、经济形势变化及其前景

小布什政府上台后到处炫耀武力、两次发动战争,还有一个重要目的,即企图以此通过扩大军事需求,推动有关军需部门的生产,来带动经济的复苏并确保明年大选连任。

这两年多来,美国经济一直不太景气。2001年3月陷入衰退,当年11月虽出现复苏,但因大公司丑闻、对战争与恐怖主义的不确定预期和油价高企等因素,美国经济又陷入停滞和不稳定状态。2001年美国经济增长率低至0.3%。2002年也仅为2.4%,2003年第一季度经济又陷入低谷,经济增长仅1.4%,同时消费和投资不振,股市低迷,失业增长。当时许多学者曾惊呼美国有可能再次进入衰退。

应该说,“倒萨”战争的速决,减少了战争对经济可能带来的负面影响,一定程度实现了原先设想,刺激了消费者信心的恢复、与军事工业有关产业的振兴和股市的回暖。而且,战争还成为美国武器的展示台,推动了对外军火销售;美国大公司还在伊拉克战后重建中包揽了工程的最大份额。

与此同时,在这时期美国政府又采取一系列反危机措施,来重振疲乏的经济。其中主要有:

1. 大幅度减税。小布什上台后就采取大规模减税这一供应学派对抗衰退的传统做法。小布什鼓吹,减税特别是对大企业和高收入者减税,能刺激投资和需求,推动股市回升并最终使“美国家庭受益”。两年多来,小布什先后签署三次减税法案,2003 年 5 月的第三次法案减税额 10 年内达 3 500 亿美元(其中主要是减免股票红利税)。这一做法在短期内对刺激股市和经济景气有一定积极作用,但也遭到不少学者的抨击,指出减税“富人是最大受益者”,“是把纳税负担从有资本收益的人转向工薪阶层”。不仅如此,由于财政赤字增加,使公共财政更加恶化,许多州政府已经大大削减文化教育和保健卫生费用,并致使大批教师和公职人员失业。

2. 不断降低利率,调整“强势”美元政策。货币金融政策一直是美国政府调节经济的重要手段。两年多来美联储已连续 13 次降息,目前美国联邦基金利率已降至 45 年来最低水平(1%)。在一段时期,降息对扩大汽车和房地产销售起了重要作用,但作用已经有限。因为正常情况下,利率下降可促使个人资产投向资本市场,但两年多来股市暴跌使人们出于安全考虑宁愿将资金存入银行;加之降息至今已是强弩之末,余地不大。不少学者还担心,美国经济中的房地产泡沫太重。

在此情况下,美国只得调整“强势”美元政策。1999 年欧元面世时,一欧元定值 1.17 美元。在“强势”美元政策下,2001 年 6 月欧元贬值到 0.85 美元,2002 年平均为 0.92 美元(年底回升至 1.02 美元),2003 年以来美元对欧元贬值加快,当年 12 月欧元一度升至 1.20 美元以上,目前仍处在振荡之中。执行多年的“强势”美元政策为什么现在要调整?原因无非是:(1)“强势”美元虽从国外吸引大量资金,弥补了国际收支赤字,控制了通胀,推动了增长,但也削弱了国内产业的竞争力,扩大了贸易赤字。(2)打压法德。这场货币战实际上是对法德等国在“倒萨”战争中的不合作态度的反应,这对疲弱的欧洲经济无疑是雪上加霜。(3)以弱美元对抗通缩,提高企业盈利和投资,刺激经济增长。但美元汇率的调整也只能是适度的,否则会引起外资流入放慢,甚至倒流,这是美国政府所担心的。

3. 贸易上在扩大区域合作的同时,大搞贸易保护主义。小布什上台以来,美国商品出口增长连续下降,2001 年比上年下降 7%,2002 年又下降 5%。在全球经济不景气下,美国想通过扩大出口来刺激经济很难。除调整汇率政策外,去年美国国会批准给予总统贸易促进权。新的贸易促进计划包括推动双边和多边区域性自由贸易谈判。目前美国除完成和智利、新加坡双边自由贸易谈判外,正在进行的还有和澳大利亚、拉美、摩洛哥及南部非洲等一些国家的谈判。

与此同时,美国一面给本国出口商以各种支持;一面又不断要求一些国家开放市场,货币升值,并动辄引用反倾销条款限制其他国家的一些商品进口。继这两年的"钢铁战"、"农产品战"外,欧盟今年又向 WTO 申请要对美国销售公司实行惩罚措施,指控美国政府给它们以优惠税收待遇。

应该说,目前美国经济形势呈现十分复杂的情况:

一方面,美国经济确实出现复苏,渡过了它最困难的时期。表现在 2003 年下半年以来制造业、航空业特别是高科技产业开始转好;制造业的竞争力和出口开始上升;农业也出现复苏迹象,农产品价格和出口在衰退几年后开始上升;消费者信心出现明显反弹;商品零售额回升较多;企业库存减少,设备投资明显恢复;反映实体经济变动的股市也开始回升,2003 年 10 月纳斯达克指数已重上 1 900 点,比年初上升 30% 以上。当年第二季度美国经济增长恢复到 2.4%。第三季度可望达 8%,创几年来的新高。美联储和主流经济学家预测,今后几年美国经济增长可达 3.5%—4%。

另一方面,对美国经济持谨慎态度者(包括作者)仍很多。除了心理的因素(对 1990 年代末以来的投资泡沫、会计丑闻、股市暴跌以及随之而来债务积累造成的影响)和世界经济不振因素外,从美国经济本身看,它存在的"三高"(高财赤、高失业、高国际收支赤字)现象,短期内还难以解决。例如:(1) 财政赤字。2000 年美预算有盈余 2400 亿美元。小布什上台后,因扩大军费开支、减税等原因,预算就由盈转亏,2003 年度预算赤字高达近 5 000 亿美元,超过美国 GDP 的 4%。(2) 失业者队伍。2001 年美国经济陷入衰退时,当年失业率为 4.8%;2002 年上升到 5.8%①;2003 年 6 月失业率已增至 6.4%,创 9 年来的新高。造成这一情况的主要原因是,很多企业为提高竞争力,大批解雇工人;政府机构也因为财政亏空而裁减员工,不少地方连警察、消防员和清洁工都大量辞退。近几个月虽然创造了一些就业机会,但

① IMF, *World Economic Outlook*, 2003 年 4 月。

杯水车薪，失业率仍高达6%以上，中下等收入的家庭境况并无改善。(3)国际收支赤字。因产业结构调整，美外贸赤字逐年上升；而外资流入使利息支付也不断增加(目前纯外债已达3万亿美元)，结果导致美国国际收支经常项目赤字剧增。2001年为3934亿美元，2003年预计近5800元美元，占GDP的比重已高达-5.3%。[①]

综上所述，迄今支撑美国需求的政策回旋余地已不大，其他刺激手段作用也有限，因此，对美经济前景还只能持谨慎态度。尽管2003年下半年美国经济会逐渐走强，情况比上半年要好，全年的经济增长率也会高于去年(2.4%)。但是美国经济的前景究竟如何，还有赖于美国经济内在矛盾的缓解和世界经济的回升。

三、美国对外政策的走势和对 APEC 的影响

毫无疑问，虽然美国政府面临着很多问题和困扰，但主导美国政府对外政策的新保守派仍将继续推行它的既定政策，即高举反恐旗帜，凭借它超强的军事力量，推进单边主义、霸权主义，建立美国统治下的世界秩序。然而也要看到，鉴于"反伊"战争留下的沉痛教训，鉴于美国经济振兴还有不少问题需要解决，特别是大选临近，小布什反伊战争后的民调支持率不升反降，在这种情况下，小布什政府在对外政策的具体策略上可能会作出某些调整：

在反恐问题上，"反恐"旗帜会高举，但可能会改变全线出击，把矛头指向大多数中东国家的做法，而是更多地会采取分化瓦解，拉一派打一派，同时，收缩战线，把打击重点指向危险最大的国家和派别。

在单边主义问题上，它不会改变置自己于联合国和其他国家之上的做法，但会改变反伊战争中孤军作战、陷入泥潭而不能脱身的状况。在可能的范围内，美国会在一定程度上利用联合国作为工具，谋求今后行动的合法性，并设法弥合与法德俄等大国的关系，争取更多的同盟者。

在先发制人上，美国不会改变以武力相恐吓的霸权主义的做法，但会更谨慎些，尽可能收集正确的信息，避免"情报门"事件再现。一般说，目前再度出兵入侵某一个国家的条件尚未具备；相反，为挽回美国在世界的形象，正积极插手实施中东和平路线图。小布什也于2003年7月去非洲作"亲善"访问。

---

① IMF, *World Economic Outlook*, 2003年4月。

在反恐与国内经济振兴问题上，反恐继续搞，但为赢得民心，争取连任，会更多地关注国内经济和社会问题的处置。

从目前美国的政治经济状况和对外战略看，美国还不会放弃对APEC的主导作用；但同时，布什政府目前关注的重心在西线，对外政策的重心在西线，受困扰最大的地区也在西线。如阿富汗战后局势还动荡不定；驻伊拉克的十多万美军不断遭袭，死亡人数不断上升；巴以“和平路线图”的实施还困难重重，前途不明；美欧矛盾并未解决，北约陷入危机以及其他诸如伊朗、叙利亚等问题，使布什政府焦头烂额，无暇东顾。因此，美国也有可能一定程度上淡化对APEC的态度。

同时，APEC本身是一个松散的、非机制性合作组织，自1989年成立以来，最初几年取得了不少进展，但自1997年爆发东亚金融危机后，各种矛盾日渐显露，人们对APEC前景的各种疑虑也随之上升。在今年的APEC会议上，美国从自身利益出发，可能对以下问题更感兴趣：

1. 加深APEC的政治色彩。会继续对APEC成员施压，要求更多地支持美国的反恐斗争，包括对伊拉克行动的支持；对朝鲜核危机问题，也会争取更多成员对朝鲜施压，并以此为突破口，进一步把APEC引向政治化的道路。

2. 对中国在内的发展中成员在贸易投资自由化问题上施压。会要求它们更大程度地开放市场，以减少对美的贸易顺差；同时也会要求APEC成员进一步推动新一轮的多哈多边贸易谈判。

3. 关于人民币升值问题。近年来美国不断对中国施压，要求人民币升值，以此来缓解美国巨额贸易逆差，对此，我们应该有所准备。

至于今年部长会议提出的其他议题，如技术经济合作、中小企业、APEC与ABAC对话、结构调整与金融合作问题等，本届首脑会议也可能论及，但恐难有实质性的进展。

东亚经济
和
东亚模式

亚洲"四小龙"经济奇迹剖析*

在过去的二十多年里，新加坡、韩国、中国香港地区、中国台湾地区曾以经济的高速增长名噪于世，被称为亚洲的"四小龙"、"新兴工业化国家和地区"。一些西方学者也标榜它们是战后资本主义世界出现的"经济奇迹"。但是，对于它们的发展模式，国际学术界的看法历来是大相径庭的。争论的核心是：它们经济高速增长的主要因素是什么？如何认识这种发展的性质和前景？它们的发展模式能否成为其他发展中国家效法的"样板"？本文也就这些问题作一剖析。

一

据世界银行公布的材料，亚洲"四小龙"的经济增长速度是很高的。从1965年到1984年，它们的国内生产总值年平均增长率大致在8%左右，出口贸易年平均增长率在10%以上，不仅大大高于西方发达国家，也超过一般发展中国家的增长速度。1984年的出口贸易总额，中国台湾地区为305亿美元，韩国293亿美元，香港地区283亿美元，新加坡241亿美元。值得提出的是，新加坡和香港地区都是不大的岛屿，今天已经发展成为国际上重要的制造业、贸易、金融、航运、旅游和信息中心，为世人所瞩目。

它们所以能够在一个时期实现经济的高速增长，原因是多方面的，这里既有适应现代经济发展规律的一般因素，也有它们所具有的特殊因素。而且，就它们本身来说，情况也不一样，需要具体分析。一般认为，它们实现经

---

* 本文发表于《红旗》杂志1987年第7期，曾引起国外舆论的较大反响。日本《每日新闻》1987年4月27日发表署名文章认为："近来中国从正面评论在经济上继续突飞猛进的亚洲新兴工业国家或地区的情况，正开始显著增加。党的理论杂志《红旗》最近一期发表了《亚洲"四小龙"经济奇迹剖析》的文章。这篇文章虽然强调'四小龙'有着特殊条件，但同时指出，这些国家和地区努力扩大出口、对外资采取优惠措施，改革了行政机构，提高办事效率、重视发展教育，努力开发人才，而这一切都对经济发展起了积极作用"。文章还指出："许多人认为，中国最近之所以对亚洲新兴工业国家或地区作出评价，是由于中国内部出现了现实主义的想法"。

济“起飞”的主要原因在于：

首先，特殊的地理环境和历史条件。

乍看起来，这些地方自然资源都比较贫乏，新加坡和香港地区，连居民的饮用水都要靠别人供应。中国台湾地区和韩国好些，但已发现的工矿资源也不多。然而，它们有一个共同的优势：都处在海上的交通要冲，有良好的深水港。如新加坡位于马六甲海峡的入口，是两大洋之间的航运枢纽，具有重要的战略地位。它国土面积仅600平方公里，海岸线却长达134公里，是世界第四大港。香港地区情况类似。港岛和九龙之间的维多利亚港，是世界著名的天然良港。

由于特殊的历史原因，这些地方过去都已建立起相当的物质基础。长期以来，英国殖民者一直把新加坡和香港地区作为自由港，从事东南亚和世界各地的转口贸易。因此，这里的商业、服务业和金融业有较长的发展历史，有较好的社会基础设施。1945年以前，韩国和中国台湾地区处在日本帝国主义的统治之下。为了掠夺的需要，日本在这两地也建立了一些工业和基础设施。特别是1949年国民党当局又从大陆带走大批资金、设备和技术人员，仅1949年初，就把国库的40万两黄金运往台湾地区。台湾地区现有的100家大企业集团中，原大陆资本20多家，占资产总值的1/3左右。作为香港制造业支柱之一的轻纺工业，是1950年代初才发展起来的，其资金、技术、设备也主要来自上海。

其次，特定的国际环境和以美国为首的国际资本的大力扶植。

“四小龙”的经济“起飞”，大都在60年代。在这时期，一些特殊的因素对它们的经济成长起了重要的作用。(1) 当时西方发达国家在新的科技革命推动下，生产力有了很大发展。为了调整自己的产业结构，它们把一些劳动力和原料消耗多、污染严重的产业，逐渐转移到发展中国家和地区。“四小龙”由于拥有优越的地理位置、一定的工业基础、较好的基础设施、一支素质较好的廉价劳动力队伍、相对稳定的政局和特殊优惠的政策等条件，自然就成为西方跨国公司理想的投资场所。(2) 当时西方发达国家经济正经历着相对繁荣时期，市场容量相应扩大，贸易壁垒逐渐减少，加上“四小龙”与西方国家的特殊关系，这就使它们对发达国家的出口在很长一个时期内享受着特殊照顾。(3) 60年代正是美国不断扩大侵越战争的时期，“四小龙”离越南较近，“越战”对这些地方的经济、贸易和旅游业发展，无疑是一个有力的刺激。更重要的是，侵朝战争失败后，美国从自己的全球战略出发，在东亚地区全力扶植中国台湾地区和韩国。除了签订军事条约、设立军事基地、长期派驻军队、提供军事援助外,还直接和间接地提供了大量经济援助和贷款。例如对中国台湾地区,从1949年到1980年,美国等西方国家的经援、贷款和流入的直接投资,总额达120多亿美元,其中美国约90多亿美元(不包括军事贷款)。对韩国,从1945年到70年代末,美国和其他西方国家以及国际机构提供的援助、贷款和投资,总额在260亿美元左右。显然,这样的情况,在其他地区并不多见。

最后,实行了适合于本地情况的经济战略和政策。

在“四小龙”中,香港地区的情况比较特殊。港英当局为保持中国香港的自由港地位,长期来对香港经济奉行积极的不干预政策。其他的都实施过短期的进口替代战略,即通过发展本地的制造业,逐步替代过去制成品进口的战略。但是,它们很快发现,由于原材料和设备的进口急剧增加,国际收支状况出现严重困难;同时,狭小的内部市场,又使企业的效益和发展受到影响。这样,进入60年代后,它们又先后转入出口导向型的发展战略,即利用本身的有利条件和廉价劳动力队伍,大量吸收外资和引进国外技术,大力发展出口加工和装配工业,并通过积极扩展对外出口,来带动整个经济的增长。

为配合这一战略的实施,它们采取了一系列相应的措施。其中主要有:实施了一些社会改良政策,如中国台湾地区和韩国,在加强内部独裁统治的同时,也在50年代被迫实行了土地改革,从而一定程度上缓和了农村矛盾,并为农业的恢复和发展创造了条件。新加坡是城市型国家,为调节劳资关系,稳定国内政局,政府实施了累进所得税和中央公积金制度,积极解决居民住宅问题,并有计划地提高职工工资和控制通货膨胀。与此同时,为鼓励和吸引内外资本投资,它们大力加强基础设施,积极改善交通和通讯条件;密切注视行情变化,努力扩大对外出口;加强内部资金积累,对外资实行特殊的优惠政策;改革行政机构,提高办事效率;重视发展教育,注意人力资源开发等。所有这些,对它们的经济发展起了积极的作用。

二

由于各种条件的配合,特别是在当地人民付出了巨大代价之后,亚洲“四小龙”实现了经济“起飞”。毫无疑问,对于它们的经验,采取肯定一切或否定一切的态度,都是不适宜的。应该承认,它们的具体经验,无论是成功的还是失败的,都给其他发展中国家提供了有益的启示。特别是,对于它们经济发展中那些符合现代经济发展规律的一些成功经验,人们应该进行认真的研究和总结。同时也要看到,它们的整个发展模式并不是其他发展中国家能够效法的,而且本身就存在许多不可克服的矛盾。

首先,它们的发展,是战后特殊历史条件和国际环境下的产物,现在已经是时过境迁。从世界经济角度考察,80 年代的形势完全不同于 20 年前。世界资本主义体系已经由过去的相对繁荣转入不稳定的低速增长时期,增长速度大大放慢,失业问题十分严重,国际贸易呈现蹒跚状态,金融局势动荡不定,经济领域的各种矛盾空前尖锐。在这种情况下,西方发达国家的贸易保护主义有增无减,因结构调整引起的资本转移已大大放慢,对发展中国家的官方援助不愿增加,国际货币市场的贷款条件也日益严苛。很显然,在当前的国际经济环境下,不仅很难出现什么新的"小龙",就是现在的"四小龙"所面临的环境也是十分严峻的。

其次,它们的发展模式,存在着许多难以解决的矛盾和弊病,其中最突出的是经济结构的脆弱性和依附性。它们发展模式的基本特点是大进大出,即大量进口——加工装配——大量出口。它们所需要的原材料和机器装备,大都要依赖进口;它们加工产品的大部分,又都必须出口。1984 年它们的外贸总值与国内生产总值之比,新加坡为 289∶100,香港地区为 186∶100,台湾地区为 93∶100,韩国为 72∶100,对外贸的依赖程度是非常大的。同时,在市场结构上,韩国、中国台湾地区和香港地区出口额的大部分,新加坡一半左右的出口,都是面向西方发达国家,尤其是美国。这样,它们的经济发展,在很大程度上就要受制于西方发达国家特别是美国经济的变动。在西方发达国家经济高涨时,它们的产品出口销路就好,日子也好过些;反之,就会出现麻烦。70 年代中期以来资本主义世界爆发的两次经济危机,都曾对它们的经济有过很大影响。特别是 1985 年,由于对外出口缩减等原因,它们的经济陷入严重困难,年平均增长率仅为 2.3%,其中中国香港为 0.8%,新加坡为 -1.7%,为 20 年来所罕见。1986 年,它们经济出现转机,究其原因,主要还是得益于世界市场初级产品和石油价格的大幅度下跌以及国际货币市场的汇率变化,由于它们的货币都与美元挂钩,美元大幅度贬值和日元、联邦德国马克的相应升值,增强了它们出口产品的竞争能力。同时,美国贸易保护主义对它们的压力也越来越大。为扭转巨额贸易逆差,美国不仅要求它们更加"开放市场",取消它们的一些产品享受"普遍优惠制"待遇,要求它们约束和减少对美国的纺织品、成衣和鞋类等产品的出口,并暗示要求它们的货币升值。1987 年年初,美国政府又宣布,将对中国台湾地区、韩国等地的290项输美产品，停止给予免关税待遇。新办法将使台湾地区的受惠额减少1/3以上，波及130多项产品。显然，美国的这种做法，给它们的未来发展投下了阴影。

70年代以来，面对迅速变化的外部形势，它们也程度不同、各有特点地着手产业结构的调整。它们借助外国的资本和技术，大力发展石油冶炼、造船、钢铁、汽车、化工和电子工业，企图把过去以劳动密集型为主的产业结构，转变为以资本密集型和技术密集型为主的产业结构。然而，这些新兴工业的发展不仅仍然严重依赖于世界市场，受制于世界经济的兴衰；更重要的，由于它们大都是依靠外资建立起来的，这就使这些部门不同程度地为外资所控制。例如新加坡制造业中，70年代末外资企业数占企业总数的12%，产值却占59%，制成品出口额占71%。如果加上外资与当地资本的合资企业，外资所占比重就更大。从1974年到1984年，外国企业和个人在新加坡的所得增加了两倍多，累计总额为六百多亿新加坡元，相当于1984年外资在新加坡制造业固定资产总值的六倍多。新加坡政府领导人也说过，我们国民收入的很大一部分被外国人拿走了。

最后，它们的模式，是一种资本主义的发展模式，是建立在对广大人民沉重剥削的基础上的，这就不可避免地导致社会的两极分化。这些年里，它们的经济增长率是很高，但是，为了加强出口竞争能力，它们一直坚持低工资的政策。在60年代，它们一般工人的平均工资大致相当于美国的1/10左右，日本的1/4左右。从那时以来，它们的人均国民生产总值增加了几倍，但低工资的情况并未根本变化。70年代末，新加坡政府曾大幅度提高工人工资，但是由此引起产品成本的提高和外资在新加坡投资兴趣的下降，从而触发了1985年的经济衰退。面对这一情况，政府又不得不采取冻结工资和减税鼓励等办法，来刺激经济的回升。

总之，尽管它们情况各不相同，但在现存的经济制度和发展模式下，资本积累的规律就要发挥作用，社会的两极分化就是必然的。一方面，大资产阶级的财富迅速膨胀，另一方面，广大人民的生活虽有改善，但处境仍然相当艰难。以中国香港为例，据1986年初的调查，一般工薪收入者的平均工资为2 500多港元(一般工人仅为2 000港元左右)，在扣除高昂的房租、交通费和伙食费之后，所剩无几，为了生活得好些或应付不测，他们就得加班加点，拼命工作。由于就业保障和社会保障不足，失业者和老弱病残者的生活就更加艰难。

目前，“四小龙”的经济都有自己的严重困难。韩国的外债已近五百亿美元,政局动荡不定;中国台湾地区的外汇储备不少,但通货膨胀的压力也日益增强,岛内投资的意愿长期低落;新加坡的调整虽有成效,但经济回升的力量仍然不足;香港在自由放任的政策之下,企业的灵活性强,但科技基础比较薄弱,面对竞争压力会越来越大。更重要的,由于西方发达国家的贸易保护主义不会放松,世界贸易不可能有较快的发展;由于西方跨国公司对技术的高度垄断和控制,"四小龙"的产业转型也会遇到很大困难。因此,人们预料,在未来的一个时期里,它们的经济增长,很难再维持过去20年的速度。

中国和其他发展中国家社会经济发展比较*

改革开放几年来，不少高校学生思想很活跃，各种思潮纷纷涌现。很多学生提出这样的问题：中国的振兴究竟应当走具有中国特色的社会主义道路，还是"全盘西化"好？如何认识两种社会制度下的民主、自由？如何评价中国的社会经济发展，与别的国家比，中国搞的是好还是坏？等等。有类似的想法不奇怪。青年学生阅历不多，对国外情况知之甚少，出现这样那样想法是难免的。不过，提出的这些问题很重要，它直接关系十一届三中全会以来党的方针、路线和政策。无疑，正确地回答这些问题，是当前思想理论战线上的头等大事。

我是研究世界经济、特别是发展中国家经济的，中国是发展中的社会主义国家。因此，我想就中国和其他发展中国家社会经济发展情况作一些比较研究，谈一些看法。

一、不同社会制度国家进行比较研究的原则和方法

比较研究，是自然科学研究中一个常用的方法，也是社会科学研究中一个重要的方法。因为世界上的任何事物都是在矛盾运动中发展的。真、善、美的东西，总是和假、恶、丑的东西相比较而存在，相斗争而发展。有比较，才能有鉴别。

事实上，在马克思主义的著作中，是经常贯穿两种社会制度的比较研究的，正是在这个基础上，他们科学地阐明了社会主义必然要代替资本主义的客观规律，并武装了无数志士先烈为这个理想而奋斗献身。但是可惜的是，这种比较研究，作为一个学科，在这几十年里我们没有给予应有的重视。

资产阶级当然是信奉资本主义制度万世永存的。但是十月革命后，面对社会主义在世界人民的心目中影响越来越大，一些西方经济学家开始对

* 1986年秋冬，我曾就此题，在北京等几个省市作了几十场报告，听众达上万人，反映热烈。后成文发表于有关报刊，这次收录时略作删节。

不同社会制度国家的社会经济发展进行比较研究，以便寻找解决资本主义制度固有的一些矛盾和危机的办法。于是逐渐形成了比较经济学。第二次世界大战后，比较研究在西方得到了广泛发展，他们不仅比较经济制度，也比较政治制度；不仅比较“东方社会主义”和“西方资本主义”，也对不同类型的发展中国家的社会经济发展进行比较研究。在大学的课程设置中，各种比较研究的课程很时髦，包括比较经济制度、比较管理制度、比较政治制度等。西方的比较经济制度课虽然标榜“客观”、“公正”，它们也对社会主义制度的一些方面，如充分就业、缩小收入差距、保障人民的基本需要等给予肯定，对资本主义制度的一些社会经济现象也进行批评，但是从根本上说，它是要说明资本主义制度仍然具有强大的生命力。

我们的青年学生也喜欢对社会经济生活进行比较研究，但一般来说，他们不善于进行纵向的历史的比较研究，这也不能责怪青年，因为他们不了解过去，而现实对他们来说是具体的和生动的。譬如发达国家多数工人有汽车，我们有辆好自行车就不容易；西方国家研究生的奖学金有的上千美元，生活上许多搞了自动化、电气化，我们有时还要停电等。总之，觉得总是不如人家，社会主义优越在哪里？

其实，我们的学生不了解，要对不同社会制度国家的社会经济发展进行科学地比较研究，比起自然科学要复杂得多、困难得多。这里，除了一些技术上的问题之外(如统计资料的正确性和完备性等)，还必须遵循一些基本的原则和方法。

一般地说，要对客观事物进行正确的比较，必须坚持的基本原则是对象的等同化。就是说，进行比较的对象，必须具有可比的基础。有些同学问，为什么我们不与西方发达国家比，而去和发展中国家比？道理很简单，因为我们是发展中国家。我们比较不同社会制度的目的，是看哪一种社会制度能在更大范围内解放社会生产力，能使广大人民的生活得到改善。但是，如果拿我们今天的经济技术和人民生活水平，去和发达国家进行比较，就不对了，因为这两者不是等同化的，不存在可以比较的基础。道理很简单：

第一，资本主义发展已经几百年了；而中国过去是半封建半殖民地，资本主义发展是扭曲的、畸形的。大家知道，西方资本主义的发展，它们今天先进的科学技术和充裕的物质财富，主要来源之一是建立在剥削广大殖民地半殖民地国家人民的基础上的，这是历史事实。怎么能够要求中国在短短几十年里就消除这种差别呢？这是不现实的。

第二，重要的是，在现在的国际经济关系中，西方发达国家和发展中国家所处的地位,仍然是不平等的。尽管近几十年来,西方发达国家在国际经济中的地位在下降,但是今天在国际生产领域、国际技术领域、国际贸易领域、国际金融领域,发达国家还处于垄断和控制地位,并且依仗这种地位,每年从发展中国家人民身上掠夺数以千亿美元的利润。例如在技术领域,1970年代中世界上有350万件以上的专利,其中在发展中国家登记的仅20万件,而真正为发展中国家国民持有的专利只有几万件。中国现在是发展中国家,我们是独立自主的,但我们不能搞闭关自守,我们要大力发展和国外的经济贸易关系,如果我们精明些,损失就可以少些,但不给人家合理的利润,你想弄到技术和管理经验也是不可能的。

总之,我们和西方发达国家的经济技术差距是客观存在的,也是历史形成的。认识差距,目的是为了缩小这种差距,为了更好地激励我们奋发图强、加速实现中国四个现代化事业。如果由于存在这种差距,就认为社会主义不如资本主义,就不对了,因为这违背了比较研究的基本原则。

另外,在比较研究中,还要解决一些方法论上的问题。其中主要有:

1. 要全面地看问题。因为社会经济生活是复杂的,任何事物都有它的个别方面和个别情况。列宁早就说过,一定要把握事物的全部总和,把握事物的相互联系,这才能去把握事物的本质。

拿发展中国家来说,当然它们之间有一些基本的共同点,如都比较穷,过去都是殖民地和半殖民地,现在都有一个发展问题等。但是,发展中国家有一百多个国家和地区,情况也千差万别,十分复杂。国土面积、人口、资源和环境很不相同,过去的历史条件也不同,原来的经济发展水平不同,独立后实施的经济战略和经济政策也不相同,因此,如果我们简单地进行比较,也可能导致错误。如现在世界上人均国民生产总值谁最高?并不是西方发达国家,而是波斯湾地区的一些小产油国。根据世界银行材料,1984年人均国民生产总值最高的,第一是阿联酋,22 000美元;第二是亚洲的文莱,21 000美元;第三是卡塔尔,20 000美元;而西方发达国家平均是11 000美元。我们能不能说这些产油小国是最发达的资本主义国家?当然不能。因为它们现在还是靠出卖资源过活,工业基础十分薄弱。而且,从它们的政治制度、意识形态和社会习俗来说,不少国家还带有比较浓厚的封建性,是带有封建性的发展中资本主义国家。

这里有一个用什么指标去衡量一个国家发展好坏的问题。这一点,发展经济学也有变化。过去一些发展经济学家总认为,一个国家的发展,关键是国民生产总值或人均国民生产总值的增长,因此,把它作为经济战略的目标。现在认识到，不仅这个指标有缺点，更重要的是，一国的发展应是经济发展和社会发展相统一的过程。战后不少发展中国家是有增长而无发展，就是说，经济增长速度不慢，但广大人民的生活没有改善，社会两极分化更严重了。现在发展经济学家多数认为，一个国家的发展目标，应该是经济增长、收入分配和经济自主三者的有机统一。

2. 要历史地看问题。在我们判断一个事物时，要把它放在一定的历史条件之下。大家知道，发展中国家基本上有两大类，一类是发展中社会主义国家，是发展中国家中的少数，另一类是发展中的资本主义国家，是多数。这两类国家，无论是在争取民族独立的斗争中，还是在发展民族经济的过程中，它们所处的内外条件是很不同的。一是，发展中社会主义国家，特别是中国，是经过长期武装斗争才赢得独立的；而多数发展中资本主义国家由于战后的国际环境和国际阶级力量的对比变化，它们是以比较和平的方式实行政权移交的。显然，前者所经历的困难和破坏要大得多。二是，发展中国家发展民族经济中大都会遇到资金和技术的困难。但对多数发展中国家来说，由于西方发达国家战后实力对比的变化，特别是由于美苏两个超级大国在世界的角逐，一方面给它们的安全带来威胁，同时也使它们可以利用大国的矛盾，来取得经济上的实惠。但是，中国的情况大不相同，除了建国初期从苏联得到一些援助外，长期以来我们是靠自己力量建设的。而且在很长时间里，我们是处在帝国主义和霸权主义的经济封锁、政治孤立和军事包围之下。此外，资本主义已经发展了几百年，有了个大致的发展模式；可是社会主义发展只有几十年，没有成熟的经验。特别是像中国这样一个人口多、底子薄、经历长期战争破坏、国内情况又十分复杂的国家，搞社会主义这是人类历史上没有前例的，是开创性的。我们只能靠马克思主义和中国的具体实践相结合，逐渐开辟一条建设有中国特色的社会主义道路，这是我们在比较研究时应该注意的。

3. 要发展地看问题。就是说，不仅要看现在，还要把握事物的发展趋势。因为新生事物和衰朽事物相比较时，一般说后者开始时会显得强大，但是由于它内部存在种种不可克服的矛盾，决定了它不可避免地要走向衰落；另一方面，新生事物尽管暂时显得弱小，在它的成长过程中也会遇到种种困难和挫折，但它是有强大生命力的，终究会不断壮大，并最终取得胜利。

如果我们把握这些方法，那么我们可以毫不夸张地说，在过去的三十多年里，特别是改革开放以来，中国在经济增长速度、收入和财富的分配、人民生活的安定和老弱妇幼的社会保障等方面，比一般发展中国家好得多。

在经济增长方面，中国现在人均国民生产总值不高。按世界银行材料，1984年中国人均国民生产总值为310美元，属于发展中国家中的低收入国家。在世界银行所列的130多个发展中国家和地区中，中国排行第110位左右。这是历史留给我们的遗产。但是如果从发展速度看，情况就不一样了。1965年到1984年，中国人均国民生产总值年平均增长率为4.5%，相应的，印度为1.6%，其他低收入国家是0.9%，中等收入国家是3.1%，西方发达国家是2.4%，中国的速度大大超过了它们，说明中国和发达国家的经济差距在缩小。另外，就经济规模来说，中国的国内生产总值总额，在发展中国家已经是第一位。一些重要的工农业产品产量，中国不仅在发展中国家中名列首位，在世界上也是处在前列的。当然，从另一角度说，因为中国人口多，按人均来说，我们跟西方发达国家还有很大差距。

在收入分配方面，目前中国人民的消费水平还不高，而且这种情况很难一下子根本改变。这几年，一些人提倡高消费，说再艰苦奋斗就会限制了市场扩大。看来，这种理论不符合中国的目前情况。但是，这几年我们的生活水平是逐步提高的，这跟大多数发展中国家目前存在的严重的社会两极分化，形成鲜明的对比。拿世界银行的材料来说，我国人民在每天摄取的卡路里营养物数量、成人识字率、医疗卫生和人口预期寿命等指标方面，不仅大大超过低收入国家，而且也超过了发展中国家中一些中等收入国家。

世界银行承认：中国在过去30年中最显著的成就，是在生活需要方面使低收入群众比其他穷国同类人好得多。他们都有工作做，口粮供应是保证的，大多数孩子不仅上了学，而且受到较好的教育，大多数人能享受基本的卫生医疗。这个评论是符合实际的。现在，在发展中国家每天挨饿的人大约有4亿多，其中拉丁美洲，每天饿着肚子上床的有1亿多，每年死于饥饿的人有4000万，其中半数是儿童。在印度，政府统计中大约有48%的人生活在贫困线以下。至于非洲，70年代和80年代两次大旱中，几乎有一半以上的国家闹饥荒，饿死的人不计其数。

正因为我们的制度保证了全体人民的基本生活需要，中国人的平均寿命上升得很快。一般来说，平均寿命是一个国家生活水平的综合性指标，它反映这个国家人民的物质生活状况、医疗卫生状况和教育状况。过去中国人的平均寿命是很低的，1984年我们已经上升到69岁，而同年其他低收入国家是51岁，不少非洲国家还不到45岁，中等收入国家平均是61岁。说明在发展中国家中，我们是处在前列的。

在经济自主程度方面，中国的情况也是明显的。当然，在过去的几十年里,多数发展中国家经济自主程度也有不同的加强。从产业部门结构看,发展中国家的工业化是有进展的,有些国家还建立了比较完整的工业体系。但是,发展中国家现代工业的发展又很不平衡,拉丁美洲就占发展中国家制造业产值的56%左右,亚洲占35%,非洲仅占9%。而且,工业的发展主要集中在少数国家,如巴西、墨西哥、阿根廷、印度和东南亚一些国家和地区。从资本和技术结构看,即使一些工业比较发达的国家,它们的经济也不同程度地控制在外资手里,如巴西小汽车的产量很多,有时超过100万辆,但这个部门基本上是外国大汽车公司在巴西的分公司所控制的,巴西资本很少参与。另一个问题是外债的膨胀。1986年发展中国家的外债已经突破1万亿美元的大关。80年代以来,发展中国家每年外债的还本利息在1 000亿美元以上。现在每年有不少发展中国家,因为还不起债,要与世界银行、国际货币基金和外国政府举行延期偿付的谈判。这种情况,不能不影响这些债务国家经济政策的选择和制定。

总之,无论从哪个方面看,我们的成就在发展中国家是突出的。当然,我们对已经取得的成就,还不满意。如果过去的几十年,中国的国际环境能够好些,我们工作中的失误少些、轻些,我们取得的成绩本来可以更大些。但是,我们完全不必要、也不应该妄自菲薄。中国这三十多年取得的成就,是有目共睹的,世界上所有公正舆论也是承认的。

二、两个发展中大国的社会经济发展比较

上面我们分析了不同社会制度下的发展中国家社会经济发展的概貌,但是需要补充。当然,要在世界上找到两个情况完全一样的国家,是不可能的。在国情上与中国大体相似的国家,那就是我们的近邻印度。中印两国在国情上至少有七点类似之处。

第一,中印两国都是发展中国家中的大国。这很重要。你跟新加坡比,怎么比呢?它人口只有200多万,一些小岛,难道它能够跟你一样搞火箭卫星,建设工业体系?不可能。你也不可能像它一样,把整个中国变成一个自由港。印度和中国就不同,1984年中国人口超过10亿,印度超过7亿,在世界上是老大老二,加起来占世界人口的1/3。中国国土面积近1 000万平方公里,世界第三;印度300多万平方公里,世界第七,而且中印两国还有2 000多公里的共同边界。巴西也是发展中国家中的大国,但它跟中印两国有很大不同,它是地多人少,面积850多万平方公里,人口只有一亿多,而且

欧洲移民及其后裔很多，在社会经济生活中还占主导地位。

第二，在自然条件和自然资源方面近似。两国的资源都还比较丰富，发展工农业的条件很好。印度的铁、锰、云母、铬、钛、白云石等矿藏储量都在世界的前列，就是石油资源目前发现的还不算多，但它的森林和水力资源很丰富。在农业的条件方面，比中国要好些。印度的国土虽然只有中国的1/3左右，但耕地比中国多。中国的耕地面积只有印度的70%，即中国是15亿市亩左右，印度耕地折合有21亿市亩左右。加上中国人口多于印度，这样，人均耕地算，中国只有1.5亩，而印度有3亩多。印度大部分地方处在热带和亚热带，气温高，雨量较多，气候湿润，无霜期很长，大部分地区作物可全年生长；中国北方地区冬天只能休眠。而且，印度的平原占国土的很大一部分，在这方面，中国也要逊色些。

第三，中印两国都是有四五千年历史的文明古国，在人类的文化发展史上有过巨大的贡献。世界上四大河流是人类文明的发源地，其中有中国的黄河和印度的恒河。早在公元前3000年，恒河流域已使用金、银、铜、锡之类金属；公元前1000年，开始使用铁器。大体上说，中印两国进入封建社会阶段比欧洲早1 000年。印度古代的文化、艺术、医学、建筑、数学和手工业等方面的成就，都是世界闻名的。十五六世纪，欧洲人为什么要航海探险，就是要到印度和中国来，向往我们两国的物质技术文明。

第四，在19、20两个世纪里，中印两国又都先后遭受帝国主义殖民主义的侵略，沦为殖民地和半殖民地。印度是1757年开始沦为英国殖民地的，直到1947年独立，英国统治了印度190年。中国从鸦片战争算起，也有一百多年时间处在半殖民地的地位。

第五，独立以前，中印两国都极端贫困落后。过去，中印两国工业都很落后，而且主要是一些轻纺工业，集中在沿海少数城市，重工业基础十分薄弱。其实旧中国比印度当时更加落后。为了比较方便，1950年印度的钢产量147万吨，中国只有61万吨；发电量，印度59亿度，中国46亿度；汽车，印度17 000辆，中国还不能生产；棉布，印度42亿米，中国25亿米；铁路长度，中国是2.2万公里，印度5.4万公里，等于中国的2.5倍。如果考虑中国人口还比印度多，两国的差距是明显的。

另外，中印两国过去都是世界上闻名的"饥馑之国"，人民的贫困状况世界少有。从1900年到1947年，印度因饥荒而饿死的人大致在2 650万，仅1943年孟加拉一地的大饥荒，就饿死300多万人。至于中国，20世纪以来死于帝国主义的侵略战争、军阀战争、国民党发动的内战和各种自然灾害的人，更是不计其数。到解放前夕，处在死亡线上的饥民全国就有 4 000 万人以上。

第六，中印两国人民都是勤劳、智慧和富于斗争精神的。在历史上，中印两国人民都爆发过无数次反对封建暴政、反抗帝国主义侵略的斗争。在英国征服印度过程中，许多封建王公贵族也拿起了武器。1947 年英国所以急匆匆地退出印度，实行政权移交，主要原因是第二次世界大战后，印度爆发了海军起义、孟买工人大罢工和遍及各地的农民斗争。

第七，中印两国几乎在同时摆脱了帝国主义殖民主义统治。印度在 1947 年赢得了独立，中国在 1949 年建立了新中国。不仅如此，中印两国的经济建设也几乎是同时起步的。印度从 1950 年度起开始实行第一个五年计划，已经实施了 6 个五年计划，从 1985 年度起，开始了第 7 个五年计划；中国从 1953 年起开始实施第 1 个五年计划，也实施了 6 个五年计划，从 1986 年起开始了第 7 个五年计划。

中印两国国情有没有差别？当然有，最大的差别至少有两条。一条是，印度的民族独立运动一直是国大党为代表的印度资产阶级领导下进行的，因此独立后资产阶级掌了权，走的是资本主义发展道路；中国的民族解放运动是在中国工人阶级及其先锋队的领导下进行的，解放后建立了人民民主专政，走社会主义的发展道路。另一条是，从 1950 年起，美国就给印度援助，尽管美印两国关系时好时坏，但美国给印度的援助从来没有停止过。从 1958 年起，美国和其他西方国家就成立了“援印俱乐部”，每年开会审查印度的经济情况，确定援助的数量。苏联从 50 年代中期起也给印度援助，60 年代中苏关系恶化后，印度得到苏联的援助更多了，包括军事援助。可以说，印度国有工业中的一些骨干企业，如四大钢铁厂中的两个——比莱钢铁厂和波卡罗钢铁厂、重型机械厂、矿山机械厂等，包括飞机厂，大都是苏联援建的。中国在 1949 年后一直处于以美国为首的西方大国的包围和封锁之下，只是 50 年代苏联给了一些援助。

那么，这三十多年，中印两国的社会经济发展情况如何？究竟哪一种社会制度、哪一种发展模式，更能解放社会生产力、提高广大人民的生活水平呢？如果我们对这两个国家作全面的历史的考察，可以作两个结论。

一个是，三十多年来，中印两国经济发展都走过了一条曲折的道路。一方面，它们的经济都取得了相当的进展，各自建成了包括不同部门在内的比较完整的工业体系和国民经济体系；同时，两国经济发展都面临一些问题，虽然性质不同，但都在经历着改革和调整的过程。

另一个是,两国的发展各有自己的长处。由于印度实行的混合经济中,私人经济一直占有重要地位,加上印度经济一直是对外开放的,虽然门开得不太大。因此,在微观经济的某些领域,如促进机电产品出口和劳务出口、能源利用、农业技术的研究和推广、对外资和技术引进的管理以及高等教育的发展等方面,有自己的长处,值得我们很好研究。但是另一方面,从宏观经济角度说,由于两国的社会制度和发展道路不同,它们之间在经济发展和社会发展方面,出现了越来越大的差距。总的说,凡是在解放初期中国比印度好的方面,现在差距在继续扩大;凡是过去中国落后于印度的领域,现在大都已经赶上和超过印度。下面这些材料大都来自国际机构和官方的机构。

从经济增长速度看,据世界银行材料,1960 年代国内生产总值的年平均增长率,印度是 3.4%,中国是 5.2%;1970 年到 1982 年,印度是 3.6%,中国是 5.6%。这样,1950 年印度的人均国民生产总值是 60 美元,中国只有 50 美元;到 1984 年,中国为 310 美元,印度是 260 美元。[①] 从工农业生产增长看,1950 年度到 1983 年度,印度的工业生产指数年平均增长率是 5.5%,中国从 1950 年到 1983 年,工业年平均增长率是 10%。尽管印度农业的发展条件比中国好,60 年代中期以来,印度的"绿色革命"也有一定成绩,粮食问题大大缓和,但是由于"土改"的不成功,封建的包袱太重,从而严重束缚了印度农业的发展,从 1950 年度到 1982 年度,印度农业年平均增长率为 2.7%,中国从 1950 年到 1983 年年平均增长为 4.5%,比印度高得多。从一些具体的工农业产品产量看,情况更清楚(印度统计材料是按年度计的)。

表 1

	1950 年			1983 年		
	中国	印度	中国等于印度%	中国	印度	中国等于印度%
原铜(万吨)	61	147	41%	4 002	1 048	382%
原煤(万吨)	4 300	3 300	130%	71 500	14 490	493%
石油(万吨)	20	26	77%	10 607	2 600	408%
水泥(万吨)	141	273	52%	10 825	2 710	340%
汽车(万辆)	—	1.65	—	23.98	15.82	152%

① 世界银行:《1984 年世界发展报告》,中国财政经济出版社,第 220 页。

（续表）

	1950 年			1983 年		
	中国	印度	中国等于印度%	中国	印度	中国等于印度%
自行车(万辆)	2.1	9.9	21%	2 758	583	473%
棉布(亿米)	25.2	42.2	60%	148.8	87.7	170%
糖(万吨)	24	113	21%	377	589	64%
发电量(亿度)	46	53	87%	3 514	1 390	253%
粮食(万吨)	11 974	5 501	218%	38 728	15 154	256%
棉花(万吨)	69.2	51.7	134%	463.7	111.9	414%
油料(万吨)	297.2	498	60%	1 055	1 281	82%

资料来源：1. 印度政府：《1984/85 年经济概览》；2. UNIDO：〈印度〉1985；3. 中国国家统计局：《中国统计年鉴 1984》；4. 世界银行：《1985 年世界发展报告》。

由于印度粮食数字没有包括薯类，这里中国的粮食数也扣除薯类。按照 1983 年的数字，现在印度人均粮食大致是 181 公斤，中国是 317 公斤。

从经济自主程度看，应该说，印度比其他发展中国家要好得多。它建成了自己的独立工业体系；设备自给程度有很大提高；先后发射了几颗卫星，有的是用别国的火箭，有的是自己的；自己称科技人才是世界第三；另外，由于对外贸易占国民经济比重不大，因此外部世界市场波动对它的冲击也不大。这几年它的经济增长率大体能维持在 4%—5% 的水平，虽然比中国低些，但和过去比算不错了。因此，世界银行的报告中，除夸奖中国的建设成就外，也常常提到印度。问题是，印度的对外贸易长期以来一直是进口大于出口，进出不平衡，加上外资利润和外债还未付息，国际收支总有赤字，这就离不开借债。现在印度的外债约三百多亿美元，虽对经济还不构成严重威胁，但也是借新债还旧债。加上在经济、技术上，特别是军事技术上，有求于别人，这对它制定内外政策不能不有所影响。

最后，从国民收入分配特别是人民生活看，由于两国的社会制度不同，这方面表现的差别就最为突出。尽管印度五年计划中，提出发展目标要实现“社会公正”、“消除贫困”、“缓和失业”等，但收效不大。

据印度政府公布的材料，1960 年，生活在贫困线以下的人占全国人口的 38%，约 1.6 亿人；到 1979 年，这一比例提高到 48%，约 3 亿多人。在城市，失业问题很严重。第一个五年计划末，全国失业人数为 530 万人；到 1980 年，即第六个五年计划开始时，失业人数估计已增加到 4 300 多万。

1982年印度大学毕业的失业人数约177万人。另外,在印度城市,一面是高楼大厦,洋房别墅,一面是贫民窟到处可见;一面是贵妇人满身珠光宝气,一面到处是乞丐浪荡。这种社会的两极分化,十分触目惊心。据估计,孟买一地战前的贫民窟不到一百处。现在估计有一千多处。全国的乞丐估计有几百万人。

在农村,由于"土改"基本上失败,除少数地区外,农村土地大部分还集中在少数人手里。据1976年度的调查,13%的大农,拥有土地的57%;而55%的小农,仅占有土地的10.7%;此外,约有1/4的农民连一寸土地也没有。因此,广大农民在地主、高利贷和商人的盘剥下,生活非常困难。据前几年印度报纸报道,在西孟加拉邦、马哈拉施特拉邦和奥里萨邦,有70%的农村人口睡在潮湿的泥地上,许多儿童赤身裸体没有衣服穿。遇到天灾人祸,生活就更加困苦。此外,印度农民还深受种姓制度之害。种姓制度是印度特有的,它在印度教中流行,已经有几千年的历史,是过去社会的遗物。按照这种制度,人生下来就属一定的等级,开始是4个种姓,即婆罗门、刹帝利、吠舍,首陀罗,以后发展了几千个亚种姓。此外还存在4个种姓之外的人,叫贱民。各种姓之间不能通婚,特别是贱民,不能与高种姓的人同住、同吃、同坐,通婚更不成,他们只能做最肮脏、最繁重、最低贱,而工资最微薄的工作,如农村雇工、清道夫、马车夫、鞋匠等。虽然1950年代印度政府宣布废除种姓制度,但农村中变化不大。高种姓的人,一般是地主富农,可以任意迫害贱民,而地方政权一般掌握在财主手里,贱民无处申诉。据印度报道,最近这些年里全国发生的迫害贱民事件,每年有一万多起。

总之,在印度独立的三十多年里,经济有了一定发展,但是广大人民的社会经济状况改善不多。这是印度政府领导人有时也承认的。印度人的平均预期寿命比过去有所提高,但还只有52岁。另一方面,印度大资产阶级的财富膨胀很快。印度有两个全国最大的财团,塔塔财团的资产,1951年只有11.6亿卢比,1980年增加到153.9亿卢比;比尔拉财团的资产,同期从10.4亿卢比增加到143.2亿卢比。政府的统计说明,印度人口中最上层的10%的个人收入,占印度全部个人收入的比重,1950年为33%,70年代末已上升到44%。这就是印度的现实。印度报纸也说:"印度包括两个截然不同的世界——拥有先进技术的、奢侈的、垄断的和剥削的富裕世界同贫困的世界。这种残酷的分界,是印度所有紧张和动乱的根本原因。"①

① 〔印度〕《德干纪事报》,1980年12月10日。

三、如何认识亚洲“四小龙”的高速增长

多数发展中国家的经济发展不如中国内地快，这是事实，但是亚洲的“四小龙”，发展也很快，那里的生活水平比我们好，这如何理解？

确实，1960 年代以来，在发展中国家中有少数国家和地区，一个时期的增长速度很快。一些西方报刊和学者标榜它们是战后资本主义世界出现的“经济奇迹”。这些国家和地区有：拉丁美洲的巴西、非洲的象牙海岸（现名科特迪瓦）和亚洲的“四小龙”。当然，现在巴西已经被它所背上的沉重外债压得喘不过气来；科特迪瓦也因世界初级产品价格的持续下跌，经济一直停滞不前。“奇迹”早就变成了“遗迹”。不过，“四小龙”的经济虽有波折，它们的适应性较强，经济情况还过得去。

据世界银行和其他有关的材料，从 1965 年到 1984 年，“四小龙”的经济年平均增长率大致在 8% 到 10% 之间，外贸出口年平均增长率在 10% 以上，不仅比西方发达国家快得多，也比一般发展中国家快。1984 年韩国的人均国民生产总值为 2 110 美元，中国台湾地区 3 002 美元，中国香港地区 6 330 美元，新加坡 7 260 美元。去年 8 月，我有机会作为北京大学学生辩论队的教练，到新加坡参加“亚洲大专辩论会”。虽然逗留的时间不长，对社会经济状况也来不及很好研究，但新加坡确实是一个美丽的国家，面积不大，但高楼大厦林立，到处绿树成荫，街道整齐干净，人民也很友好，人称“花园国家”。除教育外，重罚也起了点作用。在新加坡如发现随便吐痰，要罚 300 新加坡元，合人民币 500 多元。当然，中国香港发展也很快。维多利亚港两岸高楼矗立，新住宅一片片地建起，人称“东方的明珠”、“购物天堂”。

这些地方为什么这些年发展如此迅速？当然，它们之间的情况也不一样，不过大致说来，有以下主要原因：

第一，特殊的地理环境和历史条件。“四小龙”的面积都不大，资源也不多。如新加坡和中国香港都是小岛，连每天居民的用水也要靠别人供应。韩国，特别是台湾地区发展农业的条件可以，不过工矿资源确实不算丰富。但是，这些地方有一些优势，就是它们都处在战略要冲，都有良好的深水港。如新加坡位于马六甲海峡的入口，是连接两大洋的枢纽，战略地位十分重要。它国土面积只有 600 平方公里，但海岸线 130 多公里，是世界第四大港。香港地区的维多利亚港，是世界著名的天然良港。另外，这些地方都深受东方文化的影响，人民很勤劳。除韩国外，其他三个地方，中国人或华人

占据优势。在新加坡，华人占3/4多，这几年新加坡政府一直在搞推广华语运动，也推广中国的简化字。新加坡领导人说，过去我们受西方文化影响太大，现在应该强调东方文化。

由于特殊的历史条件，这些地方在50年代已经建立起一定的物质基础。新加坡和中国香港都是自由港。英国殖民者把这两块地方，作为从事东南亚国家之间以及和世界各地之间的转口贸易地。因此，这里的商业、服务业和金融业发展已有较长的历史；同时，运输、仓库、通讯等基础设施的条件也比较好。韩国和中国台湾地区，过去是在日本的占领之下。为了掠夺的目的，日本帝国主义也建立了一些工业企业和基础设施。如台湾地区在1945年抗战胜利时，国民党就从日本人手里接管了1 200多家企业。现在中国台湾地区的铁路干线，大都是日本占领时期建立的。特别是1949年，当中国人民革命席卷大陆时，国民党政府又从大陆带去了大批资金、技术和设备。如1949年1月，蒋介石就把40万两黄金运往台湾地区。现在台湾地区的一百多家最大企业集团中，原大陆资本集团占二十多家，占资产的1/3左右。香港工业的支柱之一是纺织业，它发展于1950年代初期，然而资本、技术、设备、甚至一些熟练劳动力，大都来自上海。

第二，有利的国际环境和以美国为首的国际资本的大力支持。大家知道，"四小龙"的经济是在1960年代以后开始"起飞"的，50年代这些地方都还很困难。新加坡到1959年才获得自治。这里有几方面因素，有的对"四小龙"有共同的作用，有的则对某一、二个"小龙"有特殊的作用。

首先，60年代以后，西方发达国家在新的科技革命推动下，生产力有很大提高，国内产业结构必须调整。它们把一些劳动力和原材料消耗多、污染严重的产业转移到发展中国家去。由于亚洲的"四小龙"所处的地理位置好，有一定的工业基础特别是较好的基础设施，有一支有一定素质的廉价劳动力队伍，政局相对稳定，加上对外资进入采取特殊优惠的政策，这就使它们成为外国资本十分理想的投资转移的场所。

其次，从50年代中期起，西方发达国家经历了一个相对繁荣的时期，前后大约二十年左右。这一时期，西方发达国家经济增长较快，失业不多，通货膨胀率较低。与此同时，市场容量就比较大，对外贸易的限制不断放松。由于"四小龙"和西方发达国家有特殊的关系，在这种情况下，发达国家对它们的制成品出口都给予了特殊优惠，使它们所实施的出口导向型经济战略，一开始就有了一个有保障的国际市场。

第三，60年代正是美国侵越战争逐步升级的年代。美国本土离越南又太远,“四小龙”离越南近,沾了不少“光”。“越战”对它们的经济、贸易和旅游业发展,有不少关系。如新加坡工业的三大支柱之一是炼油业,现在年炼油能力已经达到5 000多万吨,但炼油业的发展是在60年代,主要是美国资本,它的兴起和“越战”的关系是很明显的。

最后,美国从侵朝战争失败后,从它的全球战略考虑,采取了在东亚地区全力扶植中国台湾地区和韩国的政策,目的是把这两块地方变成包围社会主义中国的“前哨基地”、资本主义文明的“橱窗”和经济上向东南亚地区渗透的“跳板”。正是在这种“战略”下,从1949年到1980年,美国和其他西方国家给中国台湾地区的援助、贷款和流入的直接投资,总额就达120多亿美元,如加上军事援助和其他当局未担保的贷款,总数在160亿到200亿美元,其中美国占90亿左右。从1945年到70年代末,美国给韩国的援助就达130多亿,加上由美国牵头其他西方国家、国际机构参加的贷款和援助100多亿,再加上日本“战争赔偿”、私人投资,总计在260亿美元以上。这种大规模的“输血”,在其他地方是很少见到的。当时中国台湾地区如以1 800万人口计算,平均每人得到的援助和贷款是1 000美元。这么大数量的资本流入,对经济恢复和发展所起的作用,是可想而知的。

第三,这些地方的“起飞”,跟它们在这一时期实施的经济战略和经济政策有密切关系。

“四小龙”中中国香港有些特殊,港英当局在中国香港一直奉行积极的不干预政策,即当局不搞什么“计划”之类东西,也没有什么国有工业,连港币发行也是交给汇丰银行和渣打银行。当局主要是创造较好的投资环境,如搞些基础设施、搞人力培训。现在也开始注意宏观上搞些控制和调节,来补救自发调节的弊病。但是香港地区的工商企业还是自由决策、自由经营、自由竞争、自由发展的,并根据市场变化灵活应变。

其他的“小龙”情况不同。1950年代都搞过一段进口替代,就是发展本地的制造业,来逐步代替过去的制成品进口。后来它们发现,这种战略对它们不适合,有很多问题。最主要的,一个是国际收支问题越来越严重,因为它们没有什么原材料,石油也完全靠进口,进口替代越来越多,进口的原材料和设备越来越多,但是它们的出口增加很慢,结果赤字就越来越大;另一个是,由于人民生活水平很低,内部市场太小,企业生产的东西销路很困难,这就严重影响它们的效益和发展。面对这种情况,从60年代以后,它们就先后调整自己的经济战略,转变为出口导向型战略。基本内容是,大力引进国外资本和技术,结合国内廉价劳力,充分发挥基础设施好的优势,发展出口加工和装配工业,并通过扩大对外贸易,带动整个经济的增长。

为实施这一战略,“四小龙”相应采取了一些措施,主要有:

1. 实行了一定的社会改良政策。中国台湾地区、韩国对内实施专制统治,同时也推行了一些社会改良政策,其中最主要的是,50年代搞了“土地改革”。台湾地区从1949年到1952年搞了三项内容的土改:“三七五”减租、“公地领放”、“耕者有其田”。后者就是把地主超过限额(3公顷)的土地,由政府以土地债券和“公营”企业股票把它收购下来,再以适当的价格卖给农民。这样的结果是,一方面使封建地主逐渐向工商业转化;同时,又解决了农民的部分土地要求,缓和了农村矛盾,也有利于农业的恢复和发展。韩国也搞了相似的“土改”。

新加坡和香港地区基本上是城市经济,农业的比重很低,也无所谓“土改”。不过新加坡也实行了不少社会改良措施来稳定国内政局。如对有钱人实行累进所得税。对工人和职员实行中央公积金制度和“居者有其屋”的政策。新加坡领导人说,要让新加坡人稳定下来,就要让他有房子住。现在新加坡人有85%住进了政府盖的公寓里,其中75%有了自己的房产。此外,还实行有控制的提高工资和抑制通货膨胀的政策。应该说,这些政策对缓和国内矛盾起了积极作用。

2. 大力加强基础设施建设,改善交通和通讯条件。这方面新加坡和香港地区是很突出的。新加坡的樟宜机场和香港的启德机场,在亚洲是第一流的。新加坡和香港的货柜码头,即集装箱码头,在世界上是闻名的。市内交通也非常方便。电讯业十分发达。

3. 注意行情变化,大力发展对外出口。新加坡和中国香港,都是国际金融中心,信息很快,人们可以通过各种信息手段,很快知道当天世界各地的行情变化,并作出自己的决策。

4. 在加强内部积累的同时,用各种优惠办法来吸引外资的进入。其中包括减免税收、简化手续、提高行政机构办事效率、设立出口加工区、利润和资本的自由汇出等。亚洲第一个出口加工区,是中国台湾地区的高雄出口加工区,创建于1966年。以后在楠梓、台中又搞了两个。韩国和新加坡也有。现在搞第二代加工区,即科学园,如新加坡肯特岗科技园,中国台湾地区新竹科技园,主要是在新的科技领域方面吸引外国投资,政府给予特殊优惠。

5. 积极发展技术和教育事业,注意人力资源的开发。这里包括增加教育和研究经费,重金聘用国内外专家,实行基础教育和重点教育相结合的制度，注意职工的培训和提高。它们为什么这样做？首先是竞争的需要。因为现在国际市场的竞争，就是科技的竞争、人才的竞争。从本身利益考虑，它要求有一支文化素质较好的劳动力队伍。

亚洲“四小龙”在一个时期内出现经济高速增长的原因，大体上就是这些。问题是，它们的发展模式或发展战略，能不能成为其他发展中国家效法的“样板”？我们的改革开放能不能照这条路子走呢？我们认为，尽管它们所采取的措施，我们应该很好地研究，如我们聘请了新加坡前副总理吴庆瑞博士作我们政府的顾问，但是整体说来，它们的模式对中国来说是很难效法的。原因是：

第一，“四小龙”的发展是特殊历史条件和国际环境下的产物，它不是其他发展中国家今天能够效法的。现在的国际政治环境，与五六十年代大不相同，这是明显的。就国际经济环境说，也不相同。60年代西方发达国家处在相对繁荣时期，现在是经济低速增长，失业都很严重。不仅如此，它们都在设法用新技术改造自己的“夕阳工业”，贸易保护主义也越来越严重。还有，西方发达国家不肯增加对发展中国家的援助；国际货币市场贷款利率很高，条件比过去也苛刻，许多穷国根本借不到钱。

第二，这种模式本身有许多不可克服的矛盾。

一个是经济的脆弱性。这个模式的基本特点是大进大出，大量进口，经过加工装配，然后大量出口。原材料和设备基本上靠进口，工业产品的2/3到3/4要出口。因此，这些地方，外贸在国民经济中占有特殊重要地位，是生死攸关的问题。1984年外贸总额与国内生产总值之比，新加坡是288.8%，中国香港地区是185.8%，中国台湾地区是92.6%，韩国是71.9%。外贸对象主要是西方发达国家，特别是美国。这样，这些国家的经济在很大程度上要受制于西方国家特别是美国经济的变动。人们说，西方国家打个喷嚏，它们就要感冒。70年代以来，它们迫于内外原因，也着手产业结构的调整，企图从过去以劳动密集型为主的产业结构，转变为资本密集型和技术密集型的产业结构，但是，这种大进大出的格局并没有改变，仍然受制于西方经济。事实上，70年代以来在资本主义世界发生的两次严重的经济危机中，“四小龙”受到了严重的冲击。特别是1985年，由于出口的缩减，“四小龙”的经济都陷入困难，整个经济增长率只有2.3%，其中中国香港因得益于与内地贸易的发展，经济增长率维持在0.8%，新加坡这一年为-1.7%，这是20年来所没有的。当然，1986年“四小龙”经济又有回升，但主要是一些临时因素，一个是初级产品和石油价格大幅度下跌，使成本降低;另一个是美元贬值。由于"四小龙"的货币是和美元挂钩的,美元汇率的下跌,大大增强了它们产品的出口竞争能力。不过,去年美国宣布今后有些"四小龙"的产品不能再享受"普遍优惠制"待遇;要他们开放市场;要压缩对美国的出口;要他们的货币升值。

另一个是经济上的依附性。由于外资的大量流入,经济就不同程度地受外资控制,这种情况在新兴工业和出口工业中十分严重。如新加坡,1980年外资企业约占新加坡制造业企业的25%,但占制造业产值的74%,占制成品出口的85%,如果再加上合资企业的数字,这一比重更大。外资的流入当然带来一定的资金、技术和销售市场;但也造成经济和技术的依附性,使民族企业处境困难,还有大量的利润汇出。新加坡领导人说过,我们国民收入的很大一部分被外国人拿走了。前两年中国台湾地区报纸也批评说,"由于当局得过且过,眼光短浅,现在连一辆汽车也无法完全以自己的技术制造出来"。

还有一个问题,是社会的两极分化突出。

"四小龙"经济这些年发展是比较快,但应该看到,人民付出的代价是很大的。原因是,它们长期以来一直坚持低工资的政策。在1960年代,"四小龙"一般工人的工资只相当于美国的1/10,日本的1/5。二十多年来,它们的人均国民生产总值增长了一两倍以上,但低工资政策并没有改变。前几年,新加坡政府试图改变这种状况,想通过大幅度提高工资的办法,缩短高工资与低工资的收入差距,并推动企业更快地实现自动化和电脑化。但结果出了问题。你提高工资,外资就感到在新加坡设厂不如在其他地方有利,一些外资开始撤走。应该说,新加坡这两年的经济困难也与此有关。最后,迫使政府只得实施冻结工资,实际上是降低工资和对资本家减税,来刺激经济的回升。

总之,经济的高速增长,使大资产阶级和西方跨国公司的财富迅速膨胀,广大老百姓的生活虽然也有提高,但总的说还是相当艰难的。1986年香港地区一般工资所得者每月工资是2 570多港元,扣除通货膨胀因素,比1981年增加11%,而一般"打工仔"的工资是2 000港元左右。看起来不少,我一个大学副教授的工资折合港币大概三、四百元,但你要考虑香港地区的物价水平和开支结构。你如果想生活稍微好些,或有家庭负担,或生病欠了债,你就只得加班,做两个工。如果老板把你解雇了,或者不幸发生工伤事故,情况就糟了,因为香港没有这方面的社会保障,老板是不管的,完全靠社会救济。有些中国内地的人以为香港是"天堂",迁了过去,但不少人现在很困难,香港报纸报道过不少这方面的事例。

总之,“四小龙”的发展,是特殊条件和特殊环境下的产物,不是其他发展中国家能效法的。更重要的,这种模式有很多不可克服的矛盾。中国是10亿人口的大国,经过三十多年努力,我们已经建成了比较强大的物质基础,广大人民的生活有了很大改善,我们怎么可能去照搬它们的模式呢?

四、中国和其他发展中国家经济发展的前景

大家知道,战后西方资本主义世界发展经历了三个时期:第一个时期是1950年代中期到70年代初,将近二十年左右的相对繁荣时期,特点是增长率较高,失业率较低,通货膨胀也不严重。第二个时期是1974年到1975年世界性经济危机之后,我们叫“停滞膨胀”时期。特点是经济停滞和通货膨胀相交织,增长速度放慢了,通货膨胀越来越严重,失业率大大提高。这个时期国际经济动荡,二次大战时期建立起来的以美元为基础的国际货币体系也瓦解了,各国都先后实行了浮动汇率。第三个时期是从1980年资本主义世界经济危机开始的。这次危机持续了3年,是战后最严重、时间最长的一次危机。危机过后,西方资本主义世界进入了一个不稳定的低速增长时期,特点是经济增长速度很低,通货膨胀也很低,但各国失业率很高,也就是“两低一高”。西方发达国家1980年到1985年平均经济增长率只有2.2%,去年预计是2.5%,但是平均失业率在8%以上;欧洲不少国家达到两位数。西方国家经济上的矛盾很尖锐,大搞贸易保护主义。美国去年财政赤字已达到2200多亿美元,外贸赤字为1700多亿,里根政府一直许诺要减少这两个赤字,就是降不下来,反而越来越严重。更严重的是,美国已经成为世界上最大的负债国,去年净负外债估计总额超过2500亿美元。去年一年倒闭的银行有150多家,是30年代大危机以来所没有的。当然,现在国家的干预与过去大不一样,大危机倒也不一定发生,但问题很严重。一般估计,今后一个时期里,很难摆脱这种低速增长的局面。

由于发展中国家经济对西方发达国家有依附性,加上发达国家以邻为壑的政策,80年代以来,大多数发展中国家处境非常困难,表现出这样一些特点:

一个是同期性。70年代中期西方国家经济衰退时,不少发展中国家特别是原料生产国的经济也受到冲击,但并不是多数发展中国家,至少石油生产国里的不少国家,由于石油大幅度涨价而得到了巨额石油收入。现在情

况不同，不仅低收入国家很困难，中等收入国家日子也不好过；不仅原料生产国、制成品出口国经济情况不好，石油生产国也出现了麻烦。这几年，世界石油市场的竞争很厉害，油价一直在跌。1986年石油大跌价，一下石油收入比前年少一半，这些国家的人均国民生产总值已经连续几年出现绝对下降。波斯湾地区过去有几百万外国劳工在那里工作，现在开始遣送回国。它们的财政支出已大大压缩，并开始动用过去积存的国外资产和储备。

另一个是危机的严重性。对大多数国家来说，是几种经济病症相交织：经济停滞下降；出口情况不好；国际收支困难；外债越来越重；通货膨胀急剧上升；失业问题十分严重。整个发展中国家的年平均经济增长率，1965年到1973年是6.6%，1973年到1980年是5.4%，1980年到1985年是3.3%。虽然这几年它们大多也在进行经济调整，但是在它们现在的经济结构下，调整是非常困难的。现在亚非拉国家各有各的问题和难处。拉丁美洲突出的问题，是外债和通货膨胀太严重。发展中国家的外债，1973年是1 300亿美元，去年突破了1万亿美元，其中拉丁美洲占1/3以上，而巴西、墨西哥两个国家就是2 000亿左右，光付利息就占出口收入的一半左右。最近巴西就宣布停止偿付外债利息，因为继续付下去，国内经济无法发展，政局就无法稳定。还有是通货膨胀，现在西方发达国家是“低胀”，发展中国家是“高胀”。1984年发展中国家通货膨胀率是46.6%，其中拉美国家为144.8%；1985年发展中国家平均上升到49.5%，其中拉美国家是164%，有些国家是四位数。撒哈拉以南非洲国家更困难，不少国家现在谈不上发展，是能否生存的问题。60年代后期以来非洲经历两次大旱，每次都是几年，不少国家饿殍遍地、赤地千里，这真是人类的悲剧，也是殖民主义的罪恶铁证。现在不少非洲国家开始注意农业的发展，这两年又风调雨顺，情况有些缓和，但困难还很大。中东地区除了两伊战争、阿以矛盾、黎巴嫩问题外，经济上集中在石油问题上。从1983年以来，油价持续下跌，原因是石油市场供过于求，但也是西方发达国家与产油国这些年较量的结果，把产油国过去夺回的油价制定权，在很大程度上给动摇了。现在的实际油价已经低于1974年，去年年底虽然回升到18美元一桶，但再要升上去在今后几年很难。过去中东的非产油国也沾石油不少“光”，因为产油国有钱了，它们给的援助也多一些，到产油国当劳工的也不少，现在也不成了。南亚国家这几年比较平稳，但多数国家还是人多，经济基础太薄弱，加上政策体制上的问题，发展快不起来。东南亚地区国家，主要问题是初级产品和制成品的出口问题，去年印尼和马来西亚就很困难。“四小龙”也各有各的难念“经”。韩国除政局不稳外,外债500亿美元左右;中国台湾地区长期以来内部投资意愿低落,通货膨胀压力很大;新加坡经济去年已经回升,但回升的力量还不大;香港地区的信息快,适应性较强,加上"九七问题"解决,人心思定,但科技力量较薄弱,产业结构变化不大,今后面临的竞争会加剧。

从趋势看,发展中国家目前经历的困难,会持续一个相当长的时间。原因是,西方发达国家的低速增长一下不会改变,失业问题也很难解决,这样,贸易保护主义不太可能放松,世界市场的初级产品价格也不可能出现大幅度回升;另外,发达国家对发展中国家的资金流入也不会大幅度增加。现在不少发展中国家不是从发达国家流入资金,而是资金倒流,一个是每年大量的外资利润和利息的汇出;另一个是因国内政局不稳或通货膨胀严重,把钱偷偷存到国外去了。这种状况势必严重影响它们经济调整的成效,影响它们今后一个时期的发展。

为什么发展中国家的经济这几年会出现这么大的困难?外部原因当然是重要的。这就是现在的国际经济关系是不平等的,发展中国家还处在依附的地位,发达国家还不时向发展中国家转嫁困难。但是应该说,内部原因也是重要的。过去不少发展中国家领导人不太承认这点,现在也承认了。为什么同是发展中国家,例如中国,在资本主义世界经济危机中,和它们的处境就不同呢?当然,我们也不是没受外部的影响,但我们的建设仍在高速度地前进。现在,多数发展中国家领导人认识到,过去的发展战略和经济政策有问题,都在调整,在寻找适合自己国情的经济战略和政策,这当然是好事。

现在,世界公正舆论都承认,从党的十一届三中全会以来,由于我们党实施的各项方针政策,特别是改革和开放的方针,我们的社会主义四个现代化建设取得了巨大的成就,我们的社会经济面貌发生了深刻的变化。这短短几年里,我们的经济增长速度之高,人民生活改善之快,在世界上是少有的。

如果说,按西方资本主义世界的标准,在一段时期里,年平均经济增长率能达到10%左右,就是"经济奇迹"。那么,从1981年到1985年,在国际经济状况那么困难的情况下,我们的工农业总产值年平均增长11%,国民生产总值年平均增长10%,这能不能称"经济奇迹"?总之,标准只能一个嘛。

这几年,不仅我们的各项事业都在蓬勃发展,我们的科技事业有一部分已居于世界领先地位或达到世界先进水平,否则,人家怎么会跑上门来,跟你接洽有关代理发射卫星的事。我们不能忘记，三十多年前我们是怎样的国家，难道不应该为自己的成就自豪吗?

更重要的，这几年我国人民生活改善速度之快，确实是建国以来所没有的。从1981年到1985年，扣除物价上涨因素，农民纯收入年平均增长13.7%，城镇职工家庭人均收入年平均增长6.9%。现在谁能否认，这几年人们吃的好起来了，穿的漂亮了?

所有这些巨大的变化和成就，不正说明这些年来我们党的路线和方针是正确的，说明我们正沿着正确的道路前进。我们怎么能因为前进道路上出现一些问题，就轻率地否定大家经过艰苦努力取得的成就呢?

当然，成绩越大，头脑越要清醒，这方面我们的历史教训太多了。现在大家对社会经济生活有些意见，有些忧虑，如通货膨胀问题、大中企业活力问题、知识分子和教师的工资待遇问题，特别是社会不正之风问题等。我想，这些问题应该解决，否则，有些问题发展下去后患无穷。但是，另一方面要看到，这终究是我们前进中的问题。像我们这样一个大国，建设有中国特色的社会主义，是史无前例，谁也没有成套的经验，工作中出现一些疏忽和失误是难免的;另外，由于我们各项制度和法律还不健全，也会有人钻改革的空子。总之，问题应该重视，也可以逐步解决。解决的办法，不是否定我们的改革开放，更不是走回头路。因为中国的历史，战后整个发展中国家的历史都证明了，只有社会主义才能使中国富强起来，使全体中国人民富裕起来。这是历史的经验总结。我相信，只要党和人民一条心，团结奋斗，再过一二十年，我们国家的面貌将会有更大的变化，社会主义中国将会以更加光彩夺目的形象出现于世界，这个历史趋势是不会改变的。

亚洲“四小龙”外向型经济发展战略比较*

亚洲“四小龙”经济战略的一个基本共同点是，它们都实行了以出口导向为内容的外向型战略。可以说，它们是战后发展中国家和地区实行外向型战略的“领头人”。然而，它们在实施外向型战略的进程中，无论在政府对经济的干预程度、战略目标的确定、重点产业的选择、经济活动的主体以及外向型战略实施的深度上，都表现出很大差异。实际上，在“四小龙”实施的战略中，就存在有三种类型或三种模式。它们既有共性，又有特殊性。

一、“积极不干预主义”下的中国香港“经济战略”

一百多年来，中国香港地区一直是国际上的自由港，即在经济上对外完全开放，资本、商品和人员自由进出的地区。从现象上看，战后香港地区的经济发展与其他“三小龙”完全不同，港英当局从来没有制定过什么“计划”，也没有明确提出过经济发展战略。为了确保自由港的地位，长期以来，港英当局以古典学派奠基人亚当·斯密的自由放任主义的经济思想，即自由经营、自由竞争和政府尽量避免对经济干预的思想，作为制定经济政策的思想基石。

港英当局实施的政策，实际上是一种“没有政策”的政策，一种“没有战略”的战略。香港地区的这种经济不干预主义的政策，涉及社会经济生活的各个领域。从经济上说，主要表现在以下一些方面：

1．企业的自由经营。在遵守港府制定的有关法律和法令的前提下，港英当局对企业经营不加干涉，既不对企业的发展以任何资金、税收和价格的鼓励和优惠，也不采取限制措施，完全由市场机制决定企业的沉浮和兴衰。不仅如此，几乎整个经济活动大都放手由私营企业经营，属于港府所有的企事业很少，连港币的发行迄今仍由汇丰银行和渣打银行两家英资商业银行

---

* 原载《北京大学学报》1989年第2期。

办理。[1]

2. 商品进出自由。当局对商品的进出口基本上不加管制,1985 年以来除六类商品(即烟、酒、汽车、化妆品、非酒类饮料和某些碳氢油等)要纳税外,基本不征收关税,故称“无关税区”。进出香港地区的商品,除了履行必要的登记和统计手续,仅对一些违法商品(如毒品)和依法管制商品(如征税商品、战略物资、危险性商品和统制性商品等)予以管制。

3. 黄金外汇经营和流通自由。从 1973 年和 1974 年起,香港当局就先后取消了对外汇和黄金进出香港地区的限制。港币的流通和兑换完全自由。特别是香港地区成为国际金融和黄金交易中心之后,黄金和外汇交易、资金的调进和汇出十分方便,港府对此一般不加限制。

4. 投资自由且税率较低。外国资本与中国香港当地资本一样,可以在香港地区自由投资设厂和开办各种企业,港英当局一视同仁,享受充分的自由,对本地企业没有特殊的保护条例。港英当局只对企业和个人征收一定的公司利得税和个人入息税,税率比其他国家和地区低得多。

5. 自由价格制度。香港地区是资本主义的自由市场经济,因此,绝大多数商品是由企业按照市场需求和企业间的竞争来确定价格的,市场和价格的竞争十分激烈。港英当局只是对公用事业(如水、电、气、交通运输、公立医院、学校等)收费,对少数与市民生活密切相关的一些商品价格(如大米)进行管理和控制。

当然,自由放任主义绝不是无政府主义,或政府什么事都不管,而只是强调私人经济和市场的力量。实际上港英当局的经济政策包括两个不可分割的组成部分:(1) 自由放任,让市场机制促进经济的增长和发展方向,这是政策的基础;(2) 在一些受世界经济影响比较敏感的领域,特别是当香港地区经济出现不稳定时,港英当局就实行适度的干预。用港英当局的说法,香港当局的不干预不是消极的,而是积极的,是“积极的不干预主义”。

1960 年代以后,随着香港地区经济的发展,当局有关部门对经济的管理和干预,就逐渐加强。特别是 70 年代以来,国际货币金融市场动荡不定,西方发达国家经济陷于“滞胀”,贸易保护主义日益抬头,整个国际经济环境变得严峻,港英当局为了保持香港地区外向型经济的繁荣和稳定,对经济生活的干预有加强的趋势。香港当局对经济生活的管理和干预,主要表现在以下三个方面:

---

① 1994 年 5 月 1 日起,中国银行参加港币发行。至此,中国香港地区的发钞银行为三家。

首先,建立比较健全有效的经济管理体制和制定一套作为企业行为规范的经济立法。现在,中国香港经济生活的每个方面都有立法,做到了以法治经济,以法治人。

其次,为投资者创造投资环境,提供各种服务。港英当局为发展经济和吸引投资,直接参与投资并管理部分基础设施;大力发展教育,重视职工的培训;为工业发展提供侧面的支持;为扩大贸易提供信息,开拓市场。

第三,通过宏观经济政策和手段,影响和调节货币和金融市场。在一些对经济稳定发展比较敏感的领域(如利率、汇率、银行体系和金融市场等)以及市民生活安定(如价格和住房等)等方面,港英当局的干预在不断加强。例如,部分商品和劳务的价格是受当局程度不同的管理和控制的,而不是完全听任市场的自发调节。当然,港英当局对部分商品和劳务价格的控制和管理,并不是单纯依靠行政手段,而是利用价值规律,一般保证适当的盈利和收益。因此,就是这类商品和劳务的价格也是不断调整的。

又如汇率制度。港英当局从维护中国香港经济的稳定发展着眼,根据国际货币市场的变化,曾多次调整港元的汇率制度。从 1938 年到 1972 年中国香港作为英镑集团的一员,港币的发行是以存放在英国银行的储备金作保证,实行港元与英镑挂钩,保持固定汇率制度。1972 年 7 月,英镑实行浮动汇率制度,港元改为与美元挂钩,当时 1 美元等于 5.65 港元。此后,美元不断贬值,主要国家货币实行浮动汇率制度,1974 年 11 月,港元也宣布实行自由浮动。1983 年 10 月,面对当时因“九七问题”谈判和国际货币市场动荡对香港经济和港元汇率的影响,港府又实行了有关发行纸币的新措施,再次实行港元与美元挂钩,规定 7.8 港元等于 1 美元的固定联系汇率。

在金融业和金融市场方面,为确保香港地区国际金融中心的地位,80 年代以来,港府对金融业也实施了一系列管制措施。如设立银行公会代替过去的外汇银行公会,规定所有持牌银行必须加入,以加强对利率协议的控制;同时,为打破少数银行的垄断,当局保留有干预银行公会利率协议的权力。1981 年,实施了三级金融体制,即把执行银行职能的机构分为持牌银行、持牌接受存款公司和注册接受存款公司,实行三级管理。明确规定了各类银行业务的界限,并通过提高银行流通资产的限额,控制银行牌照发行,提高银行的素质。此后,不断修改中国香港银行条例,设立专职监管机构,加强对银行资产和业务的监督。此外,港府也常常动员外汇基金,作为有限度干预金融活动的手段。在 1983 年至 1986 年期间,港府曾动用外汇基金先后接管了恒隆、海外信托等几家破产银行,以防止引起连锁反应。

总之，香港当局经济政策的主要目标是明确的，那就是要维护香港地区的自由港地位，促进香港地区外向型经济的发展，并保持香港地区经济的稳定。和其他“三小龙”不同的是它对经济活动奉行的是“积极的不干预政策”——即一种干预与不干预相结合、以不干预为主的政策，以充分发挥市场的调节作用和保持企业的自由经营制度。

二、新加坡经济战略的特点

新加坡是东南亚地区的另一个自由港。和中国香港一样，近三十年来，它已经由一个主要依赖贸易为生的岛国，改造成为一个以现代工业为核心的多元化的国际经济中心。在经济政策和经济运行上，和香港有许多类似之处，然而，新加坡与香港又有很大的差别。最大的不同是，新加坡是一个独立的主权国家。为了维护民族权益，发展民族经济，新加坡政府对经济生活的干预比中国香港要大得多；和香港的“没有战略的战略”不同，为了改造落后畸形的经济结构，实行经济的多元化，新加坡并不拘泥于经济发展的某种特定模式，而是从实际出发，根据不同时期国内和国际经济环境的变化，确定不同时期的发展模式和发展重点。大体说来，新加坡经济战略的实施，可以分为两个时期。

第一时期，从 1959 年到 1967 年。这是新加坡的经济恢复时期。在这一时期内，新政府在一定程度上实行了内向的“进口替代”战略。

为了解决当时存在的转口贸易衰退和国内严重的失业问题，新加坡这时工业化的重点，是优先发展劳动密集型的“进口替代”工业，并于 1961 年起与当时的马来西亚联邦就两国合并问题举行谈判。在发展工业方面的主要措施是：

1. 1959 年颁布和实施了《新兴工业法》和《工业扩展法》两个法令，以减免税收来吸引投资者投资于新兴工业，并在进口关税上予以一定的保护。

2. 为扶植“新兴工业”的发展，实行了部分贸易保护。1960 年后，新政府逐步增加了课征进口税的范围，并规定了进口限额。到 1965 年，在进口的近 2 200 种商品中，征税商品约 400 种；关税收入也由 1960 年 1.9 万元，增至 1965 年的 410 万元。但是，考虑到继续维持新加坡的自由港地位，规定的进口税率比周围国家低得多，整个制造业部门的平均名义税率仅为 5%。

3. 1961 年，新加坡自治邦政府制订了第一个经济发展计划。同年，成立了经济发展局,具体任务是负责执行经济发展计划,促进国内外投资,并对工业企业提供资金、技术等方面的援助。这一时期当局的另一项重大决策是,确定在新加坡的西南部裕廊开辟新工业区。该地濒临海岸,港口条件好,原是一片野草丛生的沼泽区。1961 年成立裕廊镇管理局,目前已成为新加坡最大的工业发展区。与此同时,新加坡政府集中资金,大力加强社会经济基础设施的建设。

"进口替代"战略的实施,对新加坡的经济恢复起了一定作用。但是,到 60 年代中期,这一战略受到两个方面的冲击,而不得不中止实施。(1) 1963 年新加坡加入了马来西亚联邦,原指望以马来西亚作为进口替代工业发展的国内市场,然而,由于种种原因,这一目的不仅没有达到,新加坡在政治上和经济上还蒙受了很大损失。在这种情况下,1965 年 8 月,新加坡被迫退出,并宣布成为独立国家。(2) 1966 年英国政府决定从苏伊士运河以东撤军后,正式宣布从新加坡撤走英国驻军。由于英军在新的海、空军基地的军费开支占新加坡国民生产总值的 20% 左右,有近 4 万名新加坡人为基地服务,因此,这一决定给新加坡经济带来沉重的压力。这样,新加坡政府一面提出一个"反经济衰退计划"(1968—1971 年),通过发行债券和向国外贷款,筹集资金,用于建立国防和经济建设;同时,又当机立断地实行经济战略的转变。

第二个时期,从 1968 年到现在,推行外向的"出口导向型"经济战略。这一时期又分两个阶段,1979 年以前为经济扩展阶段;1979 年以后,是新加坡的经济重组阶段。

作为经济战略转变的标志,1967 年底,新加坡政府颁布了《经济扩展奖励(豁免所得税)法》并决定于 1968 年实施。与 1959 年法令不同的是,新法令突出了对出口工业的奖励。凡获得"新兴工业"企业地位的,除按原规定享受 2—5 年豁免所得税优惠外,如果该企业产品的 20% 以上用于出口(或价值超过 10 万新元)的,优惠期限可进一步放宽;而且,凡输出新产品到任何市场或输出任何产品到新市场者,均可享受优惠。此外规定,凡外国公司或个人贷款给本地企业的购置设备、数额不少于 20 万新元者,经批准,贷款所得免于征税;付给外国公司的专利费、研究发展费等,所征税率由 40% 减为 20%。70 年代后,由于国内就业问题基本解决,开始出现劳力短缺情况,为此,丁 1970 年和 1975 年曾两度修改了 1967 年法令,目的是鼓励资本和技术密集型工业的发展。

在这一阶段采取的其他重要措施是:

1. 建立了一套吸引和优待外资的办法,并于1968年开辟亚洲美元市场,以大力引进国外资本,促进国际金融业的发展。

2. 继续扩建裕廊工业区,建成一个包括冶金、造船、化学、炼油、电子和一些轻工业在内的综合工业区;同时在各地相继建立起一些行业相对集中的工业区。

3. 大力发展对外贸易。1968年政府设立国家贸易公司,主要任务是努力开辟国外新市场。1969年在几个港区设立自由贸易区,以加强转口贸易。同时,继续大力发展社会经济基础设施。根据新加坡政府1972年制定的公共工程计划(1973—1977年),总开支达258亿新元,主要用于发展交通通讯、公用事业、工业区发展和住宅建设。为了适应资本和技术密集型工业发展的需要,1968年开始改革教育,大力发展工艺技术教育。

应该说,从1968年到1978年,这11年是新加坡经济增长十分迅速的时期。同时,随着工业化的进展,新加坡已经形成以制造业为中心的多元化的经济结构。然而,在70年代后期,新加坡也面临着两个方面的挑战。国际上,西方发达国家经济陷入"滞胀",贸易保护主义抬头;东南亚地区其他国家的工业逐渐发展,市场竞争日益尖锐。在国内,劳工短缺导致大批外籍劳工进入,增加了社会不安定因素;随着经济的发展,社会两极分化扩大。面对这一形势,新加坡于1979年年中提出"第二次工业革命",对国民经济进行为期10年的重新"改组",目的是使整个经济转移到先进科学技术的基础上来。

为实现工业发展的新战略,新政府采取了不少措施,如对投资于高技术、高工艺、高增值等有出口竞争能力的新兴工业企业,给予更多的税收优惠和其他奖励。为鼓励开展"研究和发展"工作,规定可双重扣税,享受投资津贴;政府也设立5 000万新元的研究和发展大宗拨款计划,扩大对"研制"项目的补助。1979年起,政府在国立新加坡大学附近兴建"肯特岗科技园",为投资者投资于新科技研制提供特殊优惠的场所。从1979年起,大幅度提高工人工资,以推动企业减少劳动力,采用机械化和自动化;同时,大力加强科技教育和人力培训。

80年代以来,新加坡新战略的实施遇到了困难,并在1985年出现自独立后第一次经济的负增长,新加坡政府正积极采取对策,克服前进中的困难。

综观二十多年来新加坡和中国香港地区的经济发展进程,可以看到,两地产业结构转变的动力有很大的不同。后者主要依靠客观环境的变化和市场机制的作用,港英当局只是为这种发展排除一些困难和障碍;而在新加坡,政府在这种转变中起着主导的作用。新加坡在不同时期实施过不同的战略,但其中心目标始终是围绕改造新加坡经济结构展开的。当然,新加坡政府的干预,同样坚持以经济和法律手段为主,尽量避免采用行政的和强制的办法。

三、中国台湾地区和韩国"双向型"的发展战略

中国台湾地区和韩国同样实施外向型的发展战略。但是,它们和香港、新加坡显然不同,后者是自由港、城市型的国家和地区,整个经济与世界经济的依存度很高。台湾地区和韩国,虽然在地理环境、资源状况、历史条件、文化传统、人民的勤劳和创造能力等方面,与新加坡和香港地区有许多共同或相似之处;但是,它们不仅幅员较大,人口较多,而且农业在国民经济中占重要地位。

台湾地区和韩国在发展战略上也有自己的特点。在20世纪50年代都经历过一段内向的进口替代阶段。60年代前后,它们又都转向出口导向战略。与此同时,它们并没有完全放弃进口替代战略,而是在以外向型战略为主的基础上,把外向发展与内向发展结合起来,逐步减少贸易保护,放松外汇管制,实现商品和资金流动的自由化和国际化。

到1952年,中国台湾地区经济已经恢复到战前的最高水平,粮食产量为战前最高产量的112%,严重的通货膨胀开始下降。但是,情况仍然很困难。生产水平低,而人口迅速增长,导致除食品外的其他物资供应非常紧张,失业队伍十分庞大。当时的迫切任务是,扩大就业,解决人民的基本需要,并逐步实现岛内的工业化。台湾当局接受在大陆失败的教训,走了一条从发展农业入手,相应地发展轻工业,逐步以自产的制成品代替进口工业消费品的内向型进口替代工业化的道路。为此,台湾地区当局采取了一些相应的措施,主要是:

1. 在土地改革的同时,大力发展农业,提出"以农业培养工业,以工业促进农业"的方针。在台湾地区第一个四年计划(1953—1956年)和第二个四年计划(1957—1960年)期间,农业生产年平均增长率达5%和4.2%,从而为工业化创造了有利条件。

2. 积极发展以纺织、食品为中心的替代进口工业。头两个四年计划期间,工业年平均增长率为11.7%和12%。一些重要的日用消费品,如食品、

饮料、烟草、纺织品、木材制品、纸张、非金属矿产制品、自行车等,已能基本满足需要。

3. 实行保护关税和进口管制。为保护岛内消费品工业的发展,台湾当局对进口货物实行分类管理办法,其中包括禁止进口(如武器、麻醉药品、酒类和台湾地区能满足需要的产品,一律禁止进口)、管制进口(岛内已有生产或代用品,产量又较充裕的)和准许进口三类。即使是准许进口类,当局也有权指定外汇来源、采购地区、货物等级和价格以及进口人。与此同时,又规定进口商在进口之前,要用相当于所需外汇的新台币作为预存保证金;并对不同商品的进口征收不同的关税,对一些制成品和奢侈品征收高额关税。

4. 在货币和汇率制度上,针对当时已经崩溃的货币制度,宣布实行“货币改革”,改用新台币,汇率为1美元=5元新台币;开始实行复式汇率。同时颁布《台湾省进出口贸易及汇兑金银管理法》,使中国台湾地区金融和外汇成为“独立”制度,对进出口外汇采取申请制度,管制十分严厉。1951年4月,进一步推行复式汇率,“官汇”大幅度贬值,由过去1美元=5台元改为10.30新台元,结汇证价格为15.90新台元。1953年7月为抑制进口需求的膨胀,成立台湾省外汇贸易审议小组,实施进口配额制度,把15.90结汇证汇率改为基本汇率,另订新的结汇证汇率。到1958年4月外汇改革时,复式汇率已有10多种,最低1美元=10.25台元,最高1美元=40.05新台元。

在整个进口替代战略实施期间,台湾地区经济实现了一定的增长。然而,到1950年代后期,一系列矛盾开始干扰中国台湾地区经济的继续前进。(1)当时台湾地区的消费水平不高,人均收入仅100多美元,轻工、纺织、服装等非耐用消费品生产很快达到了极限,生产和市场的矛盾日益突出。(2)由于岛内资源不足,不少原料、能源和设备要依靠进口。从1952年到1958年,外贸年年赤字,出口总值仅相当进口总值的62%。(3)美国援助在第一个和第二个四年计划期间,占投资额的40%以上。但1960年美国宣布,美援将由赠款改为贷款。在这种情况下,台湾当局被迫实行了战略转变,即从内向型的发展战略,转到外向型发展道路上来。为此,台湾地区从1958年起,先后实施了一系列改革措施。其中主要包括:

1. 变限制进口为以鼓励出口为主的贸易政策。为鼓励出口,台湾当局对出口商品实行退税,退税的范围由最初的关税扩大到其他捐税。同时,建立出口补贴制度;简化进出口和结汇手续;建立保税仓库和保税工厂;在生产技术、出口检查、市场研究和对外展销等方面设立专门机构,对出口商提供支援。

2. 在金融和外汇方面，从1958年4月到1963年9月，先后4次对外汇交易管理进行改革，以放松管制，鼓励出口。改革取消了结汇证，建立单一汇率制度；台币进一步贬值，由过去的24.58台元，改为40.03台元=1美元，以清除外汇管理上的弊端；向出口企业提供外销优惠贷款；取消外汇分配比例及进口申请保证金存款；允许出口商和出口企业从所得外汇中，保留为进口原料和设备所必需的外汇并拥有出售进口权利的特权。

3. 在促进投资方面，台湾当局自1950年代以来一直采取谨慎的财政货币政策，维持财政收支的基本平衡，控制通货发行，以保持物价的基本稳定；另一方面，又通过利率和信贷杠杆，促进内部储蓄和投资的增长。

在吸引外资上，台湾地区于1951年就颁布了《自备外汇输入物资举办生产事业办法》、《华侨回国投资条例》等多项开放外来投资的条例。1960年又制订《奖励外国投资条例》，修改和放宽了投资范围，规定外资5年免税、利润可全部汇出等优惠，以鼓励华侨和外国人来台投资。

在这一时期，为吸引外资，中国台湾地区在东南亚地区最先搞起了出口加工区。1965年公布了《加工区管理条例》，并在高雄设立筹备处，接受投资申请。1969年又先后在楠梓和台中设立另外两个出口加工区。加工区的设立，在引进外资和国外技术，扩大就业，扩大出口、增加外汇收入和促进岛内经济发展等方面，起了一定作用。到1985年，3个出口加工区已有200多家工厂开业，就业人员7万多名。从1966年到1985年累计投资4亿多美元，其中侨外资占80%。在此期间，累计外销金额153亿美元，外贸顺差70多亿美元，占这期间台湾地区外贸顺差的23.5%。

战略的转变，给中国台湾地区经济注入了新的动力。不仅原有的轻工业获得进一步增长，电子和电器等耐用消费品出口工业也发展很快。70年代后，基本上扭转了外贸长期赤字的情况。工业品出口比重已由1958年的14%上升到1972年的83%。整个产业结构中，农业的比重由1958年的30.8%，下降到1972年的14.9%；同期，工业由23.7%上升到38.9%，其中制造业由15.3%上升到31.1%。

70年代中期以后，台湾地区经济又面临新的问题。(1) 由于它是出口加工型经济，1973年第一次能源危机和1974年接踵而来的西方经济危机，对台湾地区经济带来严重影响，增长率出现下降，物价再度上升。(2) 东南亚地区周围国家都在积极发展工业，使出口产品的竞争加剧。(3) 重化工业基础薄弱，对外依赖严重。上述情况，促使中国台湾地区当局从第六个四年计划(1973—1976年)起,在继续发展电子、电器、轻工、纺织、成衣等行业的同时,开始加强资本和技术密集型产业,如炼油、石化、钢铁、造船、运输工具、机械等,并进一步加强岛内的基础设施,以克服生产发展中的“瓶颈”现象。

这十多年来,尽管国际经济环境变化无常,台湾地区经济也时有起伏和挫折,但是,台湾的经济和贸易获得了长足的进展,经济结构的改组速度也在加快。特别是1986年和1987年两年,台湾地区的生产、贸易、国际收支、外汇储备等方面,出现前所未有的上升势头。1987年底,中国台湾地区官方持有的外汇储备已达750亿美元。目前,在美国的压力下,也出于自身的需要,台湾地区当局正在加速经济的自由化和国际化进程。一方面,进一步扩大公共开支,加速一些大型项目的建设;进口的关税和限制进一步减少。另一方面,外汇管制大大放松,对外投资得到鼓励,贸易对象也在积极地朝多边化方向发展。

1953年朝鲜停战后,韩国由战争时期转入和平时期。这时,韩国当局提出“复兴经济”的口号,目标是企图通过内向型发展,逐步建立巩固的自立经济的基础。为此,制定了“韩国经济重建五年计划”,并采取了一些相应措施。

这一战略的实施,对当时的经济恢复起了一定作用。从1955年到1961年,韩国的国民生产总值年平均增长3.9%(按人口平均的国民生产总值年增长率为1%),其中制造业增长9.2%,建立了一些面粉、制糖、纺织、水泥、玻璃和纸张等小工业企业。当时韩国经济仍然是很困难的,国内积累率1961年仅3.9%。外贸逆差很大,通货膨胀率很高,失业比较严重,加之李承晚集团只顾争权夺利,内部腐败无能,终于爆发“四月人民起义”。李承晚下台不久,在美国策划下,1961年5月朴正熙集团发动军事政变上台。朴政权吸收过去的教训,从1962年起实施了一系列政治和经济的改革。

在经济上,韩国政府于1962年实施第一个五年计划(1962—1966年),明确提出实行“出口主导型经济开发战略”。这一战略的基本内容是,在“出口第一主义”的方针下,建立以出口贸易为中心的经济体制,把经济活动中心由以国内市场为主转为以国际市场为主,以出口来带动经济增长。为实行经济战略的转变,朴正熙当局采取了一系列相应的政策:

1. 1962年实行货币改革,发布“紧急货币措置法”,把圜币改为元币,10圜等于1元。1964年实行韩国元大幅度贬值,把130元等于1美元,贬值为256元等于1美元,使汇率恢复到1961年的水平。

2. 建立一整套奖励出口的措施,包括出口减税,用于出口的原材料进口实行减税和退税，提供出口优惠信贷，建立进出口联系制度和出口目标制度，并组织官方支持的"韩国贸易促进会"。由于韩国劳动力成本低，产品价格便宜，它的产品很快打入了发达国家的市场。

3. 1964 年通过和实施建立出口基地的法令，组织专业化生产，以提高竞争效率。如以造船为主的蔚山工业区，以电子工业为主的龟尾工业区等。其中包括 70 年代建立的马山和裡里两大出口加工区。

4. 改进财税体系，实行利率改革。政府一面从企业和国民中获得更多的税款；一面尽量减少一般行政费用，增加经济开发支出。1965 年实行的税制改革，使 1961 年到 1976 年税收增加了 60 多倍。与此同时，当局于 1965 年 9 月实行利率改革，大幅度提高银行存款利率，以促进储蓄和抑制非生产目的的贷款。由于当时定期存款利息提高近两倍，国内储蓄很快从 1964 年的 55.9 亿元，增至 1975 年的 1 636 亿元，11 年增加了 31.5 倍。另一方面，为扶植大型企业集团发展，政府给予税收、资金和外汇方面的种种优惠。

5. 1962 年起，韩国政府颁布了一系列吸引外资和从国外借款的法令。如 1960 年首次公布《外资引进促进法》，规定了投资范围、优惠措施和保障办法。1962 年又颁布利用长期商业贷款的《特别措施法》。1966 年通过修改后的《外资引进法》，改变了早先对外国直接投资进入的严格限制。同年 12 月，又成立了管理外资的"对韩国际经济协力会"机构。1970 年随着马山出口加工区的成立，又颁布了《输出自由区设置法》。这一切，使外国直接投资的进入开始增加。

在 70 年代中期以后，韩国政府面对新的国际经济环境，为突破发达国家对劳动密集型产品的贸易保护，继续保持经济增长，实现经济上的自立，从第三个五年计划起，就提出在轻工业发展的基础上，把经济发展的重点转向重化工业，大力发展钢铁、造船、汽车、机械、电子和石化等工业。为此，韩国政府在发展"出口主导型"经济的战略下，在财政、货币、金融、外贸和外资等政策方面，实行了相应的调整。尽管 70 年代后期，由于重化工业发展步子过猛，政策上出现一些失误，造成工业和农业发展失调，财政赤字增大，物资供应紧张，物价增长过快，外债迅速膨胀等情况，迫使韩国政府对经济进行调整；但是，到 80 年代初，韩国的重化工业终于奠定了比较坚实的基础。在制造业产值中，轻重工业的比重（以 1970 年固定价格计算），1953 年为 85.8%∶14.2%，1981 年已改变为 50.5%∶49.5%；在出口产品构成中，重化工业比重 1970 年不到 10%，1982 年增至 54%。

由上可见,中国台湾地区和韩国在发展模式上有很多相似之处:

1. 它们在经济腾飞前,有相同和近似的历史文化背景:在20世纪50年代,都实行过一段内向的进口替代战略,并在很大程度上依赖美国的援助;60年代前后,它们又都先后转入以发展出口加工和装配工业为主的出口导向型战略,并通过广泛吸收外资和促进内部储蓄的办法,加快投资的增长;70年代中期前后,面对内外新的环境,它们又程度不同地转向发展重化工业。

2. 在实行出口导向的外向型发展战略的同时,它们并没有完全放弃对传统产业(如农业等)和新兴产业(如重化工业)的适当保护。实际上,它们实施的是“双向型”的经济战略和政策,即对与出口有关的生产制定了相当于自由贸易体制的一套办法;同时,对满足内部需要的工业、新兴工业和传统产业,则通过关税和其他限制措施,给予一定保护。如中国台湾地区70年代前的关税收入,均占当局收入的12%—16%;1971—1979年,关税收入约占当局收入的20%左右。直到1986年,中国台湾地区还有500多项商品的名义关税在50%以上,约1 000项商品的名义关税在30%—50%,两项合计约为进口商品总数的37%。此外,1987年前始终存在比较严厉的外汇管制。

四、“四小龙”外向型战略的比较

对亚洲“四小龙”的经济战略的分析表明,它们的外向型战略都是以发展出口加工和装配工业为主的出口导向型战略。它们的基本特点是:“大进大出”、“两头在外”。这是由“四小龙”本身资源贫乏和内部市场狭小所决定。1960年代当时有利的国际经济环境——西方发达国家经济的相对繁荣,和世界市场的扩大,新技术革命带动的发达国家产业结构的调整,初级产品和原油价格的长期不振等,又为“四小龙”外向型战略的实施创造了条件。

与此同时,从“四小龙”实施外向型战略的进程中,也可以看到它们之间也存在着不少差异。这表现在:

1. 在处理国民经济各部门的相互关系上。中国台湾地区是走一条先农后工、工农并重的发展道路;韩国则采取牺牲农业、发展工业的做法。在工业内部,中国台湾地区是在轻工业充分发展的基础上,主要依靠内部积累,逐步发展重工业;韩国则是轻工业发展到一定程度后,就集中财力,甚至不惜大规模举债,发展重化工业。至于香港地区和新加坡,农业并不占重要地位，它们原是贸易性的经济结构，1960 年代后转变为工业型的工业结构，70 年代后金融和服务业又获得迅速发展，逐步形成为以工业为基础的综合型的国际经济中心。在这一转变中，新加坡的工业正积极朝高科技工业发展；而香港基本上仍停留在劳动密集型的一些工业上。

2. 在资金的筹集上，亚洲"四小龙"都注意对内运用财政和金融手段，加强资金的积累。不过，新加坡、香港和中国台湾地区比较注重经济增长和稳定的关系，在财政和货币政策上比较谨慎；而韩国在很长一个时期采用赤字财政和通货膨胀的政策，从而使物价的上涨经常维持两位数的增长，加剧了社会内部的紧张。在外资利用上，香港地区、新加坡一直以利用外国直接投资为主；韩国则相反，为实现经济的自主发展，主要利用国外贷款；中国台湾地区则两者兼用，但由于内部储蓄上升较快，外债的数量并不大，1987 年台湾地区的侨外资投资总额为 73.5 亿美元，而积欠的外债仅 14 亿多美元。

3. 在经济活动的主体上，中国台湾地区和香港地区都以中小企业为主。所不同的是，台湾地区各种类型的"官营"企业实力较大，而香港当局从不插手制造业。韩国从 70 年代起，积极仿效日本，采取大力扶植综合商社的政策。这些大型企业集团分别管辖十多个到几十个企业，在海外广设分支机构。它们不仅生产和出口商品，还兼营劳务和资本输出。这些大型综合商社在韩国经济中起着主导的作用。至于新加坡，当地资本主要是中小资本，在新加坡的制造业、金融业和对外贸易中，起主要作用的是外资企业和外资合资的企业。

4. 在政府的干预程度上，香港当局实行的是自由放任的"不干预政策"，强调市场机制和自由企业制度，当局只是为维持经济的正常运转进行适度的干预；韩国是另一个极端，对市场有较大的控制，并带有强制性。这一点在发展重化工业和实现企业的规模经济等方面，表现十分突出。中国台湾地区和新加坡则处于两者之间，对经济进行必要的干预和控制，但又具有较多的选择性，注意竞争和市场机制的作用。

5. 从实施外向型战略的深度上，香港是彻底的外向型经济；中国台湾地区和韩国则是双向型的经济战略，以出口导向为主，但不放弃对内部某些产业的保护；新加坡作为一个自由港，在经济的自由化和国际化方面更靠近香港，但对某些产业和本国的中小资本又给予必要的保护和扶植。

当然，上述差异也不是一成不变。事实上，1980 年代以来，香港当局面对动荡多变的国际经济环境，正在逐渐加强对经济的干预；而中国台湾地区，特别是韩国，近年来提出经济自由化、国际化的口号，逐渐减少政府的强制性干预，加快经济的调整；在处理各经济部门的关系上，台湾地区正加快重化工业或高科技工业的发展，而韩国则开始重视农业的多样化经营。此外，鉴于过去的外债负担，韩国正调整政策，一面对外国直接投资采取更加开放的政策；同时注意内部储蓄和外汇创收的增长。“大进大出”、“两头在外”的发展模式，也不是完美无缺的。主要问题是，受世界市场波动和发达国家经济政策的影响较大，也增加了对西方发达国家在资本、技术和原材料等方面的依附关系。然而，如果从亚洲“四小龙”发展经济的路径和实绩看，这又是它们加速经济发展的必然选择。

东亚"四小龙"的崛起及其在国际中的地位*

——兼论中村哲教授的"中等发达资本主义国家论"

1995年是世界反法西斯战争胜利50周年。在过去的半个世纪里,世界发生的急剧变化,是人们始料不及的。在政治上,战后的两极格局体制已经瓦解,世界正朝着多极化方向发展;经济上,美国的经济霸权也已衰落,形成了美、欧、日三足鼎立之势。从两种社会体制的发展看,发达资本主义国家经历了战后20年的大发展,已陷入长期的结构性的低速增长状态;社会主义曾一度生气勃勃,现在正遭受暂时的挫折,多数国家急速向资本主义转变;广大发展中国家在经历1980年代空前严重的发展危机之后,目前还在进行着艰苦的调整。在这深刻的世界结构性变化中,令人瞩目的是东亚"四小龙"的崛起,形成了一个新兴的工业化经济群,而且,这一群体有可能继续扩大。

在这种情况下,这些年来各国学者和一些国际机构,以极大的兴趣研究东亚"四小龙"这一新兴工业化经济群是如何实现工业化的?这一经济群有哪些特点?在世界资本主义发展中,它们占有什么地位等问题。日本东京大学中村哲教授提出的"中等发达资本主义国家理论",以其独特的理论思考给人以深刻的印象。

一、东亚"四小龙"的经济"腾飞",是多重因素综合作用的结果

二次大战后,前殖民地附属国独立后能不能实现资本主义工业化,建立资产阶级专政的资本主义社会?这个问题,在20世纪五六十年代的中国学术界,是持否定态度的。[①] 60年代后,在国际上掀起的"依附论"思潮似乎也

---

* 原载北京中日文化交流史研究会编:《论东亚经济的现代化》(论文集),东方出版社1998年版。

① 当时的理论依据,是毛泽东同志在1940年发表的著名的《新民主主义论》。该文指出,当时的国际和国内环境不允许殖民地半殖民地独立后再走资本主义的老路。

表达了类似的看法。他们认为，在今天世界资本主义体系中，由于“外围”国家的经济受中心国家的支配，而它们的利益又是根本对立的，因此，只要不打破这种依附关系，走自力更生的发展道路，就不可能打破自己的不发达状态。

现在看来，上述观点虽然在揭露西方发达国家垄断资本的本质方面有积极的一面，但却有很大的片面性，即都存在三个估计不足，这就是：

1. 对第二次反法西斯战争胜利的深远影响估计不足，特别是它在唤醒殖民地人民觉醒，推进战后民族独立运动高潮方面的重要的“催化剂”作用。正是在这基础上，旧殖民体系瓦解了，形成了独立的民族国家体系。列宁曾提到，“民族国家无疑是保证资本主义发展有最好的条件”①。

2. 对战后第三次科技革命的影响估计不足。战后社会生产力的高度发展，不仅使发达资本主义国家的社会生产关系发生了较大变革；而且，从经济增长和产业结构调整的利益出发，迫使发达国家在一定程度上调整了与发展中国家的经济关系。另一方面，科技的进步，也使发展中国家有可能利用机遇，加快发展，缩小与发达国家的距离。

3. 低估了在国家垄断资本主义条件下资本主义的生命力。今天发达的资本主义国家虽然陷于长期的经济结构性萧条，但它还有较大的发展余地；更重要的，对广大发展中国家来说，资本主义还是先进的生产方式，它的发展有利于生产力的发展，有利于改造前资本主义经济关系，因此它有进步性。

因此，东亚“四小龙”的崛起不是偶然的。它是在战后历史条件下多种因素作用的产物。

从自然环境和历史条件说，东亚“四小龙”与其他发展中国家比较，并无多少特殊之处。地少人多，人口密度高，工矿资源十分贫乏。从生产要素说，它们具有的比较优势是：(1) 地理位置重要，有很好的港口条件，这是它们发展对外经济交往的有利条件；(2) 有悠久的历史文化传统，在近代，又较早地吸收了西方文化，造就了一支有较高素质的劳动力和企业家队伍。

这里的问题是，东亚“四小龙”都经历了殖民统治，能否说，殖民统治促进了当地资本主义的发展？

英国和日本殖民者为掠夺的需要，在殖民过程中确实在“四小龙”兴建了一些基础设施，开办了工厂和银行，传播了西方的技术和文化，从而在客

① 《列宁选集》第2卷，人民出版社1960年版，第439页。

观上瓦解了当地的自然经济,促进了资本主义发展。这也就是马克思在谈到英国统治印度的结果时所说的“破坏”和“建设”的双重作用。但是应该指出的是:(1) 殖民者所做的一切都是从自己卑鄙的利益出发的,它给殖民地人民带来的是巨大的苦难;(2) 殖民者从本国的利益出发,又总是千方百计地排挤和抑制当地资本主义的成长。直到1950年代初,中国香港和新加坡只是一个转口贸易港、韩国和中国台湾地区是以农业为主的社会。当时,拉美一些国家的人均GNP,比韩、台要高几倍到10多倍。因此,殖民主义客观上促进当地资本主义的作用是十分有限的。

战后的国际政治经济环境,确实在60年代后东亚“四小龙”经济崛起中,起了不可忽视的作用。这是和美国战后的全球战略,和整个资本主义经济发展的经济轨迹密切联系的。表现在:

1. 在两极格局体制下,美国对包括中国在内的社会主义国家推行全面“遏制”的战略。“四小龙”特别是韩国、中国台湾地区的特殊位置,无疑受到美国的重视。为把它们建成东亚地区“不沉的航空中国母舰”和“经济橱窗”,美国等西方国家提供了大量的援助和贷款。

2. 战后20年的资本主义大发展,使发达资本主义国家贸易壁垒相应减少。由于“四小龙”与美国之间存在的特殊关系,在此期间,它们的出口受到特殊的优惠。不仅如此,1960年代后长达10年之久的美国侵越战争,也成为东亚“四小龙”经济起飞的特殊机遇。

3. 更重要的是,在六七十年代,发达资本主义国家曾经历两次产业结构调整。由于“四小龙”良好的投资环境和较早实行开放的经济政策,使它们成为发达国家跨国公司转移产业的理想地区。

此外,60年代的东南亚华人资本流入和廉价能源都是东亚“四小龙”起飞的有利的外部条件。

但是,如果说这些外部环境是造成东亚“四小龙”经济腾飞的决定性条件,也是言过其实。环境因素是重要的,但终究是外在的他变因素。否则,为什么六七十年代许多与“四小龙”条件相似、或经济技术基础更好的一些拉美和东南亚国家,未能实现预期的工业化目标?因此,我们必须进一步探索东亚“四小龙”经济“起飞”的内在的自变因素,这就是它们的体制和战略政策的因素。

二、东亚"四小龙"发展模式的基本特点

中村哲教授认为,东亚"四小龙"实现工业化国家的国际环境以及它们与发达资本主义国家的工业化比较,都有一些特点,如更多地依赖世界市场和跨国公司的资本,因而对发达国家在贸易金融上有较大的从属性;在政治体制上,它们大多采用专制政治体制(或称权威主义体制),以国家推进资本主义的现代化等。无疑,这些看法是正确的。但是,对"四小龙"工业化过程中实行的"发展模式",似乎论述较少。

对一个国家或地区经济发展起决定作用的因素是,建立什么样的经济体制和推行什么样的经济战略与经济政策。战略要解决的问题是,如何实现经济的稳定、均衡和有效的增长;如何实现经济增长和社会发展、环境保护相协调的可持续增长。为此,就要实施相应的产业政策、财政货币政策、外贸外资政策、收入分配和人口政策、科技和教育政策等。经济体制要解决的是建立适当的产权结构以及实现资源有效配置与经济均衡的协调和决策结构,它们是为经济战略目标服务的。

无疑,东亚"四小龙"由于历史、文化、资源、环境以及原有经济水平方面的差异,它们的发展模式,实际上是很不相同的政策和体制要素的结合。例如:(1) 在和世界经济的结合上,中国香港地区和新加坡是自由港,是彻底的外向型经济;中国台湾地区和韩国 50 年代曾经历一段内向发展,60 年代后转向外向发展,但迄今并未放弃对某些产业的保护政策。(2) 在资金筹集上,"四小龙"都注意对内利用财政和金融手段积累资本,但新加坡和港、台比较注重增长和稳定的关系,而韩国一度实行赤字财政政策,以至物价上涨常达两位数。在利用外资方面,新、港一直以利用外国直接投资为主;韩国在 80 年代前则主要利用国外贷款。(3) 在产业结构方面,中国台湾地区是走"先农后工、工农并重"、"先轻工业、后重工业"的道路;而韩国一度实行牺牲农业、发展工业,70 年代后又集中财力大力发展重工业的做法。香港和新加坡原来都是以转口贸易为主的产业结构;60 年代后转为工业—贸易为主,70 年代后金融服务等第三产业迅速发展,形成为综合型的国际经济中心。只是在这一转变中,新加坡工业已朝着高科技工业发展,而香港在 80 年代中期以后出现了制造业"空洞化"的情况。(4) 在政府对经济的干预程度方面,香港当局历来实行自由放任的"不干预政策",强调市场机制和自由企业制度;而韩国实行"政府主导型"市场经济,政府通过经济计划和产业

政策对资源配置发挥重要作用等。

因此,在一定意义上,可以说东亚“四小龙”不存在一致的“发展模式”。但也应看到,在它们实现资本主义工业化的“模式”中,确实有一些共同的、适应现代生产力发展的做法。这使它们区别于拉美一些中等收入国家,保持了经济持续增长的势头。这些共同的做法是:

1. 较早地实行以出口导向为主的外向型经济战略和政策。虽然“四小龙”中除香港外,都实行过内向的进口替代战略,但时期较短。60年代后,它们根据自己的特点,通过引进国外资金和技术,面向国际市场组织生产,积极扩大出口,推动经济增长。这就使它们在发展中国家中能独一无二地利用了战后资本主义大发展时期的成果。

在实行出口主导型经济战略时,东亚“四小龙”的特点是:(1) 由于缺乏资源,内部市场又狭小,决定了它们在生产投入和销售市场方面均要依靠国外,即所谓实行“大进大出、两头在外”的方式;(2) 为实现高投资、高增长,它们主要依靠逐步提高内部储蓄和积累的途径。对外资的利用,除韩国外,也主要通过吸引直接投资的方式,从而避免了拉丁美洲一些国家因债务过重引发的经济困难;(3) 它们注意研究国内外市场的变化,从自己的比较优势出发,及时调整和优化产业结构,以增强产品在国际市场的竞争能力,而不像一些拉美国家那样,长期依赖某些传统产品的生产和出口;(4) 80年代后,面对世界市场波动和发达资本主义国家的保护主义,注意实行市场的多元化。

2. 与发展外向型经济相适应,东亚“四小龙”建立了在政府不同程度干预下的市场经济体制。它们的共同特点是:(1) 以私有企业为基础。韩国和中国台湾地区一度官营企业占较大比重,80年代后正在逐步实现私有化;(2) 建立了现代企业制度。企业拥有决策自主权,政府只是依法管理企业,并对企业提供必要的支持和监督;(3) 在资源配置上,市场供求关系是调节的基础,“四小龙”也都建立了比较完善的市场体系和法律体系;同时在客观上,注意通过经济计划,通过产业、财政、金融和收入政策,参与或诱导资源配置,保持宏观经济的稳定。当然,政府的宏观调控,不仅以市场为基础,而且,随着经济的发展,注意不断调整经济调控的内容和方式。

3. 注意经济发展与社会发展同步进行。东亚“四小龙”一面确立了专制主义的政治体制;同时,又注意在经济上推行一些社会改良政策,以防止收入分配过分悬殊,保持社会稳定。在这方面“四小龙”的成功在于:(1) 实行收入的累进所得税制度,建立社会保险制度,推行“住者有其屋”政策;(2)

在韩国和中国台湾地区都实行了土地改革。由于特殊的历史条件，它们的“土改”在发展中国家是比较成功的；(3) 重视教育投入，实行普及教育和重点教育相结合的教育制度，开发人力资源，以提高劳动者的生产力；(4) 注意控制通货膨胀，加强廉政建设，防止引起经济和社会的动荡。

三、新兴工业化经济群在世界资本主义中的地位

战后几十年来，东亚“四小龙”在国际经济领域中，已经由原来一些微不足道的地方，转变为今天国际上不可忽视的经济、贸易和金融群体。1990年，“四小龙”的人口占世界的1.4%，占发展中国家的2.5%；而它们的国民生产总值占世界的2.3%，占发展中国家的13.6%。1991年，它们的外贸出口占世界的8.9%(1960年为1.6%)，占发展中国家的39%；它们的外汇储备已占发展中国家的44%，并成为对外资本输出的重要地区。事实上，按人均GNP说，香港地区和新加坡已接近和超过南欧一些发达国家的水平。

根据新兴工业化经济群在世界资本主义体系中的地位和内部经济结构的变化，中村哲教授把它们称为中等发达资本主义国家[①]，并且认为：(1) 中等发达资本主义国家在世界资本主义体系中的地位，是介于发展中国家与发达资本主义国家之间的三重结构之一；而日在战后，特别是六七十年代后，发达资本主义国家在世界范围内已经建立了朝这个方向诱导的体制。(2) 认为现代的发达资本主义国家包括日本在内的，大都经历过中等发达国家阶段(除英国外)。在19世纪后半期，是美、德、法、荷、比；19世纪末20世纪初是日本、意大利和南欧国家、北欧、俄国和东欧国家；20世纪70年代是东亚一些国家和地区。(3) 在发达国家、中等发达国家和低发展国家三种基本类型中，每个类型还有一些辅助类型。各个国家可能因国内经济结构和政治体制的变化，由低发展国家向中等发达国家，中等发达国家向发达国家转变；(4) 目前从低发展国家转为中等国家的还是极少数，其中一些中等发达国家(如拉美一些国家)出现了停滞，但今后增加的可能性很大。

中村哲教授有关中等发达资本主义国家的理论，显然是他重构世界史

① 中村哲教授认为，中等发达资本主义国家的定义是：1. 资本主义关系基本上占统治地位，非资本主义部门还广泛存在，但前资本主义已在很大程度上解体；2. 国民经济已形成，但生产资料和尖端产业部门很脆弱；3. 在经济和金融上对发达国家有依附和从属性，但又有竞争和对立的一面；在同发展中国家的关系上，它处在发达国家地位，有时还会转化为小帝国主义。中村哲著，吕永和、陈成译：《近代东亚经济的发展和世界市场》，商务印书馆1994年版，第53—54页。

结构的重要内容之一。它涉及历史学、经济学、政治学等学科的很多问题。这里我们赞同中村哲教授的一些创造性分析，但其中有些重大问题还值得研究。

1. 作者在《近代世界史结构的再构思》一书的结束语中说，对垄断资本、金融资本、国家垄断资本主义、帝国主义等各种概念，因时间限制不及讨论。但是，我们认为，这不仅是概念问题，应该说是我们研究近代世界史的出发点和立足点。

众所周知，从资本主义来到世间，它在经历了资本原始积累阶段、自由竞争阶段和一般垄断阶段之后，二次大战后又进入了一个更高的阶段——国家垄断资本主义阶段。在这一阶段上不仅生产力得到空前的发展，而且资本主义生产关系也有新的调整，其运行机制更完备，管理经验更成熟。可以说，现代资本主义是发达资本主义。显然，这一情况是与马克思曾经预言的资本主义的丧钟已经敲响，列宁所说的已经是“垂死的资本主义”不同①。原因很简单，因为社会的发展总是丰富多彩，千变万化。我们不能苛求经典作家所作的预言，更不能因此抛弃马克思主义分析的基本方法，而是应该从变化了的现实，去探求新的答案。

2. 在资本主义生产方式确立以后，特别是进入垄断资本主义阶段之后，从国际关系看，整个世界就分为两类国家，即一类是剥削别人、压迫别人的国家，是占少数的国家；另一类是给它们当殖民地的弱小民族的国家，是占多数的国家。② 二次大战后，情况确实发生了很大变化，过去的殖民地附属国绝大多数已获得政治独立，但是，无论从生产力发展水平，还是从国内和国际经济关系来说，今天资本主义世界仍然存在两个基本营垒：即发达资本主义国家和发展中国家(即通常所说的“北方国家”和“南方国家”)。

诚然，无论是19世纪下半叶，还是今天，在发达国家与发展中国家(过去的殖民地附属国)内部，都可以划分为几个层次。但是，无论是两个营垒还是内部的各个层次划分，都是以当时世界的生产力发展水平和资本主义发展程度为依据的。也就是说，到20世纪初，无论是西欧主要国家，还是美国与日本，都已进入垄断资本主义阶段。只是由于历史条件的制约，日本垄断资本主义发展与欧美各国比较，起步晚，带有浓厚的封建性、军事性和国

① 参阅列宁：《帝国主义是资本主义的最高阶段》，《列宁选集》第2卷，人民出版社1972年版，第843页。

② 参阅列宁：《关于全俄中央执行委员会和人民委员会的工作》，《列宁全集》第30卷，人民出版社1959年版，第286—287页。

家垄断色彩。当时,日本的综合国力也还无法与欧美主要国家较量。中村哲教授称日本在1930年代还是中等发达资本主义国家,并与拉美的巴西、墨西哥相提并论,显然是不合适的。因为后者在30年代,还只是发达国家的经济附庸,只是30年代大危机,迫使它们开始走上发展工业的道路。

3. 关于发展中国家,无疑在资本主义发展程度、生产力发展水平、产业结构状况以及在国际经济中的地位等方面,它们都有很大差异。不少学者和国际机构从不同的角度对它们进行分类。按世界银行以人均GNP多少进行划分,发展中国家包括低收入国家、中等收入国家,有少数国家已列入高收入国家,而处于底层的是低收入国家中的最不发达国家。但是,无论是巴西、墨西哥、阿根廷和韩国这些中等收入国家,还是新加坡、以色列等这些高收入国家和地区,目前还应属于发展中国家的范畴。这是因为,从经济上说:(1)这些国家资本主义虽已占统治地位,但非资本主义因素在多数国家还不同程度地存在;(2)它们的工业化已取得很大进展,或基本上实现了工业化,但基础工业特别是高科技产业,与发达国家相比还有很大差距,有些国家二元经济还比较突出;(3)它们在资金、技术、设备、市场等方面对发达国家存在程度不同的依附性,因此它们仍然处在不平等和受制约的地位。诚然,它们中有些国家也向其他国家输出资本,但一般说数量有限,也不能对其他国家形成支配的作用。

总之,我们一方面要看到战后发达国家对发展中国家发展资本主义形成的诱导体制,也要看到,同时也存在着抑制和排斥的体制。现在,东亚"四小龙"都把进入发达国家作为它们的政策目标,然而,即使在不久的将来,它们跨入了发达国家的行列,也还难以完全摆脱对主要发达国家在经济技术上的依附状态。至于大多数发展中国家的经济地位,还难有根本的改善,这就是南北关系的现状和近期趋势。

面向二十一世纪中国香港产业发展的方向*

一、近十年来香港经济结构的调整

中国香港地区是弹丸之地，总面积仅一千多平方公里，人口六百多万。战后初期，香港还只是以转口贸易为主的消费型城市。但是1950年代以来，由于众多因素的推动和香港人民的勤劳智慧，香港经济屡创奇迹——她已是世界第八大贸易中心、第三大国际银行中心、第四大黄金市场、第五大外汇市场、第八大股票市场、世界第一大集装箱运输港口。1995年香港的人均国民生产总值23 207美元，超过了西班牙、英国、意大利等一些发达国家，在亚洲名列前茅。美国《财富》杂志把它评为世界最佳的商业城市。《世界经济论坛》和国际管理与发展学会去年又把中国香港列为世界第三个最有竞争力的地方(仅次于美国和新加坡)。

但是，香港经济也有潜在的风险。从1980年代初以来，香港地区工资地价成本急剧上升，发达国家贸易保护主义日盛，使原有劳动密集型制造业失去了生存的条件；而这时中国内地的改革开放，给香港地区制造业带来了绝处逢生的机遇，香港地区的制造业蜂拥北上，同时，金融、贸易和其他第三产业在经济中的地位迅速上升，香港地区经济的支撑点发生了明显变化，制造业已基本上呈现"空心化"的状态。表现在：

1. 制造业增长缓慢，在经济中的地位急剧下降。从1981年至1994年，按生产法计算的香港地区生产总值年平均名义增长率为15%，其中第一产业年平均增长率仅为2.4%，第二产业年平均增长率为10%(制造业年平均增长率仅为7%，其中1991—1994年年平均增长率仅为2.6%)；同时第三产业则持续快速发展，年平均增长率为16.7%。在此情况下，各产业在本地生产总值中的地位发生了明显变化。第二产业比重大幅度下降，特别是制造业，1980年，曾是最大产业，占本地产值的23.8%，到1995年已降至

* 原载《经济科学》1997年第3期。

9.2%;与此同时,第三产业由67.4%升至81.9%,其中广义金融业(金融、保险、地产、商用服务)居第一位,广义贸易业(包括进出口贸易、批发零售业和饮食酒店)居第二位,社区等服务业居第三位。显然,制造业已不再是香港地区经济的主要推动力量。①

2. 制造业企业数和工人数已大幅度减少。据有关材料,1980年香港地区制造业企业共45000多家,到1995年9月仅剩31000多家,减少31%。制造业从业人员由1980年90.7万人,到1994年仅剩43.8万人(1995年又减至38.6万人),减少53.4%。在主要行业就业总人数中,制造业的比重由1980年的50%,减至1994年的14%。目前香港地区纺织业加工工序的80%以上、玩具业工序的90%、皮具业工序的80%都已内迁。80%的香港地区制鞋业已在内地设厂制造。不少行业在港只留下营业部、财会部、设计部和品质检验部。

3. 目前香港地区制造业结构仍以轻纺工业为主,劳动密集型为主,中小企业为主和以DEM方式生产(即承接海外买方订单,按订单加工装配,并按时交货收加工费)为主,高科技产业很少。如1993年制衣业占制造业雇佣工人的33%,占出口值约32%,居制造业的首位;其次是电子业占雇佣工人的11%,占出口值的25.7%;纺织业占雇佣工人的9%,占出口值的7%;其余为钟表、印刷、塑胶、首饰、玩具、家用电器等。1993年在39000多家工厂中,95%以上从业人员不足50人,其中三万四千多家,即占企业总数的87.6%,从业人员不足20人。

4. 对外贸易已由过去以本地产品出口为主,转为以转口贸易为主。1950年代后,随着香港工业化的进展,美国对中国的贸易禁运,使本地产品在中国香港地区出口中的比重上升较快,70年代曾达到80%以上。80年代以后,由于中国内地改革开放和香港地区产业的转型,本地产品出口占总出口的比重很快下降,1993年已降至21%,而转口贸易比重增至79%。

二、如何评价中国香港地区制造业在经济中的"淡出"

对于十多年来香港经济结构调整的现状及其影响,学者们的认识,在以下问题上是一致的或相似的:(1)认为1980年代以来,香港地区制造业的"北迁南移"是不可避免的,因为香港地区原有的制造业结构在当时的内外

① 香港政府:《香港1996年》。

条件下,已经失去了生存的条件;(2) 长期以来港英当局对本地工业发展,特别是高科技产业发展,既无长远规划,又无切实的支援措施,使制造业的升级优化严重滞后;[①] 3. 根据香港地区的资源禀赋条件,发展实践以及它在中国经济中的地位,香港地区不可能像韩国和新加坡那样,它的经济发展方向,在今后一个时期内,仍应以金融、贸易和信息产业为重点。

但是,对于香港目前制造业"淡出"造成的影响以及今后制造业在香港经济中的地位,学者们的看法却大相径庭。

有的学者认为,香港制造业的外迁,也给香港工业的发展和提升提供了机遇。(1) 它加强了企业的质量管理、产品设计和研究开发等活动,各大企业开始成立自己的研究和开发中心;(2) 它使一些企业在与中国内地分工协作的基础上,向科技、高附加值方面发展,一些轻型加工企业已朝世界性企业发展。特别是他们认为,近年来,一些世界级跨国公司如摩托罗拉等都已进入香港,这一切正已预示着"中国香港制造业正处于第三次浪潮,即从低附加值生产迈向高科技发展的道路"。[②]

然而,乐观派学者忽视了一些基本事实:一是香港地区制造业产业结构并没有因"外迁"减轻了留港工业自身转型的压力,结果,现在香港出现了经济结构转型加快和制造业转型放慢的不协调情况。二是他们忽视了香港发展制造业的现实基础。香港传统上是一个贸易港,发展工业是在特殊历史条件下的产物,而港英当局的"不干预政策",使香港几十年来只能发展资本少、风险小、周期快、盈利高的中小型劳动密集型产业(纺织、成衣、塑胶、电子、钟表等)。显然,在"九七"以前,香港不存在发展高科技工业的环境,特别是政府的有力支持。

现在的问题是,随着香港的回归,作为中国的一个特殊组成部分、一个国际经济大都市、一个世界著名的自由港,香港在积极发展金融、贸易和信息等第三产业的同时,要不要发展高科技产业?对此,目前基本上有两种看法。

一种观点是,所谓"柔性经济论"。认为今后香港地区应全面发展服务业,使香港成为亚太地区充满活力的商业中心、跨国公司的地区中心、地区

---

① 香港企业家对此反映强烈。香港工厂主联合会会长黄鉴指出:"港府对工业的不重视,使工业界深感失望。"《天天日报》1995 年 3 月 6 日。

② 易宏谋:《重振香港工业雄风是时候了》,《香港经济》1996 年第 4 期;封小云:《香港制造业的发展趋势》,《港澳经济》1995 年第 9 期;〔香港〕莫复溥:《走与内地合作互补之路——香港制造业发展趋势调查》,《港澳经济》1996 年第 5 期。

性的金融和财务中心、地区性的信息和情报中心、地区性运输和航运中心、地区性专业服务中心和地区性旅游中心，惟独没有制造业的地位。① 其基本理由是：(1) 香港经济是自由市场经济，生产要素配置和产业转型主要是由市场规律引导，“人为的规划不一定奏效”，而香港的比较优势在第三产业；(2) 高科技产业是高风险产业，香港企业家也是中小型的，短期心理重，谁也不会把有限的资金投入无把握的事业，除非未来特区政府政策作适度调整；(3) 现在的香港经济发展已经越来越离不开中国，因此，它可以与中国内地其他省份作适当分工，而无须像新加坡那样去单独发展高科技制造业。

另一种观点是“适度均衡论”。认为服务业是香港的主导产业，但作为中国的独立经济地区，应同时发展高科技、高附加值和有竞争力的制造业，以保持产业结构的适度平衡。② 理由是：首先，服务业的发展和制造业是相辅相成的，服务业的发展必须以一定的高科技制造业为基础，才能保持高度的竞争力。因此，不能把服务业的优势绝对化，更不能用跨越界限和分工来取代特区自身内部的分工。欧洲的瑞士、卢森堡和东亚的其他“三小”，不也都在发展第三产业的同时，努力发展高科技产业？此其一。

其次，在国际资本日益国际化和全球化的今天，单纯依靠金融贸易等第三产业，是无源之水、无本之木，它经不起内外矛盾的冲击。1994 年墨西哥金融危机和 1992 年日本“泡沫经济”崩溃后经济长期处在低迷状态就是例证。

最后，香港与内地、特别是与珠江三角洲形成的“前店后厂”格局，是在一定条件下形成的。当珠江三角洲廉价的劳动力和土地价格优势失去后，过去的格局就很难再维持下去，这也要求香港与内地的合作向更高层次发展，特别是共同培植和发展在高科技产业上的合作。

在上述讨论中，涉及一个更深层次的问题，未来香港地区经济在中国的地位和作用问题，即香港对中国的重要性，是保持它作为国际经济中心，作为连接中国经济与世界经济的“桥梁”、“纽带”；还是像上海、广州、天津那样，作为中国最大的一个商业和金融中心，作为中国对外开放的“窗口”和“门户”？

众所周知，长期以来香港一直是英国殖民统治下中国与其他国家的转口港。1950 年代后，随着转口贸易的衰落，香港开始了面向世界市场的工

① 《香港廿一：展望香港经济十年路向》，《港澳经济》1993 年第 8 期。

② 周八骏：《香港经济：历史的转折点》，三联书店有限公司〔香港〕1992 年版。

业化进程。几十年来,香港在激烈的国际竞争中成为一个亚太地区重要的多功能的国际经济中心。80 年代后,随着中国的改革开放,香港企业家的目光逐渐转向拥有巨大市场潜力的中国内地,使香港地区经济与内地经济日益紧密地交织在一起。

香港回归后,内地与香港合作无疑会进一步加强,背靠广大腹地是香港比起其他亚洲港口城市来说所特有的地缘优势。密切香港地区与中国内地的互补互利关系,也是香港未来发展的重要立足点。但是,香港特别行政区《基本法》规定,未来中国香港"现有的社会经济制度不变"、"生活方式不变"、"现行法律基本不变"、"香港自由港地位和国际贸易、金融中心的地位不变";"香港仍是单独关税区、保持金融货币、财政制度的独立"。这些"不变",就使香港有别于中国其他沿海大城市;同时,香港作为亚太地区重要的国际金融、贸易、航运和信息中心,它也拥有其他中国沿海城市尚不具备的投资环境、资金、人才、管理经验和海外市场的优势。正因为如此,香港就不是中国一般的开放城市,而是中国通向世界的"桥梁",连接世界的"纽带"。

三、香港地区高科技工业的发展道路

香港要适度发展高科技工业,问题是发展哪些工业?如何发展香港的高科技产业?

从香港的实际出发,它当然不可能去发展以重化工业为基础的资本密集型产业,如钢铁、机械、汽车、造船、化工等。同样,香港也不具备全面发展高科技工业的条件,因为这不仅需要有雄厚的资本和强大的科技队伍,还需要政府的有力支持。因此,香港在制订未来工业发展政策时,必须考虑以下原则:(1) 世界科学技术发展的走向和市场需求情况;(2) 香港自身资金、技术、人才和土地等生产要素的条件和原有工业的基础;(3) 世界跨国公司的投资意向;(4) 香港与内地的科技和产业合作的趋势;(5) 香港的环境保护和其他因素。

问题的关键是,高科技产业是风险产业,一般说,需要政府的支持和扶植。这就提出一个问题:未来特区政府是沿袭港英当局实施的"不干预政策",还是实行把政府这只"看得见的手"与市场"看不见的手"结合起来的政策?

无疑,过去港英当局推行的不干预政策,是保持和发展自由港的必要条件,功不可没。"九七"回归后,这一政策无疑仍将继续下去。但是,应该看到，无论是亚当·斯密的英国古典主义，还是20世纪初的新古典主义，还是20世纪70年代后抬头的现代古典主义，都只是理论上的思考，实际上，今天无论哪个发达国家，是美国、英国、德国、日本等都没有完全实行之。同时，基本不变也非一成不变。事实上，70年代后，迫于舆论压力和稳定香港地区的需要，香港当局也在一定程度上修改了政策，从不干预政策转为"积极不干预政策"，加强了对金融的干预，并对工业和科技发展提供一定的支持。只是这种支持太少，无助于工业水平的升级。正因为如此，香港一些著名人士提出需要不同程度地修改这一政策，以应付未来的变化。[①]

总之，高科技产业是一项高投入、高风险的产业，需要未来特区政府承担起推动和扶植的责任。从未来香港工业发展的方向和道路看，必须注意几个结合：(1) 把市场机制与政府参与结合起来。特区政府应迅速制订香港产业发展的长远规划和产业政策，加强科研开发和人力资源培养；进一步完善投资环境；并在税收、资金和服务等方面给产业升级提供必要的鼓励和支持。(2) 把改造劳动密集型产业与发展资本技术密集型产业结合起来。前者是香港的传统产业，大多数是中小企业，现虽将生产过程大部分移到境外，但如能不断进行技术改造，其潜力仍然很大。同时，应该积极鼓励境内外企业集团在香港本土发展适合自己特点的高科技产业。(3) 要把依靠国际市场和依靠国内市场结合以来。香港本地市场有限，长期以来它就是把本地经济融合于世界经济之中，面向世界市场，发展自己的工业和其他事业。在香港回归后，作为一个国际经济大城市，这个大方向不应改变，才能保持自己的活力；同时，作为中国的一个组成部分，在和内地资本和技术的互补互利合作中，在国内市场上无疑也有着巨大的潜力。

---

① 第一任行政长官参选人吴光正在《香港经济的未来发展方向》一文中指出，"我认为未来特区政府将扮演一个积极的角色。过去几十年的积极不干预政策是香港繁荣的基础，亦无疑应该是未来特区经济政策的主导思想，但鉴于环境的改变，这个政策需要不同程度的修改，才足以应付未来的变化"(《港澳经济》1996年12期)。

东亚金融危机旷日持久的原因探析*

一、东亚危机的发展出人预料

从1997年7月2日泰国开始的东亚金融危机，已经过去近两年，危机的发展过程，显示出日益深化的特点：

1. 这场危机开始只是货币金融危机，表现为股市、汇市和楼市价格的大幅下挫，由此引起银行呆账激增，不少金融机构破产；一些国家还出现到期的内外债务无法偿还。此后，不少国家转化为经济危机，生产严重下降，企业大量倒闭，失业急剧增加，贫困人口越来越多，社会矛盾日趋严重。最后，一些国家的政局出现动荡，泰国、韩国、日本和印度尼西亚等国在危机中发生政府的更迭。

2. 危机最初只是波及东盟几个经济关系密切的国家。1997年10月蔓延到中国的台湾地区和香港地区。11月，金融风暴蔓延到东亚的韩国和日本，形成南北联动之势，东南亚危机演变成整个东亚危机。进入1998年，整个东亚金融形势出现一波三折。4—5月印尼爆发严重的政治经济危机，6月日元汇价严重下跌，8月发生震惊世界的香港汇市保卫战；同时，危机引发的金融恐慌心理，也触发了此后的俄罗斯金融危机和巴西等一些拉美国家的危机。整个国际金融市场一直处在动荡之中，危机实际上具有了世界性。

3. 危机大大超出人们最初的预料。当时一般认为，危机会像1994年墨西哥那样，经过一年半载就会走出困境，现在快两年过去了，东亚各国经济还处于十分困难的地步，其时间之长，打击之沉重，为战后历次金融危机所罕见。

据国际货币基金组织材料，1998年几个受危机打击最严重的国家（包括印尼、韩国、泰国和马来西亚）的经济增长，从1997年的4.1%降至1998

* 原载《经济科学》1999年第2期。

年 -8.7%;消费品价格,由 1997 年的 5%升至 1998 年的 9.1%;中央政府财政赤字占 GDP 比重,1998 年达到 -4.9%(1997 年为零)。香港地区的经济增长也由 1997 年的 5.3%,降至 1998 年的 -5%。只有中国台湾地区 1998 年还保持 4%的增长。[①]

由于东亚危机的波及效应,整个世界经济增长也放慢了步伐。1998 年世界经济增长仅为 2%,比 1997 年降低 2.1%,其中发展中国家由上年的 5.8%降至 2.3%;同时,国际贸易量(包括商品和劳务贸易)由 1997 年的 9.7%,下降至 1998 年的 3.7%,其中发展中国家由 9.8%降至 1%。整个世界经济在全球紧缩和衰退的阴影下进入 1999 年。

二、东亚危机旷日持久的主要原因

过去一年多里,国内外学者关注的焦点是,东亚地区为什么会发生这场严重的金融危机?然而,我们现在讨论的是,造成东亚危机如此旷日持久的原因是什么?为什么东南亚地区的危机会接二连三地扩展到其他地区?这里的因素虽然错综复杂,但不能否认,外部因素起着主要的作用。

首先,是国际投机资本的四处出击。这次东亚金融危机的发生和蔓延,无疑是和像索罗斯量子基金等一批发达国家"对冲基金"的疯狂投机活动相联系的。这类对冲基金(Hedge Fund)以美国数量最大,实力最雄厚。它和一般共同基金不同,受美国相关法规限制较少,其主要特征是选择高风险、高回报的投资策略。通过大量地透支与借贷,运用期货、期权等金融工具,尽量扩大资金的放大作用,以高风险换取尽量大的回报。现在,全世界对冲基金的总数在 3 000 个左右,管理的资金有 1 400 亿至 1 500 亿美元,在其影响下的资金量更大,因而它的"自由"运作对国际金融市场和资金流入国带来的风险和危害很大。特别是发展中国家中一些新兴市场国家和刚跨入先进经济行列的东亚"四小龙",经济增长快,市场开放速度快,然而在制度和结构上还存在一些缺陷,有关金融监管法律和风险防范机制尚不健全,这些经济体就更容易受到此类投机基金和其他"飞燕式资本"的青睐。

1997 年应该说是以索罗斯为代表国际投机家获取巨额利润的一年。他们在泰国等东南亚国家、中国的香港和台湾地区以及韩国、日本连连得手,变得骄狂不可一世。然而,这些投机家追逐更大利润的欲望是无止境

① 国际货币基金组织:《世界经济展望》,1998 年 10 月。

的。1998年国际炒家一再袭击香港股市、汇市和期市就是一个突出的例证。由于整个区域的“产业联动机制”导致的“金融联动机制”，加上全球网络的加速效应，一地发生危机势必引起一场多米诺骨牌效应。因此，国际炒家在1998年的接连活动，不仅给危机所在地的金融市场造成巨大的震荡，而且给整个地区以至全球市场带来冲击。

其次，发达国家对东亚危机的态度。近一二十年来东亚国家的经济实力虽有很大增长，但是，他们在经济、贸易和金融上还程度不同地存在着对发达国家的依附关系。和东亚地区经济贸易关系最密切的是美国和日本，因此，他们对危机的态度关系极大。

在危机发生初期，美国基本上持袖手旁观态度，这和1994年底墨西哥金融危机时美国的反应完全不同。由于拉美经济对美国的依赖较深，担心拉美危机蔓延美国，为此，美国出于自身利益，迅速作出救援反应，对墨西哥提供400亿美元的支持。美国对东亚危机的初期反应，主要是长期以来对东亚经济迅速崛起所持的十分复杂和矛盾的态度。特别是冷战结束后，美国不愿看到这一地区随着经济实力增强，自主性也随之增强，并对美国的霸权主义和强权政治形成某种制约。因此，在泰国爆发危机之初，美国甚至没有参加由国际货币基金组织牵头对泰国提供的170亿美元的一揽子援助计划。只是在1997年11月，危机扩展到韩国、日本后，美国才意识到问题的严重性，开始参与国际货币基金组织对印尼和韩国的援助计划。1998年夏季后，由于华尔街汇市和股市也一再受到全球金融市场动荡的冲击，美国的态度才积极起来，联手干预日元汇市，三次降低国内利率，以防止美国经济和金融陷入困境。

亚洲危机爆发之初，人们对日本曾寄予很大希望。作为亚洲惟一的经济强国，自称为东亚“雁行模式”的“领头雁”日本，80年代中期以后确实大大加强了与东亚各经济体的经济、贸易和金融关系，并逐渐取代美国，起着东亚经济“第一推进器”的作用。日本是东亚地区最大的债权国、第一大投资国和主要的贸易伙伴。1997年在泰、马、印尼等国庞大的外债中，日本占40%—50%；在日本进口中从东亚地区进口的比重占1/3以上。

然而，日本对这场危机的态度始终是矛盾的，一方面日本不希望危机扩大化，使自己已经虚弱的经济和金融体制更加困难。为此，它向印尼、泰国和韩国提供了主要的援助；同时，也积极支持由东盟国家提出的建立亚洲货币基金组织等一些设想。但另一方面，日本又处处从自己的私利出发，打自己的小算盘。如在危机爆发后，日本赶紧从东南亚地区撤资，实际上对危机国家是“釜底抽薪”，耗尽了这些国家已少得可怜的外汇储备，加速了经济崩溃过程。1998年后，日本不顾东亚地区的普遍反对，听任日元汇率持续贬值，这不仅使金融市场再度动荡，实际上也是延误了日本自己通过扩大内需刺激国内经济复苏的时机；对东亚国家来说，也使它们通过扩大对日出口以恢复经济的希望落空。日元的这种贬值一直到1998年6月美国联合干预汇市，情况才得以抑制。同年10月初，主要由于对冲基金遭受严重挫折，美日经济出现新动向，在国际金融市场出现大量抛售美元、收购日元的情况，短短几天内，美元对日元的比价贬值了15%左右，日元过度贬值的情况才予扭转。

第三，国际金融体系存在的弊端。这次危机是在世界经济全球化日益加强的背景下发生的。全球化是一把“双刃剑”，它不仅是技术进步的产物，从本质上说，它又是在旧的国际经济关系基础上发展起来的。因此，一些西方舆论认为这不是亚洲金融危机，而是全球资本主义的危机。特别是1990年代以来，在国际金融机构和美国威迫下，金融自由化在亚洲各经济体推进得十分迅速，而它们的经济实力有限，各项风险防范和金融监管机制不健全，这就为国际投机资本的疯狂投机活动提供了条件。危机也说明，现有的国际金融体系存在着严重缺陷，它缺乏有力的监督机制，也没有一个全球性的或区域性的国际金融风险防范体系。即一方面它不能监控有可能发生金融危机的国家和地区的金融状况，帮助他们及时解决困难；同时，又不能监控国际金融市场的过度投机，以便能及时采取措施，使其不致酿成危机。

显然，目前的国际货币基金组织已无法承担此项重任。此组织成立的宗旨是维持成员的汇率稳定，促进国际贸易和经济增长。70年代以来，随着主要发达国家浮动汇率的实行，80年代拉美国家债务危机的爆发，国际货币基金组织的权力开始膨胀，它的角色由原来的“货币守门员”转变为“危机管理者”。从这次东亚危机看，尽管它在向危机国家提交资金援助方面起了一定作用，但在目前旧的国际金融体系下，它在一定程度上又加快和加深了这次危机。

1. 在当前国际资金流动透明度不大的情况下，国际货币基金组织很难起到预防和制止危机的作用。例如该组织对1994年底墨西哥发生的危机事先就没有预测到。1997年以来，虽然国际货币基金组织高层官员对泰国等一些东亚国家的金融动荡曾有所察觉，但也没有对此采取任何防范措施；相反，在危机发生后，它只是一再敦促泰国和其他东南亚国家货币贬值，实行汇率自由浮动，从而造成投资者和居民严重的心理恐慌，使亚洲金融危机更快的蔓延并以更激烈的形式爆发出来。

2. 成员国发生金融和货币危机后，国际货币基金组织提供多大规模的资金援助和何时提供这种援助，通常不是取决于危机的严重程度，而是受到发达国家特别是美国的利益及其政府政策所左右。其原因在于，美国是国际货币基金组织的主要股东，而美国希望通过国际货币基金组织的援助政策，把受援国经济纳入美国金融市场的战略轨道，实现全球经济美元化的战略目标。对此，美国副财长萨默斯就坦言：国际货币基金对于促进美国的利益是至关重要的，就经济而言，“美国每向国际货币基金投入一美元，就能帮助它从世界其他国家筹集到四五美元。”①

3. 国际货币基金组织不顾各成员国的情况差异，凡是要求紧急援助的都必须接受它一套调整计划。其内容一部分是宏观经济紧缩计划，如控制财政支出、减少赤字、提高银行利率、控制货币发行、控制银行信贷等；另一部分是所谓结构调整计划，内容包括更大地开放市场，实现投资自由化和国有企业私有化等。然而，与 1980 年代拉美债务危机和 1994 年墨西哥危机不同，东亚多数国家财政赤字并不严重，通货膨胀率也不高，外债总量也没有超过警戒线。因此，一味要求再削减财政开支，控制货币发生，提高银行利率，实际上是进一步抑制投资和消费，后果必然是加剧经济衰退，增加失业，导致社会矛盾进一步激化，也使金融危机更加深化。至于结构调整，虽然有其合理性，但不顾条件地加快实施，其目的更大程度上是满足以美国为首的西方国家为加强对危机国家商品、货币和投资市场渗透和控制的需要。

三、危机深化的深层原因

东亚危机的旷日持久，无疑和内部原因也有密切关系。危机的发生，从内部说主要是政策因素和体制因素缺陷造成的。前者包括政府长期实施的产业政策和投资政策上的失误，外资和金融政策上的失控，外汇政策上的僵化和政府应变能力的不足等；后者主要是政府与企业关系上的失当，金融体制上的严重缺陷以及由此引起的金融资产质量严重恶化。而所有这一切，在深层次上，又与这些国家和地区长期实施的东亚模式本身存在的弊病有密切关系。然而，认识“模式”的利弊需要时间，革新调整“模式”则需要更长时间。

---

① 《华尔街日报》1998 年 3 月 27 日。

“东亚模式”本质上是战后东亚一些国家和地区，为加快经济发展，摆脱贫困和落后，利用当时有利的机遇，所实施的经济和政治发展模式。其内容包括三个不可分割的组成部分：(1) 在积极利用外资和国外技术的基础上，结合当时本土的廉价劳动力，实施以出口导向为主的外向型战略和政策，把扩大出口作为推进经济增长的主要推进器。(2) 逐步建立各有特点的政府主导型的市场经济体制（香港例外）。政府不仅积极扶植私人资本成长，发展起不同规模的国有经济，更重要的通过经济政策和经济计划，在很大程度上主导着资源配置的方向，发挥着制度创新、制度供给和制度变迁的作用。(3) 在战后特定的内外条件下，东亚很多国家和地区都建立起形式各异的威权主义政治体制，作为实施经济战略和建立东亚特色的市场经济体制的政治保证。这一模式在东亚各国和地区实施中各有特色，而且在其经济发展的不同阶段，特别是随着市场经济体制逐步建立和完善，都在进行不同的调整和改革。但是在危机发生前，这一模式的本质内涵并没有发生根本变化。

应该说，这一模式的历史功绩是不容置疑的。二次大战后，东亚地区的迅速崛起：日本在战后用了不到二十年时间，从一个战败国一下成为资本主义世界第二大经济强国；东亚“四小龙”也只用了 30 年时间，在原来的殖民地经济基础上实现了“经济起飞”，跨入了“先进经济”的行列。80 年代后，一些东南亚国家实施这一模式，经济保持了十多年的高速增长，这一切充分表明，“东亚奇迹是实实在在的事实”。

但是，这一模式也存在一些缺陷，特别是在经济全球化和国内经济市场化迅速发展的条件下，它本身的一些问题更加突出地表现了出来：(1) 为实现赶超发达国家的目标，不少国家或地区政策上容易片面追求增长速度和经济规模的扩张，而忽视宏观经济的稳定和协调发展；容易重视物质的增长，而忽视社会、环境和资源的可持续发展。(2) 由于以出口为导向，以外资为增长动力，常常导致对国外资本、技术和市场的过度依赖，而忽视内部资本积累和国内市场的开发；一旦外资进入减少或国际市场萎缩，经济增长就失去动力，就会出现经济下挫和衰退。(3) 东亚各经济体的工业化进程一般从发展劳动密集型的消费品产业入手，但这种产业的比较优势是难以持久的。在激烈的国际竞争中，它们必须逐步实现向资本密集型产业，而后向技术知识密集型产业转变。这就需要有更多的资本、更大的市场，特别是需要更高的技术、更多的专业人才、更好的投资环境及更有效的管理和组织。然而，这些条件是很难在短期解决的，这就容易导致产品竞争力缺乏后劲。(4) 政府对经济的干预和监管过多,时间过长,这就容易导致决策失误和不适当地介入。特别是由于权力的垄断性和封闭性,容易使政企和银企间关系过密,既不利于推进公平竞争,制约金融体系的健康发展;也极易造成大量坏账和滋生腐败现象。

近几年来,为迎合世界经济全球化发展,这些国家或地区为吸引外资,常常仓促地开放资本市场,过快实现资本项目的自由化,而自身又缺乏金融防范和监管机制,从而导致外资流入(特别是短期资本)过快过大,促使泡沫经济膨胀。而一旦出现国际收支经常项目严重赤字,外汇储备不足,金融风暴就难以避免。

总之,东亚危机内部的根本原因在于结构上和体制上的严重缺陷,其中特别是产业结构和金融体制上的缺陷,加上政策上的一些失误和国际投机家的猛烈冲击,导致危机的爆发和引起周边国家和地区多米诺骨牌式的连锁反应。然而,一般来说,受危机冲击国家,宏观政策上的调整相对容易一些,见效也快一些;而产业结构和经济体制包括金融体制的调整和改革,则要困难得多,时间要长得多。这就是为什么虽然自 1998 年底以来由于内外条件的配合,东亚各国经济和金融形势趋于稳定,但整个经济仍十分脆弱,尚未走出危机谷底的深层原因。

四、东亚地区走出危机的前景

从 1998 年 10 月以来,东亚地区的经济和金融市场趋于平稳,逐渐走上恢复之路,其原因除美国连续三次降低银行利息外,主要是东亚各国和地区采取了一系列促进经济恢复和稳定措施。

1. 随着国际市场利率下降,东亚各经济体都不断降低本国的银行利率,以促进本国经济恢复。正是由于利率下降,使本国货币逐渐趋稳,股市出现反弹,企业也减少了开支和债务负担,银行逐渐放出资金,居民能更多地消费,市场才逐渐活跃。事实上,也正是利率逐步下调后,东亚各经济体市场才显现谷底反弹的势头。

2. 适当增加政府财政支出,以刺激投资和消费。当然,实行财政紧缩有利于财政收支平衡和降低通货膨胀,但是在经济不振的大形势下,过度地紧缩势必加速经济衰退的进程。因此,连国际货币基金组织最后也改弦更张,批准接受援助的泰国、韩国和印尼扩大财政开支,把 1998 年的预算赤字占 GDP 的比例增加到 3%、4%和 8.5%,资金主要用于提高农业生产、扶持出口产业和深化金融改革。

3. 东亚各经济体还根据各自特点,加强政府对经济的适度干预和指导作用。东亚危机给东亚各经济体以深刻的教训,在迎接世界经济全球化大潮和推行经济市场化的改革中,必须彻底改革过去政府干预过多的弊端;但同时,也决不能放弃国家对经济的宏观调控和指导。不少东亚国家为加强金融体制改革,除关闭一些亏损严重的金融机构外,还通过给一些金融机构增资,消除不良贷款等支持,以解决资金困难,增强民众的信心。韩国等一些国家还采取措施改造大企业体制,取消大企业在贷款、税收等方面享有的特权和优惠,并积极扶植中小企业的发展。此外,各经济体还采取措施,积极拓宽融资渠道,进一步放宽对外资的限制,并大力促进出口,以改善国际收支状况,扭转外资大量外流的情况。各经济体还吸取教训,大力发展教育和科技事业,带动产业结构的高级化。

正是上述措施的作用,加之 1998 年美国经济保持了较强劲的增长;中国坚持做到人民币不贬值,并实行积极的财政政策,拉动经济增长等因素,使东亚各经济体在 1998 年后期经济出现了一些好转迹象(国际收支明显好转,外资流入开始增加,对外债务有所缓和,外汇储备有不同程度上升)。国际舆论界对东亚地区的经济前景也出现了谨慎的乐观预计,认为东亚危机虽已结束,东亚经济开始复苏,但 1999 年和 2000 年还不会恢复到原来的水平。

那么,为什么东亚经济在未来 1—2 年还只能是处于恢复过程,目前制约东亚经济迅速恢复的因素在哪里?

1. 尽管 1997 年危机以来,东亚各经济体的货币已大幅度贬值,但是它们的出口并没有大幅度上升,这里除了世界市场出现疲软外,还在于各国之间贸易竞争加剧,受危机冲击国家的出口产品结构在短期内很难有很大变化,加之贬值后进口原材料成本随之增加,抵消了贬值的部分效果。

2. 受金融机构资产质量的影响,银行信贷不可能有很大增加。近年来,一些国家政府虽然对银行增资,使银行呆账比重略有下降,但是在企业经营仍然困难的情况下,呆账总量并没有减少很多。

3. 外部资金进入减少。东亚 5 个受打击最重的国家(印尼、泰国、马来西亚、韩国、菲律宾)1996 年外资净流入量为 950 亿美元,1997 年减至 120 亿美元,1998 年出现净流出,估计流出规模达 300 亿—400 亿美元。尽管不少国家采取措施,放宽限制,积极吸引外资,使情况有所逆转,但离危机前的水平仍有很大差距。

4. 国际经济大环境的影响。1998年发达国家经济总体情况虽然不佳，经济增长率由1997年的3.1%降至1998年2%，但美国保持了增长势头，1998年为3.9%，与1997年持平。欧盟国家经济增长为2.9%，稍好于1997年。然而，现在国际经济环境的不确定因素在增加。特别是美国和日本是影响东亚经济的两个最重要国家。1997年美国贸易逆差达到超纪录水平，估计1998年外贸赤字将在3000亿美元。由于企业利润趋于下降，国内企业裁员势头在增温，对外贸易和投资政策有可能进行调整。日本小渊内阁去年上台后，为刺激经济增长，采取了一系列改革政策和措施，但能否有明显成效，人们还拭目以待。

总之，1999年对东亚各经济体来说是关键的一年。如果外部环境不出现衰退，多数国家经济有可能走出负增长，但是要恢复到危机前的发展水平，可能还需要2—3年，甚至更长的时间。

发展中国家
经 济 问 题

评发展中国家社会经济综合发展战略*

在20世纪五六十年代，一些发展中国家为发展民族经济，曾先后实行了进口替代工业化战略或面向出口工业化战略。这些战略的实施，对发展中国家的经济发展起了积极作用，但也带来不少问题。70年代以来，不少发展中国家在继续实行工业化战略的同时，开始重视以满足人民生活基本需要为内容的社会经济综合发展战略。这个战略在经济发展目标和政策措施等方面，提出了不少新课题，它对探讨发展中国家目前和未来的经济发展有重要的理论意义和现实意义。本文试对发展中国家实施的社会经济综合发展战略的背景、内容、取得的成就及其局限性，做一简单评介。

一、制定社会经济综合发展战略的背景

在实行进口替代工业化战略和面向出口工业化战略之后，发展中国家的经济增长速度加快了，产业结构逐步实现了多样化。不少国家的工业有了一定基础，经济发展水平也有很大提高，有些国家已被国际上称之为"半工业化国家"。但是，经济的增长并没有相应地改变人民的贫困状况，工业化战略常常加剧了贫富两极分化，导致了社会经济矛盾的尖锐化。

从具体材料看，在70年代初，生活在发展中国家的贫困人口估计达7亿。年收入不到50美元的人，在亚洲占36.7%、在非洲占28.4%、在拉丁美洲占10.8%。就连工业比较发达的巴西、墨西哥、哥伦比亚和菲律宾也有15%—30%的人生活在贫困线以下。[①] 在贫富收入的差距方面，菲律宾最贫困的人年平均收入从1961年的383比索，增加到1971年的687比索，而最富有的人从5 094比索增加到10 079比索。两者的差距从4 711比索扩大到9 392比索，几乎扩大了一倍。在拉丁美洲，最贫困的人的年平均收入从1960年到1970年只增加2美元，而最富有的人则增加了325美元，两

---

* 原载《世界经济》1982年第11期，合作者：侯若石。本文获中国社会科学院优秀论文奖。

① 世界银行：《世界发展报告1979年》，第90页。

者的差距从1960年的2 252美元扩大到1970年的2 575美元。①

在实行工业化战略的同时，很多发展中国家忽视农业生产，结果使农业长期处于停滞状态，粮食生产水平很低，食物供应严重不足，加上收入分配上的不平等，发展中国家在70年代初有4亿多人处于饥饿状态（占发展中国家总人口的1/4左右）。② 发展中国家不得不每年耗费大量外汇进口粮食，这又进一步加重了国际收支状况的恶化。

工业化战略以增加物质资本投资为重点，常常轻视人力资源的开发，造成教育卫生水平很低，而人口增长却很快。70年代初，发展中国家的成人识字率平均仅50%。其中拉美地区稍高一些；非洲最差，只有26%。当时发展中国家人口的平均寿命只有48岁，拉美稍高，非洲仅41岁。如果考虑到这些国家贫富差别，贫苦人民的教育和健康状况就更差。

工业化战略还导致许多国家严重的城市化和地区经济发展的不平衡。从1950年到1975年，发展中国家城市人口平均每年增长4%，从而使失业问题更加严重。据估计，70年代中，发展中国家公开性失业人数近3 300万人。③

人民生活贫困，社会不平等加剧，使许多发展中国家国内政局不稳，政变和军事冲突时有发生，打乱了经济发展的正常进程。

事实说明，追求高投资、高增长的工业化战略，没有能解决发展中国家的贫困问题，贫困人民并没有从增长中得到多少经济利益。这些问题使发展中国家逐渐认识到，修改经济发展目标和政策已是势在必行。

另一方面，发展中国家经济发展战略的调整又受到发达国家和国际组织经济思潮的影响。60年代前后，一些西方经济学家（如美国的西奥多·舒尔茨）就曾提出过发展福利事业，开发人力资本的理论，但当时并没引起重视。1965年，联合国大会针对发展中国家贫困和两极分化问题，提出了第一个发展十年战略后五年的社会发展方案，要求各国执行公平的收入分配政策。到60年代末，联合国在第二个发展十年战略中明确指出："发展的最终目的，必须是使个人的福利得到不断进步，并给所有的人带来好处"。并强调要实行"随着增长而重新进行分配"的发展战略。应该说，这是社会经济综合发展战略的最早设想。

---

① 联合国拉丁美洲经委会：《拉美经委会评论》，1976年（上），第118页。
② 联合国粮农组织：《世界粮食情况的估计：现状和前途》，1974年，第66页。
③ 联合国社会经济事务部：《1978年世界社会状况报告》，第13页。

进入70年代后,国际上对这个战略的探讨逐渐形成高潮。以钱纳里为首的世界银行经济学家和以格瑞芬为首的国际劳工组织专家都对增长和收入分配的关系,以及消灭贫困和满足基本需要的措施进行了研究,并对这两个组织提出的社会经济综合发展战略的内容有很大影响。1975年,当时的世界银行行长麦克纳马拉主张,应当在20世纪末争取实现满足低收入和中等收入国家贫困人口的生活基本需要的主要目标。1976年,国际劳工组织在关于就业、收入分配与社会进步和国际分工问题世界会议的文件中提出,所谓满足基本需要,首先要满足每个家庭的私人消费的最低需要,向贫困人民提供充足的食物、住房、衣着和家具;其次才是向他们提供教育、卫生、电力、饮用水和公共交通等社会设施。① 由于这个文件第一次提出了社会经济综合发展战略的基本内容,在国际上影响较大。1977年联合国贸发会议秘书长在关于国际经济发展战略演变的报告中对这个文件表示赞同,并进一步指出:"在一项行之有效的战略中,收入的再分配必须同生产结构的适当改革(包括创造新的生产能力)联系起来,以满足收入分配政策所必然带来的新需求"。为此,要"大力发展农业生产、增加农业投资、提高工业产品产量",还"需要立足于采用容易适应贫穷社会低熟练水平的技术"和"培养科技力量"。② 世界银行则认为,以收入为中心,满足基本需要的几个因素是互相联系的,即土地所有制、技术和研究、国内储蓄、外国资本、投资配置、农业、外贸、税收及其转移等会影响收入水平,教育、营养和人口增长同样也影响收入水平。这两组因素互相影响,但根据发展中国家目前条件,更应该重视教育和卫生事业的发展,增加对贫困人口的食物供应,控制人口的增长,并努力开发人力资源。③

因此,到70年代末,国际上对经济和社会的总体发展,大体上有了一个较清楚的认识。联合国第三个发展十年战略中指出:"发展的最终目的是,在全体人民充分参与发展过程和公平分配收入的基础上,不断提高他们的福利。""经济增长、生产性就业和社会平等都是发展的根本性的和不可分割的因素"。这个国际战略还强调"发展是一个完整的过程,包含了经济的和社会的目标"。它除了规定经济发展目标之外,还规定了在社会发展方面,即公平分配、充分就业、普及教育、培训劳力、提高健康水平、改善居住条件、

① R.辛哈:《印度的收入分配、增长和基本需要》,1979年版,第23页。
② 联合国贸发会议:《切实可行的国际发展战略的演变》,1977年4月25日。
③ 世界银行:《世界发展报告1980年》,第46页。

保障妇女儿童和青年正当权益等方面的具体目标。

二、社会经济综合发展战略的主要内容和政策

社会经济综合发展战略的目标是消灭贫困、满足人类生活基本需要。从目前发展中国家实施这一战略看，大体上它包括三个主要方面：

第一，使贫困人民得到经济增长的某些实惠，以改善收入分配的不平等；

第二，提高贫困人民的劳动生产力，扩大他们的就业机会，并提供必要的劳动手段；

第三，开发人力资源，在教育、卫生、营养和节制生育等方面，为贫困人民提供方便。

在改善收入不平等方面，主要是利用国家财政手段，来改善收入分配的过分悬殊状况。主要政策有：实行累进税制，增加对富有阶层征收的所得税，减少或豁免贫困阶层的所得税；政府把一部分财政收入用于贫困人民的补贴，给老人、儿童、残废者和失业者发放社会保险金和救济；对最基本的生活必需品实行价格补贴，或实行免费或平价配给制度。

在提高贫困人民劳动生产力方面，主要途径有，积极发展劳动密集型的中小工业和农村工业，满足文化技术较低的贫困人民的就业要求；有些国家为增加就业和外汇收入，还实行鼓励劳动力出口的政策；实行土地改革，发动垦荒运动，为贫困农民提供可耕土地；改进农业生产技术，为农村建设经济基础设施，如水利灌溉工程、道路、电站等。为实行这些措施，需要有政府财政上的支持和投资政策上的鼓励。如一些发展中国家在土地改革时，采取赎买政策，由政府提供贷款，让农民购买土地。政府还投资建设新垦区，移居农民可得到政府的财政补贴或减免农业税。对发展农业生产所需的农业机械、化肥和农药等商品，由政府提供价格补贴。对粮食生产，政府给予价格稳定支持。此外，对中小工业和农村工业的私人投资，一些政府还给予减免税收、优惠贷款、包购包销等特殊待遇。政府还出资组织部分失业者从事大型工程建设。

在开发人力资源方面，许多发展中国家改变了过去只为现代化部门和城市服务的做法，开始强调普及初等教育和中等教育，提高适龄儿童入学率和成人识字率。在卫生措施方面，强调面向贫困人民的初级保健，改善环境卫生，普及卫生知识。为提高营养水平，一些国家不但强调粮食生产，也注

意了粮食分配,实行粮食配给。为控制人口增长,许多国家开展了家庭计划运动,提供节育服务,宣传节育知识。为实行这些措施,不少国家增加了在教育和卫生事业方面的投资。为保障资金来源,一些国家还采取专税专用的办法。如哥伦比亚专门把啤酒税用于公共医院的投资。一些拉美国家也把工资所得税用于健康和社会保险的投资。为多方筹集资金,一些国家还采取鼓励私人企业、个人和非官方组织投资人力开发事业。如有些国家开展了人民自助运动,由群众集资兴建学校和卫生所。为节约资金,一些国家重视简单易行的大众化普及方法。

总之,为实施这一战略,发展中国家都加强了国家干预。表现在:(1) 通过特定的政策方针,指导国家的经济和社会发展;(2) 利用财政和其他手段,促进战略目标的实现;(3) 加强政府的行政管理,设立专门机构,培训工作人员,调动地方的积极性。此外,许多国家还采取相应的外资政策,吸引外资(包括利用国际金融机构的贷款)投资农业、社会基础设施和文化教育卫生事业。

应该指出,上述各项内容和措施是互相联系的,其中人力开发是一个核心。因为加强人力开发,有利于改善收入分配的不平等,也有利于提高贫困人民的劳动生产力。从宏观意义上说,它也有利加快国家的经济发展,增强国家独立自主的能力。因此,有人把社会经济综合发展战略称为人力开发战略,是有一定道理的。

三、社会经济综合发展战略的实施和成就

从70年代开始,一些发展中国家先后实施了这一战略。由于各国的情况不同,每个国家实行这个战略的侧重点也各不相同。有些国家在制定的经济发展计划中,把减少收入分配不平等、改善劳动力质量、增加就业机会、扩大粮食生产、开发落后地区,列为发展的重点。印度作为一个有一定工业基础,但整个经济发展水平较低的国家,主要致力于发展农业生产、建设中小工业和农村工业,并利用以工代赈等措施扩大就业机会。巴西经济发展水平较高,工业基础比较雄厚,但地区经济发展严重不平衡,巴西政府就侧重于开发落后地区,制定了开发东北部和亚马逊河流域的宏大计划。一些石油输出国则利用巨额石油收入,建设了一批基础设施,实施了不少社会福利政策。

斯里兰卡是实施这个战略较早的国家之一,并实行了一整套有关措施。

首先，在农村中进行了土地改革，保障小农的土地所有权；政府还向农民提供生产贷款，建设了一批水利工程；对稻米收购实行稳定价格制度。其次，政府在70年代初实行了一套收入再分配政策，规定了每人拥有的收入和财产的最高限额，实行所得税累进税制，对贫困人民给予稻米免费配给，普及免费教育和医疗等。据统计，1974年政府花在稻米免费配给、粮食运输补贴、免费教育和医疗等方面的开支，就占政府全部预算开支的一半。由于采取这些政策，斯里兰卡的收入分配差距在当时有所减小。最贫困的人(占总人口10%)的收入占全部人口总收入的比重，由1963年的1.5%提高到1973年的2.8%；同时占总人口10%的最富有阶层的比重由36.8%下降为28%。年收入少于100卢比的人口比重由1963年的59%下降为1973年的41%，年收入高于400卢比的比重由4%下降为3%，而中等收入(100卢比至400卢比)的比重由37%增加到56%。由于农村的人均收入增长率和就业人口增长率均高于城市，斯里兰卡的城乡人均收入差距也有缩小①。值得注意的是，斯里兰卡的人力开发水平不仅在低收入国家中是最高的，与中等收入国家比也属先进之列。1979年它的中学入学率达51%(高于阿根廷、巴西和墨西哥)，成人识字率为85%(高于马来西亚、泰国和委内瑞拉)，每人的平均寿命为66岁，儿童死亡率为0.3%(仅次于新加坡，是发展中国家中最低的国家之一)。由此可见，斯里兰卡在实施这一战略方面取得了一定成效。

其他发展中国家在这方面也取得了程度不同的成就。在改善贫困人民收入方面，土耳其、巴西等国广泛实行了社会保险制度。埃及在提高农产品收购价格的同时，1980年把人民生活必需的主要食品和纺织品价格降低了10%—20%。1981年又在提高最低工资标准的同时，把政府发放的食品补贴从1979—1980年度的15亿埃镑增加到20亿埃镑。孟加拉于1978年为70%的低收入家庭开设了粮食配给商店。哥伦比亚为生活最贫困地区的儿童提供免费食品等。

在就业方面，印度扩大了劳动密集型工业的固定资本投资，增加了为小型工业保留的生产品种和政府及国有企业向这些企业的采购额，此外，还利用一部分国家储备粮作为工资，组织农村失业者从事农田基本建设。70年代以来，许多发展中国家乘中东产油国大兴土木之机，大力发展对这一地区的劳务出口。1973年中东的劳务输入还不到50万人，1980年估计已达250

① 菲尔茨著：《贫困、不平等和发展》，1980年版，第197页、第200页。

万人，其中主要是东南亚、南亚和一些阿拉伯国家的工人和技术人员。

在农业生产方面，巴西、印尼、上沃尔特等国的垦荒运动取得了一些成就，由于奖励得当，不少农民乐意到新垦区定居。菲律宾政府制定了稻米丰收方案，采取措施扩大水稻种植面积，推广良种和农机，普及先进耕作技术，扩大水利设施，优先向稻农提供生产贷款，鼓励私人资本投资水稻生产，并规定合理的收购价格。到1976年菲律宾基本实现了稻米自给。近几年来，印度的农业技术水平也有很大提高，加上推广良种，扩大水利设施，1977年以来粮食就很少进口，有些年份还有少量出口，政府的粮食储备也有很大增加。

在人力开发方面，许多发展中国家下了很大力气。为发展教育事业，撒哈拉以南非洲国家花了大量政府开支（平均占政府预算15%—25%，占国内总产值的3%—6%）。肯尼亚、扎伊尔、象牙海岸和坦桑尼亚政府的教育经费，一般占国内总产值的5%左右。肯尼亚的小学入学率已从1960年的47%提高到1980年的99%，其他许多非洲国家小学普及率也有很大改善。南亚国家的教育经费比重虽低于上述国家，但普及教育发展也很快。缅甸的小学入学率从1960年的54%提高到1980年84%。同期，印度从61%提高到79%。至于拉美和东南亚地区的多数国家，教育水平历来比一般发展中国家为高。

在健康方面，许多国家纠正过去照搬西方医疗技术的做法，开始注重疾病预防、初级保健和改善环境，并积极发展农村的卫生医疗网点。卫生条件的某些改善，使很多国家人口的平均寿命有了提高，在阿根廷、新加坡、乌拉圭等国已达七十多岁，接近发达国家的水平。在控制人口方面，一些国家针对传统习俗的阻碍，广泛开展节育宣传活动。如印尼组织计划生育积极分子走村串户进行动员。泰国还在车站和码头宣传节育。有的国家还实行了节育奖励政策。如泰国用高于正常的价格收购节育农民的农副产品。印尼向节育妇女发放低息贷款，帮助她们发展家庭副业。所有这些，使许多国家实行节育的已婚妇女比例大有提高。1970年，印度、印尼、泰国、菲律宾、哥伦比亚、土耳其、马来西亚和墨西哥等国，这一比例一般不超过10%，1978年都已上升到30%左右，有些国家达40%。由此，很多国家出生率有了下降。

总之，用国际上一般采用的教育、健康、营养和人口增长指标来衡量的话，多数发展中国家这些年来在人力开发方面情况是有改善的。这说明，只要采取正确的战略和适宜的政策，发展中国家能够在力所能及的条件下，改善人口质量,缓和最贫困人民的生活处境,促进社会经济的综合发展。

四、发展中国家实行综合发展战略的局限性

如上所述,社会经济综合发展战略是针对工业化战略实施中的缺陷提出来的,在实施这一战略中也的确取得了一定成绩。但是应该看到,今天就发展中民族主义国家总体来看,收入分配不平等现象仍然十分严重,生活在贫困线以下的绝对人数仍在增加,到1970年代末估计已增至8亿。贫困人民生活的基本需要也远远没有满足,仅1978年发展中国家就有1 200万不满5岁的儿童死于营养不良。失业、文盲、疾病等问题也有恶化的趋势。究其原因,在于发展中国家实行的社会经济综合发展战略还存在很多严重的干扰和限制。

按照马克思主义的观点,人类社会的发展理应是人本身的发展。生产不过是人的发展的手段。但是在生产资料资本主义私有制度下,人的发展产生了异化,物的发展(财富的发展)代替了人的发展,追逐更多的剩余价值成为资本主义生产的目的。这就不能不导致社会阶级矛盾的尖锐化。在这种情况下,资产阶级被迫改变榨取剩余价值的方法,特别是在科学技术不断发展的条件下,提高劳动力质量,成为资产阶级榨取相对剩余价值的必要条件。

走上资本主义发展道路的发展中国家在实行工业化战略的同时,实行社会经济综合发展战略,当然也是符合资本主义发展利益的。首先,在社会生产力日益提高和广大人民觉悟不断增进的条件下,依靠延长工作时间和加强劳动强度的办法越来越困难了,而要提高相对剩余价值的剥削,就必须加强劳动者的智力和体力;其次,随着资本主义的发展,也要求市场的不断扩大。而大多数国内人民收入低微,农业基本上处于自给自足自然经济状态,显然严重束缚国内市场的容量;再次,很多发展中国家从实践中逐渐认识到,国民经济的发展,要求农业与工业保持适当的比例,社会基础设施的建设和生产增长要保持适当比例,否则,工业的发展就会失去基础,国家的财政经济和国际收支状况也会陷于困境;最后,让人民从经济增长中得到一定的实惠,有利于稳定政局,巩固自己的阶级统治。但是应该看到,目前发展中国家实行的社会经济发展战略并没有也不可能根本触及社会经济关系,而只是在分配关系上作些改良和调整。许多国家在农村中盛行的土地制度,也主要是上层富裕农民或中小地主得益,农村中封建的和半封建关系

仍然存在,资本主义关系在农村已经确立优势的国家并不多。众所周知,分配关系的性质是由生产资料所有制性质决定的。生产资料所有制度不改变,收入分配就不可能平等,人民的贫困状况也不可能彻底清除。在许多国家,地主阶级的阻挠,已经成为实行这一战略的严重障碍。连世界银行也承认:"有权势的人、特别是大地主反对人力开发计划,因为他们感到自己的权利和地位因此被削弱了。"①

值得提出的是,一些外国经济学家和国际组织在评论发展中国家在实施社会经济综合发展战略时,常以我国为例,来说明这个战略的积极作用。他们把我国同中等收入发展中国家的现状进行比较,从每人平均的国民收入水平看,我国虽低于这些国家(世界银行估计,1979 年我国人均国民收入为 260 美元,属于低收入国家,中等收入国家为 1 420 美元),但从小学入学率、每人平均寿命和人口增长率等指标来看,我国均大大优于这些国家。

发展中国家在实施这一战略时,当然还受到经济发展水平的限制。社会发展必须以经济增长为物质基础。发展中国家一般都比较穷,撒哈拉以南非洲和南亚地区一些国家经济发展水平更低,从而这些国家实行这一战略的困难也就更大。如斯里兰卡的经济发展水平很低,1979 年人均国民收入只有二百多美元,属于低收入国家之列。在 70 年代初实施这一战略时,政府采取的某些措施就脱离了本国的实际条件,以致加重了预算负担,增加了财政赤字,加剧了通货膨胀,最后不得不压缩政府在这方面的开支。如人均中央政府教育开支从 1972 年的 12 美元减至 1978 年的 8 美元,健康开支同期从 6 美元减至 5 美元,放慢了人力开发的步伐。这说明,发展中国家要谋求经济和社会的总体发展,仍然需要以大力发展生产,保持一定的经济增长速度,扩大物质资本的投资为前提。

最后应该指出,发展中国家实施这一战略还受到旧的国际经济关系的严重限制。因为维持和加强对发展中国家的剥削,是发达资本主义国家赖以生存的前提和基础。不仅如此,在当今世界,帝国主义、霸权主义在世界各地加紧争夺,严重威胁着发展中国家的独立和生存。当然,现在西方国家一些开明人士也主张要改革旧的国际经济秩序,呼吁资助发展中国家实施社会经济综合发展战略。一些国家出于各种考虑答应要给发展中国家以更多的援助。应该说,这些主张和做法是明智的。这是因为:(1) 他们看到了当前发展中国家与发达资本主义国家之间矛盾的严重性,认为如不设法加

① 世界银行:《世界发展报告 1980 年》,第 71 页。

以调节,势必将发展到无法控制的地步;(2) 也是为发达国家的经济衰退寻找出路。一方面发达资本主义国家一些重要原料和燃料严重依赖发展中国家,它们需要保证这种原料的充分供应;同时,70 年代中期以来,发达资本主义国家的经济衰退和危机日益严重,迫使它们将“过剩”产品输往发展中国家。目前发展中国家市场吸收了发达资本主义国家出口贸易的 1/4 左右,如果这些国家的市场能够扩大,是符合发达国家自身利益的。但是应该指出,上述改善发达国家与发展中国家经济关系的主张,在主要发达资本主义国家统治集团中还不占主导地位。

综上所述,回顾近些年来发展中国家实施社会经济综合发展战略的情况,一方面它确实在一定程度上促进了这些国家的社会发展和经济增长,增强了它们争取经济独立的力量。在争取建立国际经济新秩序的斗争中,经济和社会的总体发展,也已成为“南北对话”的一项重要内容。同时,发展中国家在实施这一战略中,也确实困难重重,存在着许多难以克服的矛盾,需要发展中国家人民坚持不懈地努力和奋斗。

战后发展中国家发展战略的剖析*

第二次世界大战以来,随着第三世界在国际政治中的崛起,这些国家的经济发展,也引起了各国经济家、官方人士和国际组织越来越大的关注。人们注意的中心问题之一,是发展中国家究竟应该采取什么样的发展战略,来实现它们的经济发展。

所谓发展战略,一般地说它包括一国经济发展的目标和为实现战略目标所规定的总方针和基本原则。由于发展中国家独立前后经济比较落后,工业基础薄弱,有些国家甚至还没有建立起现代工业,国家的经济活动主要依靠出口少数初级产品;同时,由于绝大多数发展中国家的经济仍附属于世界资本主义经济体系,受世界资本主义市场的影响较大,这就使发展中国家最初都把如何增加投资、如何正确分配投资,特别是如何处置对外贸易与经济发展的关系,以实现国家的工业化,作为发展战略决策的中心议题。只是在1970年代以后,鉴于以往的经验教训,一些国家才开始把经济发展和社会发展结合起来,把社会发展的一些目标纳入发展战略的范畴之中。

迄今为止,发展中国家实施的发展战略大体有以下几种主要类型:(1)“进口替代”战略,(2)“面向出口”战略,(3)“满足基本需要”战略。长期以来,人们对上述战略的利弊及其对发展中国家经济发展的作用,众说纷纭,褒贬不一。这里首先有一个判断发展战略好坏的是非标准问题,同时,也存在一个对各类发展战略实施的客观条件的认识。因为离开了一定的具体条件的分析,我们是很难对某种发展战略在某个具体国家的实施情况,作出客观的正确结论的。

一

战后一个时期,亚非拉发展中国家制定的发展战略,几乎都是从“进口

* 原载《北京大学学报》1983年第3期,合作者:侯若石。

替代"开始的。造成这种情况的主要原因是：

1. 战后以来，发展中国家虽然在政治上陆续取得了独立，但作为初级产品的生产国和出口国，它们的经济和外贸状况越来越坏。由于出口停滞，贸易条件日益不利，使这些国家的外贸和国际收支逆差不断扩大，并严重地影响了它们的经济发展和人民生活。这种情况，迫使发展中国家强烈地主张通过压缩部分制成品进口，实现进口替代工业化，以改变自己的国民经济结构，逐步摆脱受发达资本主义国家控制和剥削的地位。40 年代后期拉美经委会"发展主义"思潮的出现，就是这种主张的典型代表。

2. 发展中国家的资产阶级从后起的资本主义国家和社会主义国家实现工业化的实践中也认识到，在强大的国际资本势力包围下，要建立自己的民族工业，改变经济的落后面貌，就必须利用国家政权的力量，通过关税和其他的有关政策，进行有效的保护。早在 1940 年代初期(即二战后期)，印度大资产阶级在"孟买计划"(1944)中就提出：国家的干预似乎比所有权和管理更为重要，希望国家政权实行保护贸易和帮助发展工业的政策，以克服困难和不稳定的经济形势。

所谓"进口替代"工业化战略，就是通过建立和发展本国的制造业，替代过去的制成品进口，以带动经济增长，实现国家的工业化。同时，实施这一战略的直接目标之一，还企图通过进口替代，纠正对外贸易逆差，解决国际收支平衡问题。从战后实行的"进口替代"战略的内容看，大体可分为两类：一类国家，主要是原来工业基础比较薄弱的发展中国家(占发展中国家的多数)，它们初期的"进口代替"内容，主要是建立生产非耐用消费品的轻工业，因为这类工业所需的资本和技术较少，又能吸收较多的劳动力；另一类国家，由于它们战前已经建立起一定规模的工业、特别是轻工业方面的基础(如巴西、墨西哥、印度等)，还有些国家受当时社会主义国家工业化模式的影响，它们的"进口替代"内容就侧重于建立耐用消费品工业和基础工业。因此，国际上也把这种模式，称之为"基本工业战略"。

实行"进口替代"战略的国家，其主要政策手段就是对替代工业实施贸易保护。通过贸易保护政策，一方面抵制外国制成品的竞争，以影响本国消费品的选择；同时，通过对国内市场的保护，影响国内投资的分配决策和合理使用外汇收入。其具体政策和做法，各国虽不尽一致，但主要包括以下几方面：

1. 对制成品特别是消费品的进口，征收高额关税和附加税，实行进口限额和许可证制度，直到禁止某些消费品的进口；另一方面，为刺激"进口替代"工业的投资，对生产所需要的机械设备、原材料和零配件进口则减免关税。

2. 保持货币的高汇率或实行多种汇率制，对外汇实行国家管制。对于替代工业所需要的外汇，国家以优惠价格出售或优先配给。

3. 在财政、金融、税收和价格方面，对替代工业以特殊的优惠照顾，以保证资金供应和投资者能获得较高的利润。

首先，应该承认"进口替代"战略及其相应的政策措施，对发展中国家建立自己的民族工业，促进国民经济的增长，起了积极的作用。这表现在：由于提供了一个保护性的有利可图的市场，使发展中国家的制造业得到了迅速发展。据瑞士经济学家保罗·贝罗赫的计算，从1950年至1960年，亚非拉发展中国家的制造业年平均增长率为6.9%，这一速度不仅大大超过发展中国家的历史纪录，也快于同期发达资本主义国家的制造业增长速度。[①] 从地区和具体国家看，大多数实行进口替代战略的拉美和亚洲国家，制造业增长速度都较快。例如，印度的前三个五年计划期间（1951/1952年度—1965/1966年度），是工业发展的"黄金时期"，工业年平均增长率在三个五年计划里分别为7.5%、6.6%和8.7%。巴西在战后进口替代时期工业增长也很快，1948—1956年年平均增长率为8.8%，1957—1961年为10.7%。[②] 工业增长成为这些国家这一时期经济发展的主要推动力量。

其次，"进口替代"工业化的实施，促进了这些国家经济结构的改造，过去那种畸形的单一经济情况开始发生变化。在国内总产值中，许多国家工业特别是制造业的比重上升较快，而农业的比重相对下降。[③] 同时，在制造业内部，那些侧重于基础工业进口替代的国家，重工业的增长速度都大大快于轻工业。

再次，"进口替代"工业化，也加强了发展中国家经济的自主程度。它表现在进口的制成品占国内总供给的比重大大下降，一些国家设备的自给程度有了提高。在这方面，巴西、印度等一些国家的情况尤为突出，在1949年至1964年期间，巴西耐用消费品进口占国内总供给的比重由64.5%降为1.6%，非耐用消费品由3.7%下降为1.2%，中间产品由25.9%下降为

① 〔瑞士〕保罗·贝罗赫：《1900年以来第三世界的经济发展》，复旦大学经济系世界经济教研室译，上海译文出版社1979年版，第96页。

② 〔美〕斯·罗博克：《巴西经济发展研究》中译文，第33页。

③ 〔瑞士〕保罗·贝罗赫：《1900年以来第三世界的经济发展》，复旦大学经济系世界经济教研室译，上海译文出版社1979年版，第116页。

6.6%，资本货物由63.7%下降为9.8%[①]。即使像菲律宾、新加坡等这样一些原来工业基础很薄弱的国家，在60年代前半期的进口替代期间，消费品的自给程度也有很大提高。

当然，随着"进口替代"战略的实行，这一战略和政府实施的有关政策，也暴露出一些问题，并对经济发展产生一定消极的影响。其主要有：

在资本形成方面，这些国家一般都采取加强对国内人民剥削和积极引进外资的办法，来解决资金不足和提高国内的总投资率。对发达资本主义国家的垄断资本来说，发展中国家的市场当然是有吸引力的，过去它们主要是依靠出口来占领这个市场，现在它们发现，投资于发展中国家的制造业，不仅能直接剥削当地的廉价劳动力，而且能够逃避这些国家保护性关税壁垒的障碍，从而保证高额的垄断利润。这样，在"进口替代"期间，虽然这些发展中国家本国资本(包括国有的和私人的)增加很快，但外国私人资本流入相应也很快。例如仅美国在拉丁美洲的私人直接投资，就由1936年的28亿美元、1950年的46亿美元，增至1965年的109亿美元，其中委内瑞拉、巴西、墨西哥和阿根廷四个国家就占一半。结果，不仅造成巨额的外资利润外流，这些国家新建的一些工业部门，也在不同程度上掌握在外资手里。

在国民经济各部门关系上，由于贸易保护着眼于进口替代工业特别是制造业，而往往对动力、燃料、建筑和其他社会基础设施的发展注意不够。特别是许多国家都忽视了农业的发展，它们一面让国内的制成品保持高价，而农产品价格却维持在低水平上，从而使工农业产品的剪刀差不断扩大；同时，国家对替代工业所需的外汇优先供应，农业上必需的化肥和其他生产资料进口却常常得不到满足，加上农村前资本主义生产关系的严重束缚，这一切都严重损害了这些国家的农业。其后果之一，是许多国家粮食不能自给，粮食的进口越来越多。战前，发展中国家还是粮食净出口地区，1934—1938年年平均出口粮食1 496万吨，到1961—1965年，年平均净进口粮食已增至1 084吨。

在外贸和国际收支方面，"进口替代"战略的实施，虽然使国外消费品的进口大大减少，从而节省了外汇支出，但是机器设备、中间产品和原材料的进口却急剧上升。而且，由于进口替代的有关政策，已经建立起来的工业部门产品成本较高，在国际市场上缺乏竞争能力，使这些国家的主要出口商品仍然还是初级产品。另一方面高汇率政策又提高了外币衡量的初级产品出

① 〔瑞士〕贝拉·巴拉萨等：《发展中国家的贸易保护结构》，1971年版，第107页。

口价格,直接影响了这些国家的出口。进口替代不仅没有缓和这些国家对外贸易和国际收支的逆差,相反变得更加严重了,许多国家在60年代中期前后爆发了严重的外汇危机。当然也有少数国家情况例外,如马来西亚从实行进口替代工业化起,并没有采取过严的贸易保护政策,使马来西亚的初级产品及其加工品的生产和出口,一直保持比较兴旺的状况。

二

由于"进口替代"战略实施,没有能达到纠正贸易逆差和缓和国际收支赤字的预期目的,也由于一些国家国内市场的限制,影响工业化进展的步伐,于是在1960年代中期前后,亚洲的一些小国和地区如新加坡、韩国等,在实行短期的进口替代之后很快转向了"面向出口"工业化战略。它们指望利用本国的廉价劳动力优势,通过积极引进外国资本和技术,首先发展劳动密集型的制成品生产和出口,以带动工业和经济的增长,并缓和国际收支的压力。其他一些国家如巴西、墨西哥、菲律宾、马来西亚和泰国等,在这以后也先后程度不同地转向这个战略,或采取"进口替代"和"面向出口"相结合的战略。

需要指出的是,这个时期国内和国际的条件,也为一些发展中国家实行发展战略的转变提供了条件。在国内,前一时期的进口替代工业化,奠定了一定物质的、技术和熟练劳动力方面的基础。在国际经济方面,首先是在第三次科技革命的推动下,60年代前后发达资本主义国家经济正经历着一个相对繁荣的时期。战前严厉的贸易限制政策放松了,贸易自由化程度有了加强。这给发展中国家增加出口提供了可能。其次,由于科技革命的影响,一系列新兴工业部门的建立,使发达资本主义国家的国内经济结构面临改组的需要。由于这些国家国内劳动力成本较高,防止污染的条例较严,某些工业的原材料不足,这就使它们考虑把这部分工业转移到发展中国家去。另外,由于资本主义发展不平衡,发达国家对世界市场的争夺日益加剧,也迫使发达资本主义国家的跨国公司根据全球经营战略,利用发展中国家劳动力和资源的优势,把某些产品的加工装配工序放在这些国家,以降低生产成本,提高产品的竞争能力。

所谓"面向出口"工业化战略(或称"鼓励出口"战略),就是使国内的工业生产,面向世界市场,并逐步替代过去的初级产品出口。它既包括原有进口替代工业面向出口,原有初级产品的加工出口,同时也包括新建一些专供出口的制造业部门。由于这种战略主要是利用扩大出口来积累资金，带动整个工业和经济增长，因此一些国家也把它称为“出口主导型战略”。其实，这种战略最先还是在发达资本主义国家实行的。战后联邦德国、日本等国家的经济迅速恢复和发展，在很大程度上就是依靠扩大对外贸易实现的。

要打开制成品的国际市场，关键在如何提高商品的竞争能力。为此，实行“面向出口”战略的发展中国家大多放松了贸易保护政策，其中包括：对出口的制成品减免关税和给予价格补贴，提供各种信贷便利，免征出口商品的所得税或销售税，并对出口部门所需的机械设备、原材料和零配件进口减少控制；实行货币贬值，放松外汇管制，对出口部门优先提供外汇资金。此外，为鼓励本国资本对这些部门的投入，许多国家还采取了对出口部门的利润减免征税，实行固定资本的加速折旧，优先提供土地，并通过国家对基础工业和社会基础设施的投资，向私营部门提供廉价的原材料和基础设施服务。

与此同时，为解决资金不足，吸收外国先进技术和管理经验，打开国际市场销售渠道，这些国家都先后实施了对外资更加开放而又积极引导的政策。为鼓励跨国公司向出口制造业和技术要求较高的部门投资，许多发展中国家除在利润汇回、持股比例、税收和审批手续等方面给予优惠和方便之外，还签订了有关保障投资安全的协议，设立了出口加工区。

无疑，“面向出口”工业化战略，对推动一些发展中国家和地区对外贸易和经济的进一步增长，起了积极作用，以致一些国家现在已被国际上称为“新兴工业化国家”。

首先，由于吸取了外国资金和技术，结合国内廉价的劳动力，并相应采取了一系列有利于出口的措施，使这些国家和地区的制成品特别是劳动密集型产品，逐渐在国际市场上打开了销路。近二十年来，这些国家和地区的对外贸易发展很快，出口商品中制成品所占比重迅速增加。例如 1960 年代发展中国家中非石油生产国的出口年平均增长为 6.7%，而其中制成品快速增长出口国和地区① 的出口年平均增长率为 7.9%；1970—1979 年期间，前者的出口增长率增至 20.9%，后者则增至 24.9%。从 1970 年到 1979 年制成品在“面向出口”的这类国家和地区总出口中的比重情况：巴西从 9.7% 增至 32.6%，韩国从 74.9% 增至 83.7%，菲律宾从 6.4% 增至

① 联合国贸发会议确定的标准是：1. 1976 年制成品出口超过 8 亿美元。2. 1967—1976 年制成品出口年增长率超过 20% 者，其中包括阿根廷、巴西、韩国、墨西哥、新加坡和中国香港等六个国家和地区。

20.5%,新加坡从26.7%增至43.7%,泰国从4.4%增至21.1%,马来西亚从6.3%增至14.9%。在这些国家中,只有墨西哥因石油出口剧增,使制成品出口比重略有下降①。

其次,制成品出口的迅速增加,不仅使这些国家增加了资金积累,为提高国内投资率及增加国外机器设备和原材料的进口提供了可能,而且也推动了与出口工业有关的其他经济部门的发展,从而带动了整个经济的增长。这些国家和地区的经济增长速度都比较快,如以人均国民生产总值增长速度来衡量,1960年到1978年的年平均增长率,新加坡为7.4%,巴西4.9%,韩国6.9%,马来西亚3.9%,泰国4.6%②,均超过发展中国家非石油生产国的平均增长速度。

最后,由于工业的发展,这些国家的经济结构发生了进一步的变化。制造业在国内总产值中所占比重显著上升,一些国家已接近发达国家的水平。从工业内部轻重工业的比重看,巴西、阿根廷、墨西哥和印度等也与发达国家相近似,其中一些国家已经建立了部门比较齐全、具有一定规模的工业体系。

但是,随着1974—1975年世界资本主义经济危机的爆发,以及此后发达资本主义国家经济相继陷入"滞胀"的困境,一度被西方经济学家视为发展中国家经济发展的灵丹妙方的"面向出口"战略,也日益暴露出它的各种弊病。

问题之一,在"面向出口"战略下建立起来的工业,主要是为出口,特别是对发达资本主义国家出口,因此它对世界市场有严重的依赖。而且由于出口的工业品主要是轻纺产品,需求弹性并不高,一些重要部门(如化工、机械)的产品出口有限,这样,只要资本主义世界经济一有风吹草动,就直接影响这些国家的经济和贸易。事实上,1970年代后半期以来,发达资本主义国家贸易保护主义日益抬头,使这些国家的制成品出口面临重重困难,经济增长的波动较大。增长的势头也大大放慢。

问题之二,由于工业面向出口,片面追求出口增长而忽视国内消费,造成国内消费品的短缺。同时,为追求高投资,国家拼命增发通货,增加税收;加上放松进口,货币贬值,这一切导致多数面向出口国家国内严重的通货膨

① 联合国贸发会议:《国际贸易和发展统计手册,1980年补》,第108—129页。其中韩国的数字是1970—1978年的年平均增长率,新加坡的数字是1970—1977年的年平均增长率。

② 世界银行:《1980年世界发展报告》,第23页、第32页、第179—182页。

胀和物价上涨。1970年代以来，实行“面向出口”战略的国家，通货膨胀率大大高于60年代，除个别国家外，年平均通货膨胀率都在两位数以上，阿根廷、巴西等国家有时甚至达到三位数的恶性膨胀。

问题之三，外资的大量涌入，虽然带来了一定的资金和技术，但同时也造成：(1) 一些重要工业部门，特别是机械、化工、电子、医药等新兴部门，程度不同地控制在外资手里；(2) 许多出口部门是劳动密集型的或加工装配“孤岛型”的工业，使这些国家对发达国家的技术依赖更加扩大；(3) 通过利润、股息和跨国公司内部的调拨价格，使大量资金流往国外；(4) 这些国家中的资产阶级上层，通过与外资的合作也得到了优厚的利益，但不少国家中小企业的发展受到了损害。

问题之四，“面向出口”战略企图解决对外贸易和国际收支逆差，结果常常适得其反。出口增加很快，但进口增加更快，加之国际市场能源、设备等商品价格剧涨，外资利润和外债还本付息的增加，使这些国家中的大多数，国际收支赤字不断上升，外债越来越重。例如巴西的外债，在1968年底，即推行面向出口战略的第二年还只有36亿美元，到1974年底就增至170亿美元，1982年底又增至880亿美元新高峰，居发展中国家的首位。许多国家每年外债的还本付息大大超过了占商品和劳务出口的25%的“警戒线”。

因此，近几年来，一些实施“面向出口”战略的国家，又不同程度地重新加强了“进口替代”的倾向。连世界银行也承认，现在“强调有选择的进口替代是有助于增长的”[①]。当然，这种倾向的出现并非偶然，除片面强调“面向出口”引起的一些问题外，一些发展中国家的国内经济发展也带来重新加强“进口替代”的需要和可能：(1) 经济增长造成一个日益扩大的国内市场；(2) 科技革命所出现的一些新产品，如塑料、人造纤维等，过去是进口的，现在逐渐有了替代的可能；(3) 工业部门的发展是不平衡的，工业越发展，部门之间的联系越加广泛和密切，实行进口替代的可能也就越大。当然，目前一些国家“进口替代”的复出，已经不是原来意义的简单重复，因为它已不是原来那种严厉的贸易保护政策之下的“进口替代”，而常常是和“面向出口”结合在一起的；它也不只是对某些制成品的“进口替代”，还包括在能源和粮食等方面的自力更生；同时，它不仅是同类产品的“进口替代”，也包括在国内生产某些替代品对进口商品实行替代，如生产热带粮食作物代替进口小麦，生产酒精代替进口汽油等。这说明“进口替代”的内容和范围，比过去更

① 世界银行：《1980年世界发展报告》，第23页、第32页、第179—182页。

广泛、也更多样化了。

三

在70年代以前，大多数发展中国家实施的发展战略(一些经济学家把这种战略又称为传统的经济战略)，都是以经济增长、特别是以追求国民生产总值的增长为目标，很少注意收入分配上的问题。有些国家(如印度)，尽管在几个五年计划目标中一再提出，要最充分地利用人力资源、扩大就业机会、减少收入和财富方面的不平等，但也是说得多，做得少。结果，广大人民并没有从增长中得到多少好处，国内的两极分化越来越严重。据世界银行估计，巴西、墨西哥、哥伦比亚、埃及和菲律宾一些国家，至少有15%—30%的人生活在官方规定的贫困线之下。① 在印度，1977—1978年度生活在绝对贫困线之下的人占全国人口的48%，官方估计的失业人数就在2 000万以上。当然，造成这种状况的根本原因，是这些国家的社会经济制度和当前不合理的国际经济关系，但也与它们长期推行的发展战略有密切关系。因为无论是“进口替代”战略还是“面向出口”战略，大多数是在极力压缩消费的基础上，来提高国内的储蓄率和积累率；在牺牲农业的基础上，片面追求工业的发展。其结果必然是，穷了老百姓，富了外国和本国的资产阶级，特别是大资产阶级。连世界银行前总裁麦克纳马拉也承认，增长对发展来说是完全必要的，但是无论它达到多大规模，只要它不能影响到成千上万赤贫的人们，那么对他们是没有帮助的。

同时，许多发展中国家从自身的和其他国家经济发展的实践中也逐渐认识到：提高人口质量，注意人才开发，训练一支体力和智力较好的劳动队伍，是经济发展和增强国家自主程度的重要条件。而且，随着工业化的发展，对劳动力队伍的身体素质和文化科学素质的要求也就越高。

正是这种背景下，1970年代以后一种新的发展战略，即“满足基本需要”战略也就应运而生。不少发展中国家开始把“满足基本需要”战略的一些内容，列为各国发展计划的目标之中。但是，由于时间还不长，目前对于这一战略的目标和基本政策，在国际上还有颇多分歧。例如有的认为(如联合国工发组织)，“基本需要”是指一个国家里最贫困阶层在消费(衣、食、住)

① 世界银行：《1979年发展报告》，第90页。

和基本服务(交通、保健和教育)方面的最低水平①。因此,这种观点比较着眼于消灭绝对贫困,即把减少生活在贫困线以下的人数,作为战略的基本目标。也有的认为(如世界银行),它的目标应该包括相互补充的四个方面:即(1) 增加就业;(2) 满足基本需要;(3) 减少收入和财富方面的不平等;(4) 提高穷人的生产力②。这就是说,这种观点主张,把消灭绝对贫困和改善收入分配上的不平等和开发人力资源,更密切地结合起来。

在实践中,1970 年代以来,发展中国家在减少贫困、提高贫苦人民的收入和改善穷人的劳动生产力方面,采取了不少措施,并取得不同程度的进步。

在提高穷人收入方面,一些国家注意了增加农业投资,改善农业生产条件,发展农村工业,提供优惠贷款和补贴;注意发展中小工业,采用适用的技术,加强职业训练;采用各种办法包括向国外输出劳动力,来增加就业机会;增加国内消费品生产,减少通货膨胀,逐步稳定物价;有的国家还对富裕阶层征收高额累进税,对贫苦人民给以各种补贴和救济。例如,近几年来印度政府比较注意发展小型工业和乡村工业,实行以工代赈计划、牛奶合作增产计划和保护手工业等措施,为城乡贫民提供就业机会。菲律宾也加强了对农业的投资,政府不仅扩大了农业贷款,还对农民购买肥料、农机设备等生产资料,甚至对稻米的保管运输费用,都给以补贴。这些措施的实行,对菲律宾实行大米的自给自足起了积极的作用。新加坡对改善劳动者物质利益方面比较重视,办法是:(1) 提高工资,实行私人企业和政府部门统一的工资调整法,并允许劳动生产率增长较快的部门工资可以提高得快些;(2) 大力兴建住房,低收入阶层在租售方面给予照顾;(3) 实行工人中央公积金制度。这些措施的实行,对促进经济增长和缓和劳资关系起了一定作用。70 年代以来,巴西政府大力开发亚马逊河流域和东北部地区,推行各种社会福利制度和社会保险制度,以扩大就业和缓和国内贫富悬殊的矛盾。

在改善穷人的劳动生产力,即改善教育、卫生、医疗、营养等方面,许多发展中国家都注意增加了文化教育和科学事业方面的投资,大力开展扫盲运动,提高成人识字率,组织各种职业训练;增加各种公共服务的投资,特别是对农村的医疗保健和卫生事业给予各种资助,大力兴建住宅,改善贫苦群众居住条件;推行家庭或人口计划,控制人口的出生率,这些做法,对改善发

---

① 《世界各国工业化概况和趋向》,中国对外翻译出版公司 1980 年版,第 33 页。

② 世界银行:《1980 年世界发展报告》,第 23 页、第 32 页、第 179—182 页。

展中国家贫困人民的生活条件也起了一定作用。如果我们用每人平均寿命、识字率、儿童入学率、每个医生和护士的服务人数以及出生率和死亡率指标来衡量,70年代以来发展中国家的情况是有改善的。①

无疑,把“满足基本需要”作为发展战略的一个目标,这是发展中国家发展战略演变中的一个进步,虽然它还说不上是发展战略上的一次革命。因为它并不涉及生产资料关系上的再分配,而是在保存现存的社会经济制度的基础上,对分配关系的某些调整,这就决定了这一战略实施中的局限性。同时,各国战略的实施情况也很不平衡,有些国家进展较大,有些则停滞不前。除了经济发展水平不同的原因之外,也与各国政府当前执行的政策直接有关。

四

战后三十多年来,发展中国家先后实行了不同的发展战略。对于这些战略,人们的看法常常是截然相反的。有些人希望通过比较各种战略的利弊,来探索一种对所有发展中国家都适宜的发展战略。不过,这是很难的。

首先,这里有一个判断好坏的标准问题。在一个很长的时期里,传统的西方经济学常常把一国的经济增长速度或人均国民生产总值的增加,作为衡量经济发展成就和发展战略好坏的主要标志。认为只要能够尽快实现经济增长,就会自然地解决贫困和收入分配问题。然而,事实并不是这样。现在越来越多的人逐渐认识到,经济增长虽然是社会进步的必要条件,但并不是惟一的条件。他们主张,应该确立经济增长、减少贫困、自力更生和经济独立这样几位一体的目标。无疑这样的发展战略目标,比较符合发展中国家的具体国情,也是发展中国家经济健康发展的比较全面的标志。

从目前发展中国家实施的发展战略看,应该承认,它们都有在一定程度上适应生产力发展客观要求的方面,也促进了这些国家的经济发展。例如“进口替代”战略,对保护国内工业的顺利成长,免受资本主义世界市场的冲击,有积极的作用,有利于建立独立自主的民族经济。一些国家还从轻工业的进口替代逐渐发展到重工业的进口替代。“面向出口”战略,扩大了市场,有利于实现规模经济,从而对提高劳动生产率,降低成本,增强经济效率,起了有力的推动作用。一些国家也正在由出口劳动密集型产品逐步向出口资

① 世界银行:《1980年世界发展报告》,第32—70页。

本和技术密集型产品的方向转变。"满足基本需要"战略,强调了农业和小型工业的发展,特别是重视人力资源的开发,适应了"劳动生产力是随着科学和技术的不断进步而不断发展"[①] 的客观规律,因而必然会对发展中国家的经济发展产生深远的影响。

但是也应看到,这些战略又都存在着和发展战略目标相矛盾的一面。"进口替代"战略谋求经济上的自力更生,但对发展中国家来说,经济增长又会受到国内市场和效率的限制,使经济增长的速度受到影响。"面向出口"战略因积极利用外资和世界市场,又容易增加对发达资本主义国家的依附性。同时,这两种战略尽管不同程度地促进了生产的发展,但又都没有注意到收入分配和消除贫困的问题。

"满足基本需要"战略企图消除贫困,改善收入分配上的不平等,但它受到社会经济制度和生产力发展水平的限制。如在 1970 年代前半期,斯里兰卡曾推行了一系列消灭贫困和改善收入分配不平等的激进措施,甚至实行了免费配给稻米,免费教育和医药以及食品运输补贴等政策。但是由于经济力量薄弱,这些做法不仅加重了政府的财政负担,加剧了通货膨胀,也严重影响了经济增长,最后使这些社会福利措施无法继续下去。

其次,是各国的具体条件。发展中国家在资源、人口、面积、社会经济结构、经济发展水平以及在和发达资本主义国家的关系上都各不相同。因此,即使就一个国家来说,发展战略也不可能是一成不变的,更谈不上要求所有国家都去采用某一种具体的发展战略。

例如"进口替代"为主的战略,一般说来比较适用于刚刚开始工业化进程的国家或那些地大物博、人口较多的国家。因为前者原来工业基础较差,经济和技术力量薄弱,如果没有国家的保护,国内的民族工业就很难建立起来。后者有较大的潜在国内市场,有容纳国内工业发展的较大余地。当然,"进口替代"有它的局限性,向"面向出口"战略转变也是历史发展必然趋势。但我们对市场和生产效率的问题要作具体分析,不能认为"进口替代"已经在发展中国家走到了尽头。因为:(1) 工业化本身必然会引起生产消费和非生产消费的增加,从而使国内市场进一步扩大;(2) 国内市场的规模,虽然和各国人口和人均国民收入有关,但还有一个经济结构(特别是农业的发展)和收入分配的问题。发展中国家如果能采取适当政策,国内市场的潜力就可能进一步发挥;(3) 通过进口替代建立起来的工业(特别是一些新兴产

---

① 马克思:《资本论》第 1 卷,人民出版社 1972 年版,第 664 页。

业),尽管在初期效率较低,成本较高,但随着技术和管理的改进,是完全可能逐步改善,并在国际市场上打开局面的。事实上,1960年代以来,埃及、泰国、巴西等国机械设备出口大幅度上升,其工业基础就是在进口替代条件下建立的。许多国家至今在鼓励出口的同时也没有完全放弃进口替代。因此,问题在于发展中国家能否在社会经济结构和生产、分配、流通、消费等方面,实行相应的改革。

至于有些小国和地区,实行以“面向出口”为主的战略,是势在必行,实践证明也是有成效的。这是因为:(1)这些国家面积小,人口少,而且自然资源不多,必须通过广泛参与国际分工和世界市场来实现经济发展;(2)它们已经具有一定的国内工业基础和其他物质技术条件;(3)它们中的一些一直和发达资本主义国家保持着一种特殊的关系(如新加坡、韩国等国家和地区),因而享有发达资本主义国家在金融、贸易等方面的种种优惠条件。但这种战略存在的一个根本问题是,如何解决对国外市场和资金的严重依赖。从目前情况来看,这类国家和地区的困难也很多,出路在于能不能建立起一种对外资的有效监督和管理,能不能迅速增强自己的经济和技术力量,发展生产和出口的多样化和多边化。

至于“满足基本需要”战略,减少绝对贫困和满足穷人的基本需要,这对今天所有发展中国家来说,都有重要的现实意义。它不仅有助于经济增长,而且直接关系到一国的政局稳定。当然,在发展中国家目前的社会经济制度下,要完全实现这一战略是不可能的,但也不是不可能在一定程度上缓和广大人民的贫困状况。关键在于政府的政策。事实上,在发展中国家中,无论是低收入国家(如斯里兰卡)或中等收入国家(如新加坡),都有情况稍好些的。它们在成人识字率、儿童入学率、医疗保健设施、出生率和死亡率、人均寿命和提高最底层人民在国民收入分配中的比重等方面,走在同类国家的前面。

最后,正确选择一国的发展战略,还必须考虑当时的国际政治和经济环境。战后的实践证明,许多发展中国家实施发展战略之所以不能达到预期目标,主要原因之一,在于西方大国支配和控制的旧的国际经济秩序的情况没有根本改变,广大发展中国家仍然是西方大国剥削的主要对象。今天,发展中国家面对的国际政治经济环境,比过去要严峻得多。政治上,超级大国在世界各地的争夺愈演愈烈,霸权主义在亚非拉各地的侵略扩张,严重地威胁着发展中国家的独立和安全。经济上,70年代中期以来,特别是1980年开始的战后持续时间最长的资本主义世界经济危机爆发以来,各发达资本主义国家相继采取以邻为壑的经济政策,如提高利率、压低初级产品价格、日益严厉的贸易保护主义以及削减对外援助等,向别国首先是发展中国家转嫁危机后果,已经给发展中国家的生产、贸易、国际收支和经济政治生活,带来严重的影响。

近两年来,发展中国家的经济状况已经明显地恶化。1981 年非石油生产国国内生产总值的增长率仅为 2.5%,下降到 20 年来的最低点。其中包括制成品出口国,从地区看拉丁美洲国家都出现了负增长。由于发达国家限制进口和极力压低原料和其他初级产品价格,以及由于外债还本付息的急剧增加,发展中国家石油进口国的国际收支逆差已从 1978 年 392 亿美元,增至 1981 年的 990 亿美元,预计 1982 年为 970 亿美元左右①。结果,发展中国家的外债 1981 年已猛增到 5 400 亿美元,1982 年年底预计达 6 260 亿美元,目前已经有二十多个国家要求延期偿还外债。与此同时,发展中国家的失业和通货膨胀也发展到了空前严重的地步。所有这些进一步说明,发展中国家必须努力根据自己的国情,制定和执行适合本国情况的发展战略,以增强抵御发达资本主义国家转嫁危机的力量;同时,还必须根据不同时期的国际环境,及时调整发展战略,并把实施发展战略和争取建立国际经济新秩序的斗争,和全世界人民反对霸权主义、捍卫世界和平的斗争,紧密地结合起来。

① 联合国:《世界经济概览:1981—1982 年世界经济的近期趋势》,1982 年纽约。

发展中国家的经济调整*

亚非拉发展中国家独立后，在继续巩固政治独立的同时，在捍卫民族经济权益，发展民族经济，争取经济独立的斗争中，也取得了显著成就。但是从20世纪70年代中期以来，整个资本主义世界经济形势日益恶化，在短短几年里，继1974—1975年世界经济危机之后，1979年又陷入一场新的更深刻的世界性经济危机。发达国家实行以邻为壑政策，极力向发展中国家转嫁危机，使发展中国家经济面临严重的困境。从总的发展趋势看，发展中国家在70年代的经济增长速度已低于60年代，进入80年代后的三年里，又大大低于70年代，不少国家甚至出现了负增长。

面对这一形势，发展中国家被迫进行经济调整。调整分为两个阶段：1974年至1978年为第一阶段；从1979年至今，正在进行第二阶段的调整。这次调整包括几乎所有发展中国家，调整的任务也更加艰巨。

一、世界经济危机对发展中国家经济的影响

在分析这个问题时，我们通常列举目前发展中国家贸易逆差扩大、国际收支恶化、对外债务增加和经济增长率放慢、财政赤字和通货膨胀日益严重等现象。所有这些无疑是发达资本主义国家转嫁危机造成的后果。但是，我们还应该深入分析发达国家是怎样和通过什么途径，向发展中国家转嫁危机的。只有这样，才能真正揭示出真相，并有助于发展中国家采取正确的对策。

大家知道，在世界资本主义经济体系中，发展中国家与发达国家的经济关系主要是贸易和资金转移等方面的联系。由于发展中国家在这些方面严重依赖于发达国家，因此每当世界经济危机来临，发达国家也主要是通过这些途径，把危机后果转嫁到发展中国家。

---

* 原载《世界经济》1983年第6期，合作者：侯若石。

发达国家通过贸易途径转嫁危机主要表现在两个方面，一是减少从发展中国家的进口，导致这些国家出口量下降或增长放慢；二是压低进口价格，抬高出口价格，导致发展中国家的贸易条件恶化。

首先，在市场方面。经济危机爆发后，发达国家的经济活动出现严重萎缩，这不但影响它们的初级产品消费量，也延缓了它们本国工业结构的改组。特别是1970年代中期以来，发达资本主义国家经济的特点是，经济活动停滞与通货膨胀恶化交织在一起，这就大大改变了发达国家的生产和生活的消费构成。例如，发达国家初级产品消费量的平均年增长率，1963—1965年至1971—1973年为4.4%，1971—1973年至1978—1980年下降到1.6%；发展中国家同期的初级产品出口量增长率相应地从4.1%下降到0.1%。其中，发达国家温带食品消费量在1971—1973年至1978—1980年下降了0.1%，发展中国家的出口量下降了3.8%；农业原料的消费量下降了1.6%，出口量下降了1.4%。①

在1974—1975年世界经济危机爆发后，发达国家放慢了本国工业结构改组的速度，使发展中国家制成品出口量的增长也受到不利影响。从60年代初至70年代初，发达国家经济增长较快，工业生产主要以发展技术密集型和资本密集型部门为主，劳动密集型部门迅速向发展中国家转移，这使发展中国家的劳动密集型部门发展较快，这些部门的制成品向发达国家的出口增长也较快。在世界经济危机的冲击下，这种转移大大放慢，主要表现是发达国家对发展中国家制造业的私人直接投资增长较慢。特别是70年代以来，发达国家的贸易保护主义大大加强，使发展中国家劳动密集型制成品出口占发达国家的同类产品进口比重出现停滞和下降。从1978年至1980年，劳动密集型产品的比重从25.8%下降至25.5%，服装从42.8%下降至41.4%。②

其次，在价格方面。在世界经济危机影响下，初级产品在世界市场出现供过于求的现象，特别是发达国家垄断资本利用发展中国家对出口初级产品和进口制成品的依赖，操纵世界商品价格，压低初级产品价格，抬高制成品价格，导致发展中国家贸易比价的恶化。据国际货币基金组织材料，在70年代中期以来的两次世界经济危机中，除石油之外的初级产品价格，都出现剧烈下降。1975年比1974年下降了18.2%，1981年比1980年下降了

① 联合国贸发会议：《贸易和发展报告》1982年，第64—65页，第138页。
② 同上。

14.8%[1],1982年又进一步下降11.8%,使发展中国家初级产品出口面临着战后以来最困难的市场条件。在联合国贸发会议所调查的几个非产油国中,在从1973年至1980年,巴西、阿根廷、菲律宾和印度的贸易比价平均每年下降7%—9%。[2]

贸易比价恶化对发展中国家经济的影响是多方面的。第一,减少了出口收入,增加了进口开支,扩大了贸易逆差,恶化了国际收支。据世界银行的有关资料进行统计,1971年至1981年10年间,非产油的发展中国家仅贸易比价恶化一项损失的外汇收入就达600亿美元,占同期经常项目赤字的17%。[3] 第二,进口价格上涨推动了国内通货膨胀。出口价格下跌不利于国家财政收入,扩大了财政赤字,使通货膨胀更加严重。第三,严重影响了发展中国家的经济增长。贸易比价的恶化,加上出口量的缩减,直接打击了出口部门的生产,并由此引起国内经济其他部门的连锁反应,造成整个经济增长速度的下降。从联合国有关机构材料看,当发展中国家出口增长率较高时,它们的经济增长率也较高;反之,则较低。例如,1975年发展中国家中非产油国出口增长率为-0.5%,该年的国内总产值增长率也由1974年的5.4%下降为3.5%;1980年和1981年非产油国出口增长率由1979年的9.4%下降为5.6%和3.9%,它们的国内总产值增长率也相应由4.2%下降为3.9%和1.7%,其中制成品出口国1981年国内总产值出现了战后几十年来第一次负增长。[4] 值得注意的是,在最近这次世界经济危机中,石油出口国的贸易和经济状况也大大恶化了。由于发达国家压缩石油消耗,非石油输出国组织国家石油产量的增加,特别是发达国家抛售石油库存等原因,世界石油市场出现严重的供过于求状况,造成油价下降和石油生产普遍缩减,结果使发展中国家的石油出口国从1980年以来国际收支经常项目盈余大大减少,1982年甚至出现了赤字,整个国民经济近几年来一直陷于倒退的困境。

发达国家通过资金转移渠道向发展中国家转嫁危机,在当前主要也表现在两个方面:一是减少官方援助;二是提高贷款利率。

在危机期间,发达国家总是借口经济困难,拒绝向发展中国家增加援助数额。例如1981年经合组织成员国向发展中国家提供官方发展援助仅250

① 国际货币基金组织:《1982年年度报告》,第14页。
② 联合国贸发会议:《贸易和发展报告》,1982年,第75页。
③ 根据《世界银行年度报告》,1981年版和1982年版的数字计算。
④ 国际货币基金组织:《1982年年度报告》,第12页、第14页。

亿美元左右，比上一年减少了18亿美元，如果考虑通货膨胀因素，减少数额更多。因此，官方发展援助占发达国家国民生产总值的比重，已由1960年的0.51%减至1980年的0.38%，1981年又降至0.35%，大大低于联合国规定的0.7%的指标。其中美国的比重是除意大利外最低的国家，1981年仅占0.2%。[①] 结果，发展中国家只能日益转向国际私人金融市场告贷。从1974年到1980年，发展中国家对国际私人金融机构的债务占整个外债的比重，已由21%上升到36%。[②]

不仅如此，近几年来由于美国里根政府的高利率政策，带动了国际金融市场利率急剧上升，使发展中国家深受其害。欧洲货币市场的贷款利率已由1978年的8.7%提高到1982年的16.5%。与此同时，官方贷款和国际金融机构的贷款利率也随之上涨。例如世界银行贷款年平均利率也由1981年的9.6%上升到1982年的13%。[③]

利息开支的急剧增加，给发展中国家造成的影响是严重的，它进一步扩大了发展中国家国际收支赤字，加重了债务负担，使不少国家处于不断地借新债还旧债的困境。据联合国贸发会议材料，发展中国家外债还本付息（包括中长期贷款和国际货币基金贷款）已从1980年的631亿美元增至1982年的835亿美元，其中外债利息由240亿美元上升到347亿美元。同期，发展中国家积欠的中长期贷款占商品劳务出口的比重，也由107.7%增至133.3%。[④] 巨额资金用于债务的还本付息，势必大大减少发展中国家的资金积累，减少各种原材料和设备等生产投入的进口，从而直接导致这些国家的经济增长速度下降。

综上所述，在1974年和1980年爆发的两次世界经济危机中，发展中国家深受发达国家转嫁危机之害。而面对日益恶化的世界经济形势，发展中国家被迫对本国经济进行调整。

二、发展中国家的经济调整

如前所述，1970年代中期以来，发展中国家先后经历了两次经济调整。这两次调整的背景、调整的重点、涉及的国家以及各国采取的措施都是不同

① 世界银行：《1982年世界发展报告》，第140页。

② 世界银行：《世界银行1982年度报告》，第132—133页。

③ 《南方月刊》，1982年第3期，第92页。

④ 联合国贸发会议：《1982年贸易和发展报告》，第18页。

的。各国调整的成效也有很大差别。

（一）1974 年后的第一次调整

这次调整是在 70 年代初布雷顿森林国际货币体系开始瓦解，1973 年之后又连续发生能源危机、粮食危机，特别是由于 1974 年爆发了严重的世界经济危机之后进行的。由于经济危机对发展中国家经济的冲击首先表现在贸易和国际收支赤字上，因此，当时发展中国家的经济调整主要是围绕如何开源节流，改善本国的国际收支状况进行的。具体措施主要有：

第一，努力增加出口。其中包括：(1) 设法提高产品竞争能力。为此，不少国家实行汇率贬值，增加出口补贴，并对出口生产部门进行技术改造，以提高生产效率；(2) 力求出口产品多样化和出口方向多元化，以克服发达国家贸易保护主义的障碍。例如，马来西亚和象牙海岸发展了多种初级产品及其加工品的生产和出口。亚洲几个工业水平较高的国家大力开辟中东和其他产油国市场。新加坡、印度和南韩鲜等国家和地区向中东产油国出口的指数从 1970 年的 100 增加到 1979 年的 684。[①] 有些国家向中东产油国扩大了劳务出口。1978—1979 年，巴基斯坦和埃及等国的劳动力出口收入相当于商品出口收入的一半以上。[②]

第二，进一步放宽了对外国直接投资的限制，或实行更具有吸引力的刺激政策，以吸收和利用外资。如新加坡把投入“先驱工业”（Vanguard industry）的外资免税期从 5 年延长到 10 年。有些国家如巴西、墨西哥、阿根廷和韩国则大量从国际金融市场借款。有些则求助于国际金融机构。如菲律宾利用世界银行提供的经济结构调整的专项贷款，使工业从进口替代转为面向出口；塞内加尔利用它对出口进行补贴；圭亚那利用它奖励稻米和食糖生产。

第三，为改善贸易逆差和国际收支赤字，许多发展中国家开始对本国的产业结构进行了调整。重点是，在保证现有生产部门发展的同时，建立和加强薄弱部门。例如，一些实行面向出口战略的国家和地区，逐渐由劳动密集型产品的生产和出口，转向技术密集型和资本密集型部门的生产和出口。一些曾经侧重发展重工业的国家（如印度、阿尔及利亚和埃及），则开始注意发展轻工业部门。一些过分依赖进口石油的国家积极开采本国石油资源或

① 《第三世界季刊》，1982 年第 4 期，第 772 页。
② 世界银行：《1982 年世界发展报告》，第 13 页。

发展替代能源生产(如巴西研究用酒精代替汽油作为汽车的燃料)。还有些原先片面发展工业、忽视农业的国家,则着手大力发展粮食生产(如印度在1970年代后期基本上做到粮食自给,菲律宾实现了大米自给)。

第四,为保障结构调整所需的资金,一些发展中国家对财政金融政策作了调整。为控制通货膨胀,它们压缩了货币供应量,实行物价管制,冻结工资。为增加国内储蓄,采取提高利率的措施,放松政府对私人银行业务的控制。为增加财政收入,扩大国有部门投资,它们设法提高政府的征税能力。此外,有些国家还给予重点部门投资以更多的优惠待遇,如提供优惠贷款、减免税收等。

经过经济调整,许多国家的出口有较大增长,重点部门有一定加强,本国投资有所增加,外资对结构调整、弥补国际收支赤字也起了一定作用,经济增长速度也基本恢复到1974年世界经济危机前的水平。但是,由于这次经济调整主要是针对贸易逆差和国际收支赤字等外部经济问题进行的,发展中国家本身的经济结构的缺陷并没有根本改善。因此,当1979年石油再度大幅度调价和1980年爆发战后最严重的世界经济危机时,发展中国家不得不再次进行经济调整。

(二) 1979年后的第二次经济调整

由于这次经济危机对发展中国家的冲击时间长,范围广,更加严重,这就使越来越多的发展中国家去认真考虑,仅仅解决国际收支问题,显然远远不够,必须对整个经济结构、经济体制、以致所实行的经济战略,作出新的决策和调整。表现在:

1. 与上次调整不同的是,一些国家逐渐认识到为单纯追求经济增长而实行的高投资政策所造成的弊病,实行了紧缩开支、减少投资、压缩经济活动的措施。外债严重的巴西、墨西哥以及受油价下跌危害较烈的印尼等国,近两年来实行了货币大幅度贬值、控制物价、减少政府开支、提高利率、限制投资等政策。一些资金盈余的产油国也修改了投资政策,限制石油生产,发展非石油经济,削减大规模的政府开支,特别是政府对基础设施的投资。

2. 在经济结构上,对工业、农业、金融、服务业等部门的均衡发展,给予了更大的注意。

在工业部门的调整中,一些发展中国家加强了对企业的技术改造、人才开发和产品的升级换代。例如,为鼓励企业实现自动化,使国内生产进一步转向技术和知识密集型部门,新加坡开展了"第二次工业革命",为此连续三年增加工人工资，大大提高了工人的工资水平，并大力加强对职工的技术培训。近几年来，一些有一定工业基础的国家都注意加强了机械制造等部门。如新加坡的精密仪器制造、电脑装配、飞机零件制造和修配；马来西亚和印尼的汽车工业；巴西、墨西哥和阿根廷的农机工业，都取得了引人注目的成就。

在能源方面，一些国家除努力节约消费之外，也大力加强开发利用。例如，巴西的石油消费量从 1979 年的每日 123 万桶减少到 1982 年的 106 万桶，本国生产的能源换算成石油，日产量从 1979 年的 21 万桶提高到 1982 年的 34 万桶，对进口石油的依赖从 83％下降到 68％。[①] 印度吸取了上次调整时能源短缺的教训，增加了对电力、煤炭和石油的投资。

在农业生产方面，粮食和其他多种农作物生产继续有所发展。一些非洲国家专门制定了粮食发展战略，其他一些缺粮国家也采取了必要措施。例如，孟加拉国把农业列为经济发展计划的重点之一，它利用亚洲开发银行贷款扩大了粮食生产。巴西为改变单纯依赖咖啡生产的畸形农业结构，扩大了小麦、大豆和其他作物的生产。近年来巴西的大豆种植面积已超过咖啡，成为世界最大的大豆出口国。为改变国家吃粮靠进口的局面，巴西建立了十多个专门种植小麦的特别区。墨西哥为发挥小麦生产优势，采取了保障小农土地所有权、稳定小麦销售价格等措施。当然，粮食短缺仍然是很多发展中国家面临的主要经济难题。特别是非洲地区缺粮很严重。一些国家已把发展农业生产列为经济调整的长期任务。

此外，发展中国家在经济调整中还注意发展金融和服务业。新加坡进一步修改了有关金融的法律规定，以利于扩大亚洲美元市场，并争取成为亚洲的国际财团贷款中心。泰国和菲律宾也计划建立国际金融市场。资金盈余的产油国力求金融投资方向多元化，例如科威特已在东南亚国家建立了投资银行。此外，旅游、劳动力出口在一些国家也有较大增长。

3．在这次调整中，在经济战略上，更注意把面向出口战略同进口替代战略紧密地结合起来。战后以来，发展中国家实施的进口替代战略和面向出口战略对经济发展都起了一定的积极作用，但也都有一定的弊端。在上次调整中，一些国家从进口替代战略过渡到面向出口战略（如土耳其、泰国和菲律宾）。在这次调整中，战略性的调整有两个特点：第一，有些制成品出口国加强了进口限制。巴西就是一例。它在 1981 年和 1982 年连续增加限

---

① 〔英〕《金融时报》1982 年 10 月 24 日，1982 年为估计数。

制进口的商品种类,以鼓励进口替代。同时,巴西又积极鼓励汽车和农机等产品的出口。第二,一直坚持进口替代的国家,近几年也大力鼓励制成品出口。典型的国家有印度、印尼、乌拉圭和智利。1980年,印度政府专门成立了出口策略委员会,制定和协调出口政策。为促进出口,印度不但积极吸引外国直接投资,还鼓励本国资本向其他发展中国家投资,以便就地生产、就地销售。此外,出口加工区在一些比较内向的国家(如斯里兰卡)也发展很快。到1980年,约三十个发展中国家已经建立了出口加工区,还有一些国家正在计划建立之中。

4. 为提高经济效益,一些发展中国家根据本国情况对经济体制也进行了改革。这项改革主要包括两个方面:第一,减少政府对贸易和金融的干预,放松价格管制,发挥市场供求关系的作用。第二,发展私营部门,改革国有部门,发挥私人资本和小生产者的作用。例如,印度和阿尔及利亚等过去强调国家干预、发展国有经济的国家,近几年来都放宽了对私人资本在大型工程项目及制造业的投资限制。印度允许私人企业建立自用电站,放松政府对电力部门的垄断。孟加拉等国将亏损的国有企业转卖给私人资本,把已经国有化的纺织厂退还给原厂主。阿根廷政府规定凡是私人企业能够生产的产品,国有企业一律停止生产。在改革国有部门中,一些国家减少行政立法对企业的干预,发挥银行的指导作用。有的国家下放了国有部门的管理权限,扩大地方和企业的经营管理权力。一些由军人执政的国家强调实行专家治厂,由文职人员代替军人管理企业。为了刺激农民的生产积极性,过去强调发展国有和集体农业的国家,政策上也有变化。有的国家把国有农场转给私人经营;有的实行国有农场与小农合作生产的经营体制;有的解散农业生产合作社,鼓励个体生产;有的国家改变了由国家控制农业生产资料的做法,允许私人金融机构和贸易公司直接同农民交易。

近年来,发展中国家的经济调整虽然取得了一定成绩,但克服发展中国家经济结构上的脆弱性和对发达资本主义国家的依附性的努力,非一日所能奏效。特别是在现存的不公正和不合理的旧的国际经济关系支配下,它们还很难摆脱发达国家损人利己政策的影响。1982年,它们的经济普遍下降,几十个国家发生了严重的债务危机。这就使发展中国家更加迫切地认识到,国内的经济调整必须和对外经济关系的改革和调整紧密地结合起来。

发展中国家为改变不公正和不合理的国际经济关系,争取建立国际经济新秩序进行了不懈的斗争,鉴于“南北对话”所处的僵持状态,发展中国家在不放弃建立国际经济新秩序长远目标的同时,目前对南北经济关系采取了更加务实的战略。1983年4月在阿根廷首都布宜诺斯艾利斯召开的“七十七国集团”部长会议上，提出了调整南北关系的近期目标，即要求发达国家放松贸易保护主义、改善初级产品贸易条件、降低利率、增加对发展中国家的“援助”、重新安排债务等。在6月召开的第六届联合国贸易和发展大会上，大多数发展中国家又再次要求就它们所面临的这些迫切问题采取具体的应急措施。当然上述要求不能根本改变发展中国家所处的地位，但对缓和目前许多国家所处的困境有一定的作用。这些目标的实现虽非易事，但也不是完全不可能的。例如，去年当一些发展中国家的债务已发展到危及发达国家金融体系的安全时，一直持顽固态度的美国也不得不答应增加对国际货币基金组织的投资份额，以利于该组织的贷款活动和缓和国际债务危机。同时，在危机中，发达国家之间争夺市场的斗争也日益激烈，发展中国家的市场仍然是它们寻找出路主要场所之一，这就使它们不得不在一定程度上对发展中国家做些让步。

发展中国家在调整对外经济关系中，日益强调南南之间的经济合作。发展中国家至今已成立了二十多个区域性和分区域性经济合作组织。它们在推动地区经济合作，共同开发资源，促进经济发展上起了积极作用。在贸易方面，为捍卫自然资源主权，维护民族经济权益，已经建立了二十多个原料生产和输出国组织。发展中国家之间的贸易也有很大发展。尤其是1970年代以来“新兴工业化国家”与初级产品生产国、特别是与石油输出国之间的相互贸易发展很快。在资金合作方面，几年来石油输出国向其他发展中国家提供了不少资金。石油跌价之后，一些国家仍保证不减少对其他发展中国家的援助。此外，70年代以来发展中国家在技术和劳务合作方面的合作也在逐步扩大。可以预期，南南合作将在各个方面将比以往有更迅速的发展，并对推动南北谈判产生积极的影响。

发展中国家对跨国公司政策的剖析*

资本在国际间的大规模流动，是资本主义进入垄断阶段后出现的现象，它是生产力和生产关系发展的产物。但是，对发展中国家来说，制定独立的外资政策，利用西方跨国公司的资本促进本国的经济发展，改造落后的经济结构和实现国民经济的现代化，这是在它们获得了政治独立，成为主权国家之后才可能的。战后几十年来，发展中国家在制定和实施有关外资政策和法令方面，以及在利用、监督和限制跨国公司活动的具体实践中，积累了丰富的经验。

对外开放，是我国的一项长期基本国策。我们要充分利用国内和国外两种资源，开拓国内和国外两个市场，关键还在于，要学会组织国内建设和发展对外经济关系的两套本领。本文仅就发展中国家对跨国公司的政策作一剖析，以便从中吸取必要的教益。

一

发展中国家对西方跨国公司的政策，是受各种因素制约的。国际政治和经济形势的变化，跨国公司经营战略的调整以及各国社会制度、政权性质、资源环境、经济发展水平、发展战略和对外关系等方面的差异，都影响着发展中国家的外资政策。因此，在对待跨国公司问题上，发展中国家并没有统一的政策；就一个国家而言，政策也是因时而异的。然而，综观战后几十年的变化，发展中国家对西方跨国公司的态度，大体经历了两个时期。

第一个时期，是从二次大战后初期到1970年代前半期。在这期间，多数发展中国家独立不久，尽管他们在恢复和发展本国经济中，资金和技术极端缺乏，迫切希望从西方发达国家取得资助，但是鉴于殖民地时期的经历，使多数国家当权阶级在对跨国公司问题上采取谨慎态度，它们要求改变过

---

* 原载《北京大学学报》1985年第4期。

去那种由外国垄断公司操纵国民经济特别是自然资源主权的状况。从西方跨国公司来说，殖民统治的结束，使它们失去了在发展中国家的政治支柱，它们当然不甘心在这些国家所处的地位，梦想着恢复已经失去的“天堂”。因此，在这一时期里，它们在发展中国家除了掠夺资源、榨取高额利润外，还积极充当新殖民主义的工具。它们在本国政府的支持下，极力在所在国培植自己的势力，干涉当地的内政，甚至阴谋颠覆一些国家的合法政府，成为发展中国家中的“国中之国”。这种状况，理所当然地激起广大发展中国家人民更加强烈的不满。

正是在这种背景下，1960 年代以后多数发展中国家在经过独立初期的一段摸索之后，逐步制定了自己的外资立法和采取有选择的政策，不少国家把一些涉及国民经济关键领域的外国企业收归了国有。据联合国跨国公司中心材料，从 1960 年到 1976 年，先后有 71 个发展中国家接管了 1 447 家外国企业。[①] 与此同时，在国际上，发展中国家强烈要求通过谈判制定《跨国公司行动守则》、《技术转让行动守则》、《班轮公会行动守则》等，作为国际社会的法律准则，以维护“各国的主权平等”，保证各国对自己的自然资源和经济活动享有充分的“永久主权”，并限制和监督跨国公司的有害活动。

当然，即使在这一时期，各国对外资企业的态度和政策，也不是一致的。大体上说，可以分为三类国家：

第一类国家，对外资流入基本上采取完全开放和自由进出的政策。由于种种原因，它们对跨国公司无论在投资领域、规模、方式、资本和利润的汇出等方面，原则上不加限制，并为外资流入提供各方面的优惠和方便。这类国家和地区为数不多，其中大多数是资源贫乏、人口不多的小国，有些原来就是自由港，如新加坡、吉布提等。

第二类国家，对跨国公司投资基本上采取封闭和排斥的政策。如当时的埃及、几内亚、坦桑尼亚、缅甸、古巴等。这些国家多数是低收入国家，许多国家声称“社会主义”是它们的“目标”。它们之中，有些国家把原有的外资企业几乎全部收归了国有；有些国家则加以严厉的限制。

第三类国家，是发展中国家中的多数。它们对西方跨国公司采取了既利用又限制的政策，并在不同的时期，根据客观条件的变化，调整自己的侧重点。一些发展中国家大国如巴西、墨西哥、阿根廷、印度、印度尼西亚等，大都属于这一类。有些国家和地区为吸引外资和国外先进技术，促进加工

① 联合国跨国公司中心：《再论世界发展中的跨国公司》，商务印书馆 1982 年版。

工业和对外贸易的发展,采取了把国内的特定地区划为出口加工区、自由贸易区和边境贸易区等经济特区,在区域内对外国资本实行特殊政策,并和国内其他地区相区别。

第二个时期,是从70年代中期以后开始的。国内外一系列新的情况,使不少发展中国家对跨国公司的政策发生了较大的变化。总的特点是,这时发展中国家的外资政策具有更大的灵活性和实用性。它们更加重视跨国公司的积极作用,以促进国家发展战略目标的实现;而对跨国公司的限制,则有所变通和放松。出现这种情况的主要原因是:

从跨国公司方面看,面对60年代发展中国家民族主义的高涨和70年代以后发达国家经济陷于"滞胀"的困境,西方跨国公司认真总结经验教训,作出了策略上的调整。(1)为继续占领和扩大发展中国家的市场,又能改变自己在发展中国家人民中的"形象",西方跨国公司尽量减少自己的政治色彩,声称要做"世界的好公民"。(2)在投资领域方面,为迎合发展中国家实现工业化的愿望,增加了对制造业和服务业的投资。(3)在投资方式上,在接受"合营"和在合营企业中拥有少数股地位的同时,还通过合同方式,广泛发展了各种非股权安排,如许可证合同、经营合同、产品分成合同、技术援助合同、合作生产、承包合同和补偿贸易等。(4)在企业管理上,同意任用当地人员担任企业管理的要职。所有这些,既可以减少国有化的风险,享受当地资本的某些方便,同时也出自跨国公司之间争夺投资市场的需要。

从发展中国家方面看,(1)70年代以后,许多发展中国家的经济战略由内向转向外向。它们希望通过扩大对外贸易和经济关系,进一步参与世界市场和国际分工,提高企业的经济效益,推动经济的继续增长。为此,它们就需要进一步扩大吸收西方跨国公司的投资,利用它们的资金、技术、管理经验和销售渠道,并和本国的自然资源和廉价劳动力结合起来,使本国的产品能在激烈的国际市场竞争中站稳脚跟。(2)上一个时期不少国家接管了外资企业,但是由于本国技术和管理人员缺乏,由于经济管理机构上的严重缺陷,多数国有化后的企业出现经营不善、效益很低、亏损严重的情况,从而大大增加国家的财政和国际收支负担。在此情况下,一些国家不得已又与原外资企业签订各种技术和管理合同,有些国家(如阿根廷、印度尼西亚、孟加拉等)干脆把企业退还给原公司去经营。(3)70年代中期以后,许多发展中国家由于外部环境的影响(西方发达国家经济衰退引起的初级产品出口停滞,贸易条件恶化,国际货币市场利率上升和石油价格的大幅度涨价)和国内经济政策上的失误,造成国际收支状况严重恶化,外债急剧增加,经济增长大大放慢,甚至出现国民经济连年负增长的险恶处境。在实践中,许多国家逐渐感到,利用跨国公司投资比起利用其他外资形式(如政府和国际金融机构贷款和援助,国际商业银行借款,出口信贷,发行债券等),虽然复杂些、困难些;但它有自己的长处:风险较小,没有偿还问题,能够带来一定的技术和管理经验等。特别是在当前新的技术革命日益发展的形势下,其作用是其他外资形式所无法代替的。(4) 经过几十年的斗争,发展中国家程度不同地增强了自己的经济实力,而且也掌握了更多的知识、信息和技术,提高了与跨国公司打交道的能力。

发展中国家对跨国公司态度的变化,突出地反映在 70 年代中期以后许多国家新宣布的外资政策、法令和实施细则之中。这里不仅包括原第三类国家中过去对外资管理较严的一些国家,如阿根廷、乌拉圭、菲律宾、泰国和印度等,一些第二类国家如埃及、孟加拉、斯里兰卡等,也一改过去的做法,在外资政策上出现了明显的转变和松动。可以说,对外开放和利用外资,已经成为今天绝大多数发展中国家经济发展中一个基本的趋势。

随着这种变化而来的是,西方跨国公司对发展中国家的私人直接投资,在经历了一段缓慢增长之后,70 年代中期以来又呈现出迅速上升的势头。1970 年流入发展中国家的外国私人直接投资当年为 22 亿美元,1981 年已增至 156 亿美元,比 1970 年增加了 6 倍多。1982 年因发展中国家经济严重恶化,当年流入发展中国家的各种外资总量估计比上年减少了一百多亿美元,但私人直接投资仍保持在 153 亿美元的水平。[①] 据联合国跨国公司中心材料,1971 年跨国公司在发展中国家的直接投资累计总额为 450 亿美元左右,1980 年累计总额已达近 1 200 亿美元。1980 年跨国公司设在国外的分支机构约为 10.4 万家,其中有 2.8 万家设在发展中国家。[②]

二

当前发展中国家对跨国公司的政策虽然各有特点,但一般都包括“鼓励”和“限制”两个方面的内容。所谓“鼓励”,即给予跨国公司投资以某种特殊的优惠,以引导外资进入经济发展急需的一些领域和部门,并通过借助国外的资金和技术来建立自主的经济;所谓“限制”,即对进入国内的外国资本

① 世界银行:《1983 年世界发展报告》,第 32 页。
② 联合国跨国公司中心:《世界发展中的跨国公司》第三次调查,商务印书馆 1983 年版。

以一定约束,限制和惩罚它们违背国家政策法令的行动,以维护国家的主权和正当权益。因此,外资政策绝不是孤立的,它是发展中国家发展战略的重要组成部分,并积极地促进国家发展战略目标的实现。

发展中国家制定对跨国公司的政策时,一个核心问题是根据本国的发展目标,进行通盘安排,以确定投资的优先领域。

许多发展中国家如巴西、墨西哥、埃及、加纳和印度等,把国内工业划分为几类。一部分工业由国家垄断经营,不允许私人资本包括外国资本插手,以保证国家对要害部门的控制。这一类部门的范围,视各国的发展战略和发展水平的差异而不同,一般包括战略性和敏感性的部门如军事工业、少数基础工业、采掘工业以及公用设施和交通运输等部门。对于一些投资少、当地资本已拥有相当投资和技术、产品又以国内市场为主的部门,国家为保护民族工业的发展,通过对外国投资者规定投资限额的办法,把它们引导到其他需要大规模资本的部门中去。当然,即使在这些部门,国家仍允许并鼓励本国企业与外国企业在技术和经营上的合作。

对于那些允许外资进入的部门,许多国家(如巴西、印度、新加坡、马来西亚、菲律宾、象牙海岸等)根据不同时期经济战略目标,定期或不定期地颁布《新兴工业法》、《先驱工业法》、《投资奖励法》、《工业指南》和《外国投资优先项目表》,规定外国投资的优惠领域和部门。从多数发展中国家的情况看,目前这类优惠领域大致包括:

(1) 一些大型的需要大量资本和复杂技术的工程项目投资;

(2) 带来先进技术和工艺、组织管理经验的投资;

(3) 增加出口或替代进口的投资;

(4) 增加就业和提供人员培训的投资;

(5) 提高本国企业的竞争能力,改善企业经济效益的投资;

(6) 促进和加强本国产业前后向联系,推动企业专业化和协作发展的投资;

(7) 进一步加工和利用国内自然资源的投资;

(8) 促进地区间均衡发展,特别是开发落后地区的投资。

为保证上面目标的实现,发展中国家在外资政策中,主要通过以下一些方面的规定进行调节。

1. 财政和税收方面的规定

提供税收减免优惠,保证外资能获得较高的利润,这是发展中国家为鼓励外资流入国家优先部门(如印度、菲律宾、斯里兰卡、孟加拉、坦桑尼亚等规定能增加出口的部门)、落后地区开发(如巴西、墨西哥、泰国等)和研究开发项目(如新加坡)采取的最常用的办法。减免税收范围包括进出口税、公司所得税和营业税等。免税期限,从2—3年到10年不等,按企业的规模、性质和地点而定。一些国家(如印度、新加坡等)为鼓励外国技术人员流入,对一些外国高级技术人员和管理人员减免个人所得税。此外,不少国家规定,投入优先部门的投资允许固定资产加速折旧(新加坡规定为三年),优先提供信贷,提供廉价的土地和基础设施服务,对创业初期的企业亏损给予财政补贴或由以后的利润冲销等优惠。

利用税收优惠,引导跨国公司的投资与国家发展战略目标相协调方面,新加坡的经验是值得重视的。作为一个岛屿国家,新加坡人多地少,资源贫乏,原来只是英国在东南亚的转口贸易港。1959年自治之后,新加坡政府利用自己地理环境和人力方面的优势,确定了大力利用外国私人投资、推进国家工业化进程的政策。措施之一是,根据不同时期的战略目标,颁布和修订新兴工业法和工业扩展法(豁免所得税法),给投资于新兴工业的外资以特殊的税收优惠(新加坡对制造工业只征收公司所得税,税率较高,达40%)。自治初期,由于当时国内经济严重困难,失业率高,以及政局动荡不定的状况,1959年的法令规定,凡投资于新兴工业(当时工业发展的重点是劳动密集型"进口替代"工业)的资本,根据投资额的多少,给予2—5年免税期;新兴工业的设备和原料进口免交进口税;对外出口产品达到一定销售额的企业所得税可减至4%。1963年新加坡脱离马来西亚联邦以及随后英军撤离新加坡引起的收入减少,促使新加坡在1968年实施的修正法案中,重点鼓励出口工业的发展。对出口额达到10万新元或在销售额中出口占20%以上者,减免所得税的期限进一步放宽;对新产品输往国外或原有产品输往海外新市场的,均给予税收优惠待遇。进入70年代以后,由于国外市场竞争加剧和国内失业问题缓和,新加坡在1970年和1975年颁布的法令中,重点强调发展资本和技术密集型产业。对投资于这类新兴工业的资本,免税期进一步延长为10年。70年代后期,根据国内外一系列情况的变化,新加坡又提出开展第二次工业革命,重点发展先进的高科技工业,促进各部门的机械化、自动化和电脑化。为此,凡投资于这类技术密集和知识密集型部门的资本,不仅可以享受新兴工业的优惠,还可获得财政补贴和其他多种优惠。总之,新加坡在利用税收杠杆,调节外资流向,加快国家工业化进程方面,是相当成功的。

2. 企业所有权的规定

股权是企业控制权的一个重要依据,因此多数发展中国家鼓励外资与当地资本合营。有的规定在合营企业中本国资本应占多数;有的国家(如安第斯条约成员国、菲律宾等)允许外资占多数,但应在一定期限内逐步降低外资比重,直到由当地资本掌握多数股份为止。70 年代以来,不少国家在所有权问题上采取了更加灵活的做法。对于投资于新兴工业的或需要复杂技术的或面向出口的企业,允许外资在企业中持多数股或由外资独资经营;其他行业的外资股份,也不低于维持企业有效经营和获得合理利润所需要的水平。例如印度 1974 年实施的《外汇管理法》规定,外资一般不得超过企业股份资本的 40%(50 年代末曾规定为 51%),超过这一比例的,应在六个月内通过扩股和出售股权的办法,调整股权比例,否则就要停止该企业在印度的经营。但同时该法律也作了例外规定,对某些需要优先发展的、需要复杂技术和主要生产出口产品的企业,外资持股比例可达 51%和 74%,甚至可达 100%。

现在,越来越多的发展中国家认识到,企业股权并不是控制企业的惟一因素,在一定意义上说,甚至不是主要因素。跨国公司即使处在少数股地位,它仍然可能通过贷款、提供生产投入以及签订技术和管理合同的办法,来实现自己的目的。因此,重要的是尽快提高自己的经济、技术和管理水平,加快本国人才的培养。同时,通过立法程序,对跨国公司的业务活动,制定一套行为规范。在新加坡,除个别行业外,对外国投资的企业股权一般不加限制,甚至还规定,外资如资本不足,可以要求政府当局参股,并在五年内分期将政府股权赎回。

3. 外汇管理规定

跨国公司投资与借贷资本不同,没有还本付息问题,但处理不好,仍然可能给发展中国家的国际收支造成严重压力。这里不仅有资本和利润的汇出,还有企业贷款的还本付息,各种生产投入的进口,技术转让费用和跨国公司母公司与子公司之间转让价格制度下的支出等。

目前多数发展中国家规定,在经过当地政府批准后,外国投资者可以将资本自由汇出;在外资企业或合营企业出口所得外汇收入大于企业利润的情况下,对外资所得的利润、股息和利息收入,在纳税后汇出国外一般也不加限制。但是,由于目前一些国家国际收支上的严重困难,对资本和利润汇出也采取了一些相应措施,以鼓励外资将利润再投资。如巴西 1970 年代曾规定,本金汇出数量超过注册规定的外汇额度时,应事先批准并交纳 25%

所得税，利润汇出除交纳25%所得税外，对汇出利润超过注册资本12%时，实行“累进附加税制”，超过比例越大，征收附加税越高。有些国家对利润再投资实行“累退税率制”，再投资的比例越高，对利润征收的税率越低。

此外，为缓和国际收支压力，不少国家对外资企业加强了外汇管制措施。如合营企业的国外借款和进口用汇，需申报政府批准，贷款条件和进口价格要合理；企业出口所得外汇要部分或全部存入政府银行；对引进技术的适用性、支付的技术费用和转让合同，要事先进行审查；对利用当地原材料和生产投入的外资企业，给予税收优惠和财政补贴等。

4. 其他鼓励和限制的规定

为鼓励外资进入，不少发展中国家外资法中，规定了对外资企业与本国企业一视同仁的原则。新加坡规定，凡投资超过一定数额的企业家，其本人和家属可享有永久居留权，并在一定时期后有申请加入新加坡国籍的权利。许多国家还和跨国公司的母国政府签订了避免双重税收协定和投资保证协定，保证对外资企业不实行国有化，如确有必要，将给予合理赔偿。1960年代后，许多国家设立了各种经济特区，政府动员巨额资金在这些区域内大力兴建各种基础设施，为外国投资者投资提供方便。

在限制外资企业方面，发展中国家也还有许多成文或不成文的规定。如一些国家（马来西亚等）规定，外资企业只能聘请两名外籍人员充任企业重要职务。有些国家（新加坡）规定，外资企业必须承担训练和提高当地人员技术管理水平的义务；要为所雇佣的当地职工交纳中央公积金和技术发展基金。为防止一国垄断资本控制国内经济和争取有利的谈判条件，许多国家实行了外资来源的多元化。

三

从战后发展中国家利用跨国公司资金技术的实践看，有一些现象是值得注意的。

首先，虽然绝大多数发展中国家今天都采取了比过去更加开放的政策，希望从西方跨国公司获得资金和技术，作为发展本国经济的催化剂和助动力，但是，西方跨国公司并不是愿意在所有国家和地区进行投资的。从目前发达国家对发展中国家的投资分布看，主要集中在一些经济较发达的国家和地区。1978年发达国家对发展中国家私人直接投资累计额为891亿美元，其中拉丁美洲地区占56.7%（1967年为44.2%），东南亚地区占

22.1%,非洲仅占12.4%,南亚为5%,西亚为3.2%。按国家收入水平划分,人均国民生产总值1000美元以上的发展中国家占投资总额的58.2%;从国家和地区看,1978年仅巴西、墨西哥、印尼、委内瑞拉、阿根廷、巴拿马、马来西亚、印度、中国香港、菲律宾、新加坡、韩国等12个国家和地区,就占流入发展中国家的外国私人直接投资总额的54%。[①] 而且,尽管西方跨国公司在投资市场上进行着激烈的竞争,不同发达国家也都有自己侧重的地区。例如美国对发展中国家的私人直接投资中,拉美占55%以上,东南亚占20%以上,两者合计近80%。日本以东南亚地区为重点,其次是拉丁美洲。一些经济落后的低收入国家,尽管政策开放,但吸引外国私人直接投资数量并不大。

其次,西方跨国公司对发展中国家的投资,对发展中国家经济增长既有利也有弊,但各国的情况并不相同。一般说,其积极作用是,弥补国内资金不足,促进新兴工业和落后地区建设,加速了经济结构改造,有利于引进先进技术和管理经验,帮助了人员的培训,扩大了国家出口,从而在一定程度上加快了经济增长速度。但是,这种积极作用并不是引进外资的必然结果。例如1978年扎伊尔的外国私人直接投资累计12.5亿美元,居非洲首位。然而,这个幅员较大、资源丰富、素有"世界原料仓库"之称的国家,今天也是世界上最穷、经济最糟糕的国家。1981年平均每人国民生产总值仅210美元。1970—1980年年平均经济增长率为-0.1%,其中工业年平均增长率为-1.1%,年平均通货膨胀率为32.2%。1982年扎伊尔积欠的外债已达53亿美元,成为世界上少有的经常要求债权国延期偿还债务的国家。此外,我们还可看到,一些国家因对外资管理不善,缺乏必要的限制,使跨国公司流往国外的利润和其他收入大大超过原来的投资;一些国家忽视对民族工业的扶植,使外资在国民经济的一些重要部门占据统治地位;有些国家对外资引导不当,只顾眼前利益,忽视长远利益,由外资建立的一些工业许多是装配性的,缺乏产前产后联系,与国家发展的目标相脱节;有些国家引进了一些"污染"工业,而又缺乏必要的预防措施,造成对本国人民生命财产和生态环境的严重威胁。

出现上述情况的原因当然是多方面的,从发展中国家本身来考察,有一些经验教训值得记取。

---

① 联合国跨国公司中心:《世界发展中的跨国公司》第三次调查,商务印书馆1983年版。

1. 政策优惠是重要的,但对西方跨国公司投资决策来说,并不是决定性的

西方跨国公司在国外投资,是从在世界范围获得最大限度利润这一根本目的出发,在对不同投资环境和影响投资利润的各种因素,进行综合的对比分析基础上作出决策的。它们在发展中国家投资,或着眼于丰富的资源,或着眼于当地广阔的国内市场,或着眼于该地优越的地理环境和具有一定素质的廉价劳动力。但是不管哪一种投资类型,它都必须考察当地的投资环境。其中最主要的是:政治稳定、经济水平和经济增长、市场机会、政策优惠、劳动力素质、基础设施、行政机构效率等。今天,跨国公司对外投资主要集中在发达国家和一些较发达的发展中国家,其原因也在于此。

因此,我们要进一步贯彻党的对外开放政策,就必须做到"知己知彼"。我们有许多其他发展中国家所没有的长处,但也有我们的短处。在当前情况下,我们的对外经济法规还不健全,劳动力素质还有待提高,特别是许多地方的基础设施和第三产业发展,还远远不能适应形势发展的要求;我们行政机构的效率也由于种种原因还亟待提高。在这种情况下,除少数地区和城市外,对全国大部分地区来说,我们要把引进外资的工作,主要放在各种准备工作,特别是加强基础设施和人员训练上。急于求成,并不能消除外国投资者的犹豫观望心理,相反只会是事倍功半,甚至一事无成。

2. 政策优惠要有重点,不能一刀切

从一些发展中国家利用外资的经验看,它们不仅利用政策上的优惠(包括税收、所有权、外汇和其他优惠措施),作为吸引外资的杠杆,关键还在于通过提供内容不同和程度不等的优惠,掌握外资的流量和流向,调节外资的类型和形式,以促进本国发展战略目标的实现。总的原则应该是,优惠不是固定的,它应根据经济发展的目标不断调整;对进入不同部门的外资,实行不同的优惠。

这里有一个利用外资的着眼点问题,即利用外资首先是着眼于利用资金,还是着眼于引进技术。基点不同,效果也不同。因为前者往往更多的是涉及眼前的发展,而后者才和国家的长远发展有密切关系。一些国家利用外资较快地提高企业经济效益,实现了产业结构改造,增强了经济和技术的自立能力,重要原因之一在于利用外资首先着眼于引进技术。目前,我国把利用外资和引进技术的重点放在现有企业的技术改造上,并对确实带来先进技术的外国投资,放宽优惠条件,包括让出部分国内市场的做法,是完全正确的。但是这不能是全部。我们必须结合国家发展的重点,对各个部门

和各个行业进行通盘安排,全面规划;避免在非生产领域或我国的资金和技术能够解决的领域,过多地引进外资;避免乱上项目,过多地重复引进,并尽量减少引进用汇多、创汇少的企业投资。

3. 外资政策中的"鼓励"和"限制"两个方面不可偏废,但在初创阶段应该适当放宽条件

当前,对外开放已经成为发展中国家的普遍趋势,在这种情况下,西方跨国公司投资条件会变得更加苛刻些。为此,我们一方面应该努力使投资来源多元化,不仅和大型跨国公司打交道,更要和中等或小型跨国公司接触,利用它们之间的竞争,争取较有利的谈判结果;同时,也应该适当放宽政策,增加我国投资市场的吸引力。

同时,几乎所有利用外资较成功的发展中国家(包括新加坡),都根据本国的条件,对外资进行必要的限制。当然,目前发展中国家所实施的在投资领域、企业股权、税收、外汇和人事聘用等方面的限制是必要的。但是,要实行对外资的监督管理,除了进一步健全立法外,更重要的是政策的执行。这就要求加速体制改革,建立有效的行政机构,加速技术和管理人才的培养及建立适当的信息资料体系。同时,要切实加强全国各地区和各部门之间的协调合作,在这方面,既要充分调动各方面的积极性,又要加强领导,全面规划,避免一拥而上、互相竞争,以致出现不应有的损失。

发展中国家农业问题的症结和出路*

20世纪80年代以来,大多数发展中国家被两大经济问题所困扰。一个是债务支付困难。从70年代初到现在的短短十几年里,发展中国家积欠的外债已从不足1 000亿美元增加到近1万亿美元,很多国家的外债还本付息占当年出口外汇收入的一半以上。另一个困难是农业和粮食问题。特别是低收入国家,70年代农业和粮食生产增长大大低于人口的增加,结果以人口平均计算的农业和粮食生产指数出现了负增长。非洲的情况尤为严重。1973—1974年的大旱,已经造成萨赫勒地区几十万人的死亡。1982年后连续几年的大旱,又使非洲陷入20世纪以来空前严重的饥荒之中,每年都有上百万人死于饥饿和营养不良。

债务危机和农业危机,这是两个性质不同但又相互联系的问题。对多数发展中国家来说,农业的停滞和倒退,直接造成出口的萎缩,进口粮食的增加,从而进一步加重国际收支的困难。另一方面,债务危机的加深,势必限制农业投入的进口,减少政府对农业的投资,从而影响农业的恢复和发展。同时,农业和债务又都对这些国家的政治和经济发展过程产生着严重的影响。本文将分析近三十年来发展中国家农业发展的状况和停滞的原因,并探讨解决困难的出路。

一

关于农业在发展中国家经济发展中的地位和作用,曾经是国内外经济学界争论的一个问题。经过几十年的实践,现在已经很少再有人怀疑,它对大多数发展中国家来说,是广大人民生存的主要依靠,是国民经济发展的基础和重要动力。

一些基本数字足以说明这一点。据世界银行的材料,1982年发展中国

---

* 原载《世界经济》1986年第1期。

家人口约 35 亿左右，农村人口为 26 亿，占 74%，其中低收入国家约占 83%。从农业产值占国内生产总值的比重看，1982 年低收入国家为 37%，中等收入国家为 15%，而西方发达国家仅占 3%。

在出口贸易方面，除少数石油出口国家外，今天大多数发展中国家的出口商品仍以初级产品特别是农产品为主。1980 年低收入国家农产品出口占全部出口总额的 37%(扣除中国和印度则为 62%)，中等收入国家中的石油进口国为 34%。70 年代后期 120 个发展中国家中，有 68 个国家农产品出口占出口总额的 50%以上，其中 42 个国家为 80%—100%。[①] 即使在一些工业比较发达的国家，农产品出口仍占很大比重，如巴西为 50%，乌拉圭为 61%，阿根廷为 71%。

更重要的是，可以说农业是今天大多数国家经济发展的支柱。农业状况的好坏，很大程度上决定着经济增长的速度。据世界银行的调查，70 年代国内生产总值年平均增长率超过 5%的 23 个国家中，有 17 个国家农业的年平均增长率在 3%以上；同时，这一时期有 17 个国家国内生产总值年平均增长率低于 3%，其中就有 11 个国家农业年平均增长率低于 1%。[②]

然而，在战后一个很长时间里，多数西方发展经济学家无视农业对发展中国家经济增长的战略意义。他们认为，发展中国家要从传统经济转变为现代化经济，即从以农业为主的经济结构转变为现代工业和服务业为主的经济结构的过程中，工业起着“主导”作用，农业只是为工业发展提供廉价食品、原料和劳动力的“辅助”部门。正是在这种思潮的影响下，许多发展中国家在农业发展上走了一段曲折的道路。

从最近几十年的统计资料看，尽管发展中国家的农业和粮食生产也有一定增长，但表现出很大的不平衡和不稳定性。1960—1980 年发展中国家及其各个地区的农业和粮食生产情况如下：

① 〔民主德国〕弗兰克·维茨堡：《国际政治经济报告》，1982 年第 15 期。
② 世界银行：《1982 年世界发展报告》。

表 1

单位：%

	农业生产				粮食生产			
	总指数		人均		总指数		人均	
	1960—1970年	1970—1980年	1960—1970年	1970—1980年	1960—1970年	1970—1980年	1960—1970年	1970—1980年
发展中国家①	2.8	2.7	0.3	0.3	2.9	2.8	0.4	0.4
1. 低收入国家	2.5	2.1	0.2	−0.4	2.6	2.2	0.2	−0.3
2. 中等收入国家	2.9	3.1	0.4	0.7	3.2	3.3	0.7	0.9
非洲	2.7	1.3	0.2	−1.4	2.6	1.6	0.1	−1.1
中东	2.5	2.7	0.0	0.0	2.6	2.9	0.1	0.2
拉丁美洲	2.9	3.0	0.1	0.6	3.6	3.3	0.1	0.6
东南亚	2.9	3.8	0.3	1.4	2.8	3.8	0.3	1.4
南亚	2.5	2.2	0.1	0.0	2.6	2.2	0.1	0.0
南欧	3.1	3.5	1.8	1.9	3.2	3.5	1.8	1.9
西方发达国家	2.1	2.0	1.1	1.2	2.3	2.0	1.3	1.1
世界	2.6	2.2	0.7	0.4	2.7	2.3	0.8	0.5

① 不包括中国。

资料来源：世界银行：《1982年世界发展报告》中文版，第41页。

上述材料表明：

1. 1960—1980年，发展中国家农业和粮食生产增长虽然高于二次大战以前，但呈现出下降的趋势。① 据保罗·贝罗赫的估计，50年代发展中国家农业年平均增长率为3.4%。联合国粮农组织估计，1952—1954年到1959—1961年发展中国家农业年平均增长率为3.2%②，均大大高于这一时期的增长。

2. 这20年，发展中国家农业和粮食生产总的指数虽高于西方发达国家，但由于发展中国家人口增加过快，按人口平均的指数，西方发达国家显然高于发展中国家，前者这一时期的人口基本上处于停滞状态。

3. 从发展中国家各类国家和各个地区看，中等收入国家由于农业生产条件较好(特别是在资金和技术方面)，它们的增长率高于低收入国家，后者以人均计算，70年代是负增长。在地区上，南欧、拉丁美洲、特别是东南亚

① 保罗·贝罗赫估计，1934—1938年到1948—1952年发展中国家农业总产值年平均增长率为0.9%(《1900年来第三世界的经济发展》)。上海译文出版社1979年版，第32页。

② 联合国粮农组织：《第四次世界粮食概览》，1973年，罗马。

国家的情况稍好,东南亚国家70年代的农业和粮食生产情况,比60年代有显著的改善。中东和南亚地区的农业生产在过去20年里虽有增长,但增加的产量几乎全部被增加的人口所抵消。最糟糕的是非洲地区,70年代农业和粮食生产的增长出现了大幅度的下降,人均粮食产量下降了15%。进入80年代以后,亚洲特别是中国和印度的粮食产量增长较快;拉丁美洲平平,几年来处于徘徊状态;非洲的情况日趋恶化,1984年粮食产量预计比1982年减少16%。① 现在50个非洲国家中,有34个国家严重缺粮。

不仅如此,今天大多数发展中国家的农业生产水平还十分低下。无论在人均农业产值或粮食产量方面,还是在单位面积的产量方面,都远远低于西方发达国家的水平。以粮食为例,1982年西方发达国家平均每公顷产量为3 592公斤(其中荷兰为6 745公斤),而发展中国家平均每公顷产量仅为2 107公斤(包括中国在内),仅相当于前者的58.7%,其中非洲国家仅为893公斤,仅相当于发达国家的1/4。在发展中国家内部农业生产水平相差也很大。1982年中国每公顷粮食产量为3 468公斤,已接近发达国家水平;印度为1 351公斤;而非洲的乍得仅为412公斤,布基纳法索为200公斤。②

许多国家农业和粮食生产的停滞和倒退,已经给其经济、政治和社会生活带来了严重的影响。首先,它使这些国家人民的饮食和营养状况日益恶化。粮食是发展中国家广大人民的基本食物,约占全部摄食能量的80%以上。尽管发展中国家每年进口大量粮食,但仍不能弥补粮食供应上的缺额。如以每人每天平均摄取的热量计算,1980年发展中国家中的低收入国家估计为2 050大卡(不包括中国和印度),相当于需要量的92%;印度为1 880大卡,相当于需要量的87%;不少非洲国家还不到需要量的80%。如果再考虑到这些国家内部不同社会阶层之间的悬殊差别,广大人民的营养状况就更为低下。据联合国粮农组织估计,60年代发展中国家饥饿和营养不良的人口估计为2.3亿人,70年代增加到5亿人左右。而今天,处于饥饿状态的非洲人民已增加到1.5亿人。

其次,大大加重了许多国家国际收支困难。仅以粮食进口为例。二次大战前,发展中国家是粮食净出口地区。战后以来,粮食进口数量越来越多,60年代初发展中国家进口粮食2 000多万吨,70年代初增加到3 000多万吨,80年代初猛增到1亿多吨(扣除一些发展中国家出口,净进口7—8千

① 联合国粮农组织:《1983年生产年鉴》,罗马。
② 同上。

万吨)。60年代上半期,发展中国家每年用于进口粮食的费用约30亿美元,现在增加到200亿美元左右。特别是低收入国家,它们本来外汇就十分紧张,许多国家是借债度日,而每年花在进口粮食上的外汇就达80—90亿美元[①],这无疑使它们更加捉襟见肘。

最后,农业的落后,已经对许多国家的经济发展和政治稳定产生严重的影响。农业和粮食状况的恶化,造成工业原料短缺,市场萎缩;出口收入的减少,也直接影响许多国家的财政收入和投资增长,并使它们被迫压缩工业发展所需要的原材料和设备进口;更严重的是,农业的衰退,进一步加快了国内的通货膨胀,使失业问题更难解决。更多的破产农民涌向城市,这又反过来加剧城市在食品供应、就业、住房、医疗卫生等方面的紧张,并使国内的社会矛盾和阶级矛盾日趋尖锐。

二

战后,为什么许多发展中国家农业和粮食生产增长缓慢,甚至出现停滞和倒退?原因是复杂的,各国之间也不相同,不能一概而论。大体上说,有自然方面的因素(如旱涝虫灾),但更主要的是人为的因素造成的。

农业生产区别于其他经济活动的一个显著特点是它受自然环境的影响较大。一国的气候、雨量、土壤和耕地情况,不仅影响该国的作物种类和耕作制度,也在很大程度上影响着农业的丰歉。

就总体来说,发展中国家农业发展的自然环境并不坏。在气候方面,大部分国家地处赤道热带地区,作物全年可以生长。特别是日照较多的地区,一年可耕作二至四熟作物。在雨量方面,虽然各地区变化很大,分布也不平均,但除部分干旱气候区(较严重的是非洲萨赫勒地区和阿拉伯半岛的东南部)外,只要积极发展水利灌溉,解决防洪排涝,问题是可以解决的。在土壤方面,发展中国家几乎各种类型土壤都有。虽然赤道雨林区持续高温多雨,土地有机物质易于流失,但是赤道地区也有许多肥沃的冲积土(如南亚和东南亚地区一些大河两岸、冲积平原、三角洲和沿海地区),利于精耕细作;热带的一些肥沃火山土(如印尼的爪哇地区、东非部分地区、拉丁美洲的加勒比地区等),农业发展的前景也很好。特别是发展中国家一些温和气候区,拥有大片高肥力的草原地带,如阿根廷的潘帕斯草原和南部非洲草原,是优

① 联合国粮农组织:《粮食展望》,1985年4月,罗马。

良的商品粮食和畜牧业基地。即使一些干旱区和半干旱区,土质也很好,只要解决灌溉问题,就能开发利用。

当然,发展中国家农业自然环境也有不利的方面。就雨量来说,热带干旱区雨量过少,而热带雨林区又高温多雨,都不利于谷物的生长;不少地区不仅各年的雨量差别很大,一年内有时降雨也过分集中,常常导致暴雨成灾;在热带季风区(如南亚地区),季风到达时间的迟早也常常决定当年农作物的丰歉。但是应该指出,自然条件是在一定的社会经济条件下发生作用的。一国的社会生产力水平越低,自然因素对农业的影响就越大。今天发展中国家之所以无力抵御自然因素的破坏性影响,就因为发展中国家目前经济还比较落后,农业劳动生产率较低,基本上还处在“靠天吃饭”的局面。不仅如此,自然条件本身的变化,也受到社会经济条件的制约,例如目前许多国家存在的对农业生产造成严重威胁的土壤红土化、盐碱化、特别是沙漠化,其原因主要是,历史上,由于西方殖民主义入侵后对森林的大量破坏和过度垦殖;独立后,许多国家又因人口增长过快,造成大面积毁林耕作、过度放牧或缩短农田休耕;或因出口需要,对林木过度采伐,以致造成水土流失,生态失衡。据估计,从1900—1965年发展中国家已有一半左右森林被破坏。特别是非洲撒哈拉沙漠南部地区,每年减少的森林面积达200多公顷。40多年前埃塞俄比亚的森林覆盖率在40%以上,现在只剩下3%。森林的消失与沙漠化的过程是并行的,现在撒哈拉沙漠每年就以15公里的速度向南推进。

因此,许多发展中国家农业长期停滞和衰退,主要是由于社会的和经济方面的原因造成的。其中最主要的是:

1. 过时的农村土地关系的束缚

独立前,发展中国家农村中占优势的是前资本主义的土地关系。战后以来,不少新独立国家实行了资产阶级改良主义性质的“土地改革”,但是这类“土改”大多是不彻底的。在许多国家里封建的土地关系和租佃关系并未消除,土地的很大部分仍然集中在大庄园主、地主、寺院和官僚手里。沉重的地租、商业和高利贷剥削,广大农民的赤贫化以及大量的农村过剩人口的存在,使农业劳动生产率提高受到严重的抑制。在非洲撒哈拉以南地区,由于历史的原因,那里迄今主要盛行着以部落为基础的村社所有制。在这一制度下,前资本主义的剥削和氏族制度紧密结合在一起。一些非洲国家也曾企图在农村推行合作制度,但是这些违背自愿原则组织起来的集体劳动组织,既打乱了农民正常的生产秩序,又缺乏健全的管理,反而使农业生产大幅度下降。

2. 不合理的国际经济关系的损害

这突出地表现在两个方面:(1) 长期的殖民统治使发展中国家经济畸形发展,许多国家仅以少数经济作物为生,连本国需要的粮食也不能自给;而初级产品的出口,又一直遭受着严重的不等价交换剥削。(2) 战后以来西方发达国家对农产品推行日益严厉的贸易保护主义。它们一面通过财政补贴,人为地提高国内农产品价格,保护本国农业,而对发展中国家出口的某些农产品(如粮食、畜产品和奶制品),施以严格的限制,同时又通过出口补助,大力向发展中国家倾销剩余农产品,使发展中国家的农业生产受到严重损害。如食糖生产,1974 年前后世界市场的食糖价格上涨一度曾打破记录水平,为此许多国家迅速增加了国内食糖生产。这时,发达国家不仅大大减少和限制从发展中国家的食糖进口,还积极抢占发展中国家食糖出口国的国外市场。由于食糖严重供过于求,多年来食糖价格一直处于疲软状态,尽管国际食糖协定规定的价格每磅为 13—23 美分,实际上 1985 年初世界市场糖价每磅还不到 4 美分。

3. 脱离实际的经济发展战略和政策的影响

独立后,发展中国家企图通过工业化,来改变贫困落后的面貌,改造畸形的经济结构,这是无可指责的。问题是走什么道路来实现工业化。很大一部分发展中国家不是从自己的国情出发,而是照搬照抄发达国家的经验,推行了一条"重工轻农"或"重矿轻农"的工业化方针。在具体政策上,它们采取压制和牺牲农业的做法,为工业化筹措资金。如对农产品实行国家垄断的低价收购,而对工业品价格实行过度的保护;要农民无偿交纳公粮,对农产品生产和出口征收高额税收;它们把大部分资金和外汇用于工业建设,而分配给农业的资金日益减少;在汇率方面,为有利于工业材料和设备进口,高估本国货币币值,使农产品的出口竞争能力大大削弱。这种为发展工业而牺牲农业的做法,实际上不过是"杀鸡取卵",结果不仅使农业日益衰落,工业发展也因此失去基础和活力。例如,尼日利亚曾经是世界上可可、油棕和花生的主要生产国,粮食也自给有余,但 60 年代中期以来,由于政府专注于石油和其他工业的发展,加上连续几年国内动乱,弄得农业一落千丈。从 1960—1980 年,尼日利亚的农业增长为零,1980 年粮食进口费用达 27 亿美元,比五年前增长近 14 倍。

许多发展中国家在农业发展上的另一个失误是,在农业内部各部门关系上,重视发展出口经济作物,而忽视粮食生产。为增加外汇收入,许多国家任意缩减粮食耕地,扩大经济作物种植;同时,为减少城市居民的不满,对粮食和基本食品价格又规定过低,也使农民不愿种植粮食。例如拉丁美洲发展农业和粮食生产的条件十分有利,人均耕地也很多,20世纪初曾经是欧洲粮食的供应地。战后以来,由于片面推行工业化,在农业内部又只注重发展出口作物,结果导致除阿根廷以外都成为缺粮国家。

除上述原因外,许多国家人口增长过快,也是农业和粮食问题日趋严重的一个重要因素。一些国家的农业生产还经常受到政治因素的干扰。国内政局的动荡和一些国家之间的边界冲突,造成大片农田荒芜,大量农民被迫背井离乡,这不仅直接影响本国的经济发展,也给寄居国增加了困难。

三

近年来,发展中国家的农业和粮食问题,引起了国际上的广泛注意。发展中国家究竟有没有可能解决这个问题呢?回答应该是肯定的。事实上,发展中国家之间在农业和粮食上的处境并不完全相同。战后以来,有些发展中国家、包括一些撒哈拉以南非洲国家从本国的具体情况出发,把农业放在经济发展的优先地位,在积极发展工业的同时,利用本国有利的自然条件,采取多种措施,大力发展农业,从而在过去20年里,农业和整个国民经济都获得较高速度的增长。还有些国家如印度、巴基斯坦、巴西、突尼斯和喀麦隆等,70年代以来及时地调整了发展战略,逐步扭转过去忽视农业的倾向,也使农业和粮食生产出现了转机。

综观发展中国家的农业发展进程,有一些基本的经验教训,是值得其他发展中国家借鉴的:

1. 要实行土地改革,逐步调整和改革过时的前资本主义的土地关系和租佃关系,以改善农村土地分配方面极不合理的状况,改善广大小农的地位;同时,在经营方式上,要鼓励自给自足的农村经济逐步向商品经济转化。

2. 一定要制定适合本国国情的经济发展战略和农业发展战略。要摆正两个关系:一个是工业和农业的关系,不是牺牲农业发展工业,而是工农业同时并举、相互促进;另一个是农业内部粮食生产和其他生产的关系,要在努力提高粮食自给程度的基础上,调整农业内部结构,努力实现农业的多样化。

3. 要在有条件地扩大耕地面积的同时,大力开展以引进和培育高产良种、推行农业技术改革为内容的农业现代化运动。而且,由于发展中国家农业生产外延扩大方面存在的困难(如可耕地不多、费用较大和非森林化日益严重等),农业的发展应该走主要依靠加强集约化和提高农业劳动生产率的道路。

4. 要加强国家对农业的干预和调节,如增加农业投资,改善农业基础设施,加强水利建设,促进农业技术研究,普及农业教育,并通过各种经济手段如信贷、价格、补贴、税收等杠杆,支持和扶植农业的发展;同时,要改革国家的管理体制,提高行政机构的效率。

5. 要实施农业一体化发展计划,在发展生产的同时,注意改善广大贫苦农民的就业、教育、医疗卫生、交通、住房和营养状况,以减轻农村贫困,减少农村人口向城市盲目流动,维持国内的政治和社会稳定。

6. 在坚持自力更生发展农业的同时,在国际范围内,注意利用外国政府和国际机构的资金和技术。在反对发达国家贸易保护主义、争取改善贸易条件的同时,要积极扩大同其他国家特别是发展中国家在农业发展方面的技术和经济合作。

总之,对当前一些发展中国家特别是非洲地区国家存在的困难,持悲观绝望的看法是没有根据的。一些发展中国家较好地解决了农业发展中的问题,说明了这点。当然,一些国家特别是撒哈拉以南非洲地区,困难更多些。问题的关键在于,对农业的地位要有正确估量,国家对农业的发展要积极干预和扶植,其中包括制定和实施适合本国国情的农业发展战略。

应该指出,近几年来,情况正在发生可喜的变化。一些发展中国家特别是缺粮严重的国家,已经或正在认真总结经验教训,并相应采取了一系列经济和社会措施。1985 年 7 月召开的“非统”组织第 21 届首脑会议通过的《亚的斯亚贝巴宣言》中,把争取 5 年内实现非洲粮食自给,作为非洲大陆发展的一项基本目标。所有这些说明,近年来的非洲大饥荒可能是促进发展中国家认真解决农业和粮食问题的一个重要转折点。

论发展中国家的发展危机及其出路*

20世纪80年代对大多数发展中国家来说，是“失去的十年”、“倒退的十年”。90年代第一年，1990年又是“出师不利”的一年。由于各种因素的影响，特别是海湾事件的冲击和一些西方国家经济相继陷入衰退，使发展中国家经济增长普遍下降，通货膨胀连续第二年在三位数上徘徊，对外债务在经历短期的喘息后又再度上升。

在这种情况下，人们常常忧虑：为什么这么多的发展中国家长期处于危机之中？这一场危机有哪些特点？有哪些主要的因素制约着它们的经济发展？发展中国家有无可能走出目前的困境？最后，90年代对发展中国家究竟是“希望的10年”，还是继续“消沉的岁月”等等，所有这些问题都需要人们认真地去探求。

一

80年代以来发展中国家经历的危机，是它们在经济发展过程中出现的，它与通常意义上西方发达国家发生的经济危机，有许多类似的征兆：如国民经济和主要产业部门的经济活动出现绝对下降或萎缩；国内消费和投资特别是固定资本投资大大减少，财政金融领域的困难和危机加重；失业增加、群众生活状况绝对恶化。但是，另一方面，发展中国家目前的发展危机又与西方国家的经济危机有显著的区别。

(一) 卷入危机的国家多、延续的时间长

据联合国材料，从1981年到1989年(以1980年固定价格计算)，发展中国家年平均经济增长率为3.1%，虽略高于西方国家(2.8%)和苏联东欧国家(3.0%)，但是从表1可见，发展中国家的增长主要来自东南亚和南亚

---

* 原载《世界经济》1991年第7期。

地区,特别是在这时期中国的年平均经济增长率达到9%;而广大的非洲和拉丁美洲地区经济在这10年内基本上处于停滞状态,西亚地区是负增长。如以人口平均计算,不包括中国在内的发展中国家,1989年人均国内生产总值仅相当于1980年的98%,其中拉美地区为90%,非洲地区为80%,西亚地区仅64%,只有东南亚和南亚地区的年平均增长超过了人口增长,达到158%。

表1 80年代发展中国家人口和经济增长

	人口(百万)	人口年均增长(%)	国内生产总值年增长(%)			
	1989年	1981—1990	1981—1989年	1987年	1988年	1989年
西方发达国家	807	0.5	2.8	3.2	4.3	3.5
苏联、东欧国家	402	0.9	3.0	2.6	4.1	1.2
发展中国家	3992	2.4	3.1	4.1	4.5	3.4
其中:拉丁美洲	439	2.1	1.4	2.8	0.4	3.4
西亚	127	3.3	-0.02	-1.2	1.3	2.5
东南亚、南亚	1633	2.2	5.6	6.4	8.2	6.2
非洲	594	3.1	—	0.7	2.4	2.8
地中海	79	1.6	3.1	3.7	3.2	2.1
中国	1120	1.4	9	10.6	11.4	3.9

资料来源:联合国社会经济事务部:《世界经济概览》,1990年。

战后西方发达国家的经济危机,通常在经过1—2年衰退之后即转入复苏,1980年爆发的西方国家经济危机,也只历时三年;而今天许多发展中国家经历的发展危机却整整延续了10年,而且迄今尚未出现明显的转机。

1990年,对发展中国家又是困难的一年,在一定意义上说,这是80年代发展危机的延续。据国际货币基金组织最近估计,1990年发展中国家经济增长仅为2.2%,是1982年以来增长速度最低的一年。其中拉丁美洲地区为负增长(-0.4%),非洲和中东地区仅为2.7%和2.6%,就连东南亚和南亚地区的增长速度也下降为5%左右。①

(二) 危机涉及社会经济生活的各个领域

发展中国家的发展危机与西方国家通常意义上的结构危机不同,它不是国民经济一些部门的结构失衡,而是包括增长危机、财政危机、债务危机和社会危机在内的全面的危机。这些危机之间相互推进又相互制约。

① 国际货币基金组织:《世界经济展望》,1990年10月。

由于生产停滞和下降,使许多国家的财政状况日益恶化。发展中国家中央政府的财政赤字占国内生产总值的比例,由1981年的3.8%增至1989年的8%,其中中东地区由2.6%增至9.9%,拉丁美洲由2.6%增至15.5%。与此同时,发展中国家的消费品物价上涨率,由1981年的25.8%增至1989年的104.6%,其中拉丁美洲情况更加严重,同期由60.8%增至538.2%。1990年由于受到海湾事件后石油价格上涨的冲击,发展中国家的物价上涨率预计仍高达104.8%,其中拉丁美洲地区为625.6%。

经济的恶化,使发展中国家人民失业增加,实际收入大大下降。据"非统"组织负责人1989年初估计,1980年以来,非洲工业部门有700万人失业,整个非洲处于失业状态的人口达1.2亿,大多数非洲国家城市失业率达20%。另据联合国对83个发展中国家的调查表明,有57个国家1989年的人均实际收入比1980年下降了,其中有19个国家人均实际收入减少35%以上。目前发展中国家生活在贫困线以下的人数估计在11亿以上,其中处在赤贫状况的人数在6亿以上。①

(三) 危机一般地不表现为过剩,而主要是不足

在西方国家,经济危机突出地表现为生产和资本的相对过剩。然而,在发展中国家,目前的危机更突出的表现为生产和投资严重的不足。

在生产方面,除了一些与出口有关的经济部门,由于受到西方国家需求不足、价格下跌和贸易保护主义的影响,导致出口下降,生产"相对"过剩外,大多数物质生产部门,特别是农业和粮食生产长期处于严重的停滞状态。1986年至1988年,发展中国家的粮食自给率仅为87.6%(不包括中国)。在60年代,发展中国家年平均净进口粮食还只有2000万吨,70年代末增至7000万吨,1988年净进口粮食增至8900万吨。②

在投资方面,发展中国家原来的基础就比较薄弱,独立后在国际经济体系中仍处在与西方发达国家之间不平等的地位。因此,资金问题一直是困扰和制约它们经济发展的重要因素。80年代以来,由于绝大多数国家出口收入下降,外部资金流入减少,1983年后又出现资金严重倒流的情况,这就使这些国家的资金短缺尤其突出。从1980年到1989年,发展中国家的国

① 世界银行《1990年世界发展报告》中对贫困线划分的标准是人均年收入不足370美元为贫困线,年收入在275美元以下的为赤贫线。

② 联合国社会和经济事务部:《2000年世界的社会经济前景》,1990年。

内投资率已由26.6%持续下降到22.7%,其中中东地区由25.9%降为17%,非洲由25.7%降至19.3%,拉美地区由23.4%降至18.2%,只有东南亚和南亚地区大致保持了原有的投资水平(由29%降至28.7%)。事实上,投资率的下降成为大多数发展中国家经济下降的重要原因之一。

二

造成发展中国家上述特殊类型的经济危机的基本原因是什么呢?

在西方发达国家,经济危机的发生,是由资本主义方式固有的基本矛盾,即生产社会化和生产资料资本主义占有性的矛盾所决定的。而发展中国家情况显然不同。对大多数国家来说,资本主义发展显然不是已经"成熟过度",而是发展不足。因此,可以说,它们还不存在独立爆发生产过剩危机的客观条件。可是,发展中的资本主义国家无一例外地处在统一的世界资本主义体系之中,并在生产、贸易、资金等方面对西方发达国家有不同程度的依赖关系。这样,西方发达国家经济周期的变化和政府的经济政策,就会通过贸易和金融等途径,对发展中国家的经济活动产生影响。此外,资本主义世界经济发生的重大动荡,如汇率的大幅度升落、石油价格的波动,也都会对发展中国家经济造成冲击。

从1980年代情况看,国际经济环境对发展中国家影响最大的因素主要是:

(一) 西方国家经济的低速增长和新科技革命的影响

由于80年代西方国家经济处于调整阶段,以知识密集型为特征的高科技产业发展较快,这就使对初级产品的需求进一步减少,初级产品的价格降到二次大战以来的最低水平。1989年非石油初级产品的平均价格比1980年下降了33%。1990年估计比1989年又下降8.1%。至于石油价格,从80年代以来就不断跌落,到1986年跌至低谷,此后虽有所回升,但到1990年海湾事件前,石油的平均价格仅相当于80年代初的一半左右。与此同时,近十年来国际市场工业品价格平均每年上涨4%以上,制成品与初级产品之间"剪刀差"的扩大,西方国家日益扩大的贸易保护主义,使10年来许多发展中国家的出口一直处于萎缩状态。1981年发展中国家的出口贸易额曾达6207亿美元,以后逐步下降,到1986年最低时仅为4877亿美元,比1981年减少了20%。此后虽有所回升,但主要是东南亚和南亚地区的出口呈现了较快的增长，其他地区，特别是非洲和中东地区迄今尚未恢复到1981年的水平。详见表2。

表2 发展中国家进出口贸易

单位：亿美元

	1981年		1986年		1989年	
	出口	进口	出口	进口	出口	进口
发展中国家	6 207	5 833	4 877	4 733	7 592	7 119
其中：非洲	784	827	585	541	711	671
亚洲	1 690	1 906	2 171	2 162	3 951	3 966
中东	2 191	1 288	777	824	1 130	945
拉丁美洲	1 006	1 041	811	642	1 154	863

资料来源：国际货币基金组织：《世界经济展望》，1990年10月。

（二）实际利率上升和对发展中国家资金流入大大减少

70年代，许多发展中国家为加速工业化的进程，曾乘当时国际金融市场实际利率较低之机，大量借入资金，以弥补国内储蓄之不足。1970年发展中国家外债还不足1 000亿美元，1980年外债增至6 000多亿美元。大部分中等收入国家借款来源主要是私人借款，其中一大部分又是浮动利率债务。如1980—1982年，拉美的巴西、墨西哥、委内瑞拉，乌拉圭，非洲的尼日利亚、科特迪瓦，亚洲的菲律宾、马来西亚等的债务中，有80%左右，甚至90%以上是私人来源债务，其中浮动汇率约占一半左右。① 这样，当70年代末西方国家实行以提高利率和控制信贷为主要内容的紧缩性货币政策时，大批发展中国家债务国陷入了无法偿还债务本息的困境。

据世界银行材料，80年代国际金融市场的实际利率比60年代高出一倍多，比1974—1975年的平均利率高出近6倍。在高利率逼迫下，发展中国家每年支付的还本付息日益沉重。从1981年到1989年，发展中国家还本付息总额达12 980亿美元，比1989年发展中国家积欠的外债总额还多，其中付息一项达6 910亿美元，平均每年768亿美元。巨额的还本付息负担，使发展中国家不得不在借新债还旧债的同时，被迫减少进口，压缩国内投资。

更严重的是，80年代流入发展中国家的资金日益减少。（1）政府和多

① 世界银行：《1990年世界发展报告》。

边机构的援助和贷款虽有一定增加,但数量不大,仅从1981年的70多亿美元增至1989年的150多亿美元,而且这种贷款常常附加苛刻的条件,如要求实现经济的私有化和政治上的多党制等。(2) 近十年西方国家的海外投资有日益集中在经济发达地区的趋势,对发展中国家的直接投资大大减少。在80年代初每年近200亿美元,1989年已降至100亿美元左右,而且主要集中在东南亚地区和少数中等收入国家。(3) 国际金融市场对发展中国家的私人贷款,自1983年以后实际上对主要债务国的自愿贷款已经停止。由于新的借债不能抵偿到期债务的还本付息,出现了资金由发展中国家向西方国家的倒流。据世界银行估计,从1983年到1989年发展中国家净资金流出就达2 044亿美元。其中拉丁美洲一地流出约1 774亿美元,平均每年250多亿美元,相当于该地区出口的20%以上。

(三) 金融市场特别是主要西方国家货币汇率的波动,石油价格的大幅度涨落以及80年代末以来东欧局势的剧变等产生的影响

以1990年海湾事件的影响为例,1990年6月石油价格每桶14美元,7月增至18美元,8月海湾危机爆发后,石油价格猛涨,10月纽约期货市场油价增至40美元,此后稍有回落,到年底大体维持在26美元上下。海湾事件不仅使依赖石油进口的发展中国家进口费用大增,促使这些国家通货膨胀的上升;而且由于大批在科威特和伊拉克等国的外籍劳工遣返回国,承包工程停建,也大大减少了许多国家的劳务和侨汇收入,加重了国内的失业,从而对许多国家的经济和国际收支造成严重影响。例如,海湾危机使1990年印度的外汇损失达30多亿美元,相当于目前印度外汇储备的总和。据估计,1990年112个发展中国家石油进口国的国际收支经常项目逆差将从1989年的90亿美元,增至1990年的182亿美元。

因此,可以说,发展中国家的发展危机,不是自身的一种孤立现象。在一定意义上,它是西方发达国家特别是大国经济增长放慢、各种矛盾和失衡日益严重的折射反照。历史也一再证明,每当西方国家经济困难上升之时,广大发展中国家总是成为转移这种困难的直接对象。

三

当然,对多数发展中国家来说,导致1980年代以来发展危机的基本原因,还在于这些国家实施的经济战略和经济政策的失误。二次大战后,获得独立的广大发展中国家有着尽快改变国家贫困落后面貌的强烈愿望。这种愿望无疑是正确的,而且在经济发展中也取得了不同的进展。但是,由于经验不足和其他各种因素的影响,它们在经济发展中也确实存在着许多的严重的失误,是值得总结的。

(一)增长与稳定协调的关系处理不当

在过去,人们以为只要实现经济的高速增长,尽快实现工业化,一切社会经济问题就会迎刃而解,而要实现高增长就需要高的资本投入。所有这些,也是战后一个时期西方发展经济学家们所反复论证的命题。然而,许多发展中国家在追求高投资、高增长的同时,国民经济内部出现了一系列严重的失衡,其中突出的问题是:

1. 为加快工业发展,采取"重工轻农"、"重矿轻农",过度地从农业中获取积累来资助工业发展,结果使工农业发展严重失调。许多过去出口粮食的国家,现在不得不每年耗用大量外汇从国外进口粮食。不仅如此,不少国家在工业发展中也常常重视加工工业发展,而忽视了原材料、能源和基础设施的建设;在农业发展中,只重视少数出口的经济作物生产,而忽视作为国民经济基础的粮食作物。

2. 财政收支的失衡。许多发展中国家原来民族资本发展十分薄弱,因此独立后,这些国家大都利用财政投资兴建了不少国有企业;同时一些国家也通过国有化,接管了部分私营企业。然而,由于各种原因,这些企业很多管理不善,效益很低,亏损严重,并成为财政上的沉重负担。加上不少国家为维持社会稳定,财政上维持了庞大的军事开支和支付大量的社会补贴;许多国家不仅政府机构日益庞大,而且效率低下,腐败成风。另一方面,大多数国家的财政收入来源,又主要依靠各种税收,而税收结构的不合理和税收制度上的种种漏洞,又大大限制了财政收入的增加,从而使各级政府的财政赤字越来越大。其结果必然是,一方面给通货膨胀造成严重的压力,同时又大大限制了政府运用财政杠杆干预经济的能力。

3. 总供给与总需求之间的严重失衡。许多国家为加速发展,不顾国力,大兴土木,兴建了一些耗资巨大的重化企业和基础设施。然而,由于原有的基础薄弱,加上一部分新创造的财富又被外国资本拿走,或被社会上层的奢侈生活所耗费,能够用于积累的资金有限,从而造成积累与消费、储蓄与投资之间的尖锐矛盾。为此,它们只能一面扩大财政赤字,征收通货膨胀"税";一面向外告贷,寻求外部资金来源。长此以往,必然使许多国家形成在资本积累上的“恶性循环”。

(二) 内向发展与外向发展的关系处理不当

战后一个时期,很多发展中国家实施了内向的进口替代发展战略。这种内向的经济战略,虽然在保护民族工业发展,调动国内的经济潜力,增强经济的自主能力等方面,起着积极的作用。但是,它本身也存在一些不可克服的矛盾,如由于一些国家国内市场有限,企业潜力无法发挥;由于割断了与国际市场的联系,企业改进产品质量、改善经营管理缺乏动力;特别是这种内向战略并不能减少从国外的进口,而出口的商品构成仍然是原来的初级产品,这样,外贸上的失衡就会扩大。长此以往,整个经济就会缺乏活力,经济增长必然放慢;如果当权者用向外告贷来平衡国际收入,又会陷入无法解脱的债务困境。在这种情况下,要求决策者根据本国情况,及早作出适当的调整。然而,从战后发展中国家情况看,这种调整常常是缓慢的和被迫的。其原因,除了认识上的原因外,首先在于这种调整本身的复杂性,它涉及到财政、金融、外贸、产业等一系列政策的方位确定;同时,一些既得利益集团也常常抵制这种调整。

(三) 在经济体制内部各部分相互关系上处理不当

在发展中资本主义国家,无论是实行市场经济体制,还是混合经济体制,一般都重视国家作为经济生活干预者和直接参与者的作用,这是由于发展中国家原来经济比较落后,又面对不合理的国际经济关系的环境所决定的;与此同时,它们又程度不同地鼓励和支持私营经济的活动,发挥市场机制的作用。然而,即使这样,对这些国家来说,仍然面临着一个如何协调国营与私营之间、国家干预与市场调节之间相互关系的问题。由国家来控制国民经济的一些要害部门,这是任何主权国家维护自身独立和安全所要求的。但是,国有经济的活动领域究竟多大,企业按什么方式进行经营和管理,又是一个十分复杂的问题。同样,政府利用经济杠杆干预经济生活,这也是当今各国经济中的普遍现象,但是,干预的范围多大,能不能正确反映经济生活的客观要求,又是经济发展中一个难题。战后,许多发展中国家的问题是,国有企业发展脱离自身的人力和财力条件,在管理上又缺乏一套行之有效的制度;对私人经济或限制过多,或缺乏引导;对市场管理过严,特别是对农产品价格规定过低过死。所有这些,势必严重影响经济的增长,助长了经济内部的失衡。

最后,经济关系上处理不当的另一突出表现是,收入和财富的分配失调。早期发展经济学提出所谓“涓流效应”的理论(trickling down effects),认为随着经济的增长,其利益会自动地渗流到各个社会阶层。然而,在当前发展中资本主义国家,这种情况很少出现。在多数国家,经济增长和社会的两极分化,几乎是“双生子”。如巴西、墨西哥、委内瑞拉、秘鲁、马来西亚、科特迪瓦等,20%收入最高的家庭,通常占全部家庭收入的50%、甚至60%以上;而收入最低的20%的家庭,仅占全部家庭收入的5%、甚至3%以下。无疑,这种情况不仅严重挫伤了广大群众对发展进程的积极参与,也使经济发展失去了国内市场的依托。因此,在这个意义上,发展中国家的发展危机,也是这些国家生产力和生产关系矛盾的产物。

四

综上所述,形成当前发展中国家发展危机的原因是复杂的,这也决定了克服这种危机的途径与西方发达国家的生产过剩危机有显著的不同。

在西方国家,克服危机是通过对生产力的破坏,来实现生产与市场之间的暂时平衡。二次大战以来,尽管西方国家的经济周期发生了局部的变形,但是它并没有根本改变危机和经济周期的本身。然而,对发展中国家来说,简单地通过对生产力的破坏,除了使出口部门的供求平衡得以暂时恢复外,并不能解决发展危机本身表现出来的主要矛盾。这是因为,发展中国家的发展危机是包括增长危机、财政危机和债务危机在内的多重危机,它要解决的矛盾是生产各部门之间、财政收支之间和国际收支之间出现的严重失衡。导致危机的原因既有内部、又有外部的因素。摆脱危机的途径不可能是单一的,而必须进行综合治理。特别是,解决这几种失衡的手段又是不同的,而且相互制约,因而使得摆脱危机的任务带有更大的复杂性和长期性。

例如要克服增长危机,就必须发展生产,加强国民经济中的薄弱部门,这就要求采取增加投资、放松信贷、降低利率等一套扩张性政策。然而,这又可能导致财政收支和国际收支失衡更加严重。近十多年来,发展中国家中类似的教训是很多的。

同样,在克服发展危机过程中,单纯地采取紧缩措施也不可能解决发展中国家今天面临的主要矛盾,甚至可能冒更大的政治风险。1980年代初,国际货币基金组织推出的解决发展中国家债务危机的一揽子“调整计划”,其特点就是希望通过严厉的财政和金融的紧缩措施,其中包括:削减公共开支和投资，减少财政补贴，增加税收，冻结工资和物价，控制货币发行，紧缩信贷，货币贬值和欢迎外资等，以实现财政和国际收支的平衡。然而，上述措施不仅没有涉及发展中国家面临的产业和体制方面的一系列调整，而且这种要发展中国家人民勒紧裤带的做法，其结果必然造成经济衰退，失业增加，人民生活更加困难，从而导致整个社会和政治动荡的加剧。这种情况，反过来又使调整计划无法继续。近十年来，许多执行该计划的发展中国家频频发生政治动乱和政府更迭，显然与此有密切的关系。例如巴西，1984年菲格雷多竞选失败下台，其主要原因就是执行紧缩计划后经济恶化，失业增加，导致社会动荡加剧的结果。接任的萨尔内政府也曾先后三次实行以控制通货膨胀为主的"稳定经济计划"，结果也都中途夭折。1989年巴西的经济增长仅为3%（1988年为0.3%）；通货膨胀从1988年的586%增至1989年的1 765%，1990年前4个月达到7 000%；外债达到1 127亿美元。

正是有鉴于此，从80年代下半期以后，许多发展中国家对国际货币基金组织原先提出的一揽子"调整计划"持冷淡和拒绝的态度。他们要求从这种衰退型调整转变为发展型调整。许多发展中国家在80年代后半期的调整中，除了采取稳定经济、控制需求和鼓励出口、限制进口等措施外，都开始着手结构性的调整，其内容包括：

1. 在经济战略上，从过去单纯追求高投资高增长，转变为强调经济均衡、平稳和协调发展，注意产业结构的调整和优化；逐步转变过去内向型的或基本内向型的经济战略，积极发展外向型经济，并在对外开放中实现对象的多元化，加强南南合作；改变过去只注意增长，忽视对收入分配调节的倾向，强调经济发展与社会发展相结合。

2. 在经济体制上，许多发展中国家已着手整顿国有企业，增强企业的自主权，改善企业的领导和管理，关并部分亏损企业，或把部分国有企业私有化（其中包括把企业部分和全部股权出售给私人，由私人租赁或承包国有企业等）；同时，放松对私人经济的限制，减少国家对经济过多的行政干预，让市场和价格机制发挥更大的作用。

由于上述调整，把经济增长中长期和短期的因素，把运行机制和体制结构的因素，把应急性调整与战略和体制的调整结合起来，对解决当前发展中国家面临的困难无疑会起积极的作用。

但是，正如以上所指出的，发展中国家对发展危机的综合治理，还必须要与有利的国际经济环境，特别是和西方发达国家的政策相结合。如果没有相应的国际经济关系的调整，发展中国家的努力也会事倍功半。1987年

10月世界银行年会上,发达国家同意把发展中国家的债务偿还和结构改革与增加资金流入和削减债务联系起来;1989年3月美国又提出“布雷迪计划”,主张以世界银行和国际货币基金组织为后盾,鼓励并资助债权国与债务国达成协议,“自愿”减免部分债务本息。但是在执行中,由于各种原因迄今达成协议的只有三个国家,即墨西哥、菲律宾和哥斯达黎加。此外,委内瑞拉和摩洛哥等达成了初步协议。从前三个协议减免的债务本息看,尚不足100亿美元。至于解决发展中国家的外债问题,目前还没有一个通盘的计划。此外,对增加官方发展援助,改善发展中国家的贸易条件,减少贸易保护主义等问题,西方国家态度至今不肯松动。

总之,1990年代对于面临发展危机的发展中国家来说,道路仍然是坎坷的。它们的经济前景既取决于西方发达国家的经济前景和政策,也要看自身调整和改革的进程。其中,地区的和平和国内的稳定,又是改革和调整不可缺少的前提。从目前的条件看,90年代上半期,部分国家可能走出危机,但是,更多国家的调整,仍将会经历漫长的痛苦过程。

世界格局变动中发展中国家面临的挑战*

1980年代是发展中国家经济发展十分困难的时期。除部分东南亚和南亚地区国家保持了较好的增长势头外,多数发展中国家经历了空前严重的发展危机。危机直接导致广大人民生活状况的恶化和许多国家国内政局的动荡。

现在一些国家在国内外条件的配合下,调整工作已取得一定进展,但是多数国家经济仍处于一波三折的不确定状态。更严重的是,进入90年代后,由于国际政治经济格局出现巨大变化,发展中国家面临着十分严峻的挑战。正确认识和克服这些挑战,不仅关系到发展中国家能否走出危机困境,而且严重影响这些国家的未来前景。

一、当前发展中国家面临的挑战

现在普遍认为,90年代发展中国家的外部和内部环境都是严峻的,挑战大于机遇。至于这些挑战究竟表现在哪些方面,看法却不尽相同。

一般的看法是,90年代发展中国家将面临以下挑战:

1. 新科技革命方兴未艾。现在从科技发明到实际应用之间的时间已大大缩短,并对社会生产力和世界经济的发展起着越来越大的作用。大多数发展中国家原来的技术基础落后。80年代严重的经济困难,不仅进一步减少了科学和技术的投资,引进外国技术的步伐也大大放慢,80年代中期以后还不到世界技术转让额的10%。这就使南北技术差距将进一步扩大,发展中国家将面临新技术革命的严重挑战。

2. 发展中国家的贸易地位将下降。一方面,由于西方国家产业结构的变化,对初级产品的需求将相对下降,贸易条件的恶化将不可避免。1990年与1980年相比,世界初级产品价格指数已下降43.7%,同期石油价格下

* 原载《世界经济和政治》1992年第8期。

跌 37.8%;同时,制成品价格却上涨了 36.8%。随着技术革命的发展,这一趋势将很难扭转。另一方面,随着西方国家市场争夺的加剧和世界经济区域化的发展,对发展中国家的贸易保护主义也不会放松。

3. 资金问题将更加突出。80 年代以来,除东南亚地区外,西方国家对发展中国家的贷款和直接投资都出现下降趋势;与此同时,由于外债还本付息增加,1983 年以后一度出现资金向发达国家倒流的情况。展望 90 年代,由于西方发达国家国内经济调整、海湾地区国家重建耗资巨大以及原苏联东欧地区经济严重困难,使广大发展中国家资金短缺将更趋紧张。

4. 社会动荡和地区冲突依然存在。80 年代由于发展中国家经济恶化,人民生活急剧下降,使许多国家内部社会矛盾不断激化,政府更迭频繁。美苏在世界的争夺,发展中国家历史遗留的领土、民族、宗教等矛盾,使一些地区的局部冲突不断。进入 90 年代后,随着东欧剧变和苏联解体,虽然旧的美苏两极体制已经彻底崩溃,但新的格局尚未形成。在这种情况下,不少国家内部的社会矛盾会表面化,而且地区力量的失衡和民族主义发展,也使地区矛盾持续不断。

此外,发展中国家存在的大量外债、严重的通货膨胀、过重的人口压力、落后的教育以及日益恶化的生态环境等,也都会影响这些国家未来社会经济的发展。毫无疑问,所有上述困难都是发展中国家面临的挑战。但是这还不全面,至少只说到问题的一个方面,即人们比较容易看到的困难。如果我们从更深层次和更广泛的角度进行考察,从 80 年代后期以来,世界经济政治格局的重大变化以及发展中国家在未来世界经济政治的地位和作用来考察,那么,至少有以下四个方面的挑战,更值得认真对待。

1. "边缘化"的趋势。由于世界两极体制的瓦解、冷战局面的结束,国际关系总的来说趋于缓和。这样,大国之间的对抗,将由过去的军事对峙和军备竞赛,逐渐转向经济、科技和综合国力的竞争。经济将成为各国国家战略和国际关系的重点。

在这种情况下,西方发达国家必然更加专注于本国经济结构的重组,加速以微电子工业为核心的高科技产业的发展,并用最新技术装备和改造原有的产业部门。另一方面,西方垄断资本对世界经济活动的控制将会加强。这种控制不仅表现在区域集团化的发展,贸易保护主义的猖獗和多边贸易谈判的僵持等方面;也表现在世界经济全球化加速向纵深发展上。1985 年前后,世界 600 家最大工业公司的总销售额已占当时资本主义世界(包括发展中资本主义国家)生产增值的 1/5—1/4,垄断了主要西方国家 80%—

90%的出口贸易。[①] 90年代，跨国公司必将在更大程度上控制世界的生产、投资、贸易和金融活动。显然，上述情况的发展将对发展中国家的经济和贸易将带来更大困难，南北之间各方面的差距在总体上将继续扩大，很多发展中国家的经济将出现更加"边缘化"的情况。

2."外切化"的趋势。在世界经济全球化发展的同时，经济集团化的趋势也是不可逆转的。现在，不仅美加自由贸易区和欧共体在朝着一体化的纵深方向发展，西太平洋地区也正在形成非制度性的经济圈。经济集团化是世界经济政治发展不平衡和西方国家之间矛盾发展的产物，它虽然不可能阻挡世界经济全球化的趋势，但是，各集团之间的矛盾和摩擦将会加强。

对发展中国家来说，世界经济区域集团化发展的影响是：(1) 由于一些发展中国家分别参加不同的以一些大国为首的区域性组织，原来发展中国家之间的合作就可能被削弱。(2) 对参加区域性组织的国家来说，由于区域内部实行共同的关税、贸易和其他经济安排，使发展中国家独立后建立的脆弱的经济基础，有可能在集团内发达国家资本和商品的冲击下，陷于更困难的境地。(3) 至于今天多数尚未参加目前由美、欧经济集团的发展中国家来说，它们就有可能处于更加孤立的外围地位。

3."分裂化"的趋势。在60年代，发展中国家发展水平虽有差别，但还没有今天这么大。它们在反对帝国主义、霸权主义、争取建立国际经济新秩序时，目标是基本一致的，队伍是团结的。"七十七国集团"和"不结盟运动组织"等作为发展中国家利益的代言人，在当时国际政治舞台上曾经起过重要的作用。然而，从70年代中期以后，发展中国家的发展速度和收入水平逐步扩大。到80年代末，少数原来的中等收入国家(地区)和一些产油国家的人均国民生产总值，已进入高收入国家行列；而拉丁美洲特别是非洲国家的收入水平出现了大幅度倒退；被联合国列为最不发达国家的数目，由最初的25个增加到现在的46个。从经济结构的变化看，一些国家工业在国民经济中比重已大大超过农业，并正在积极发展资本和技术密集型产业，它们出口构成也逐渐以制成品为主，并和发达国家形成了初步的水平分工；然而，多数国家制造业虽有不同程度的发展，但它们的生产和出口结构，仍以农矿业为主，在资本主义国际分工体系中仍处于不利地位。在这种情况下，过去的共同目标逐渐模糊；发展中国家中不同类型国家的特殊要求，可能被上升到主要地位，从而更难以结成可与西方国家抗衡的联合。80年代以

① 联合国跨国公司中心：《跨国公司在世界发展事业中的作用》，第四次调查，1989年。

来,在南北谈判中,发展中国家节节后退,内部凝聚力日益下降就是明证。这种趋势,看来在近期内还很难根本扭转。

4."从属化"的趋势。在东西方对抗时代,广大第三世界国家处在"中间地带",虽然其中有些国家倾向西方,一些国家倾向东方,但是总体来说,它们是国际舞台上一支独立的重要力量。现在,旧的国际格局瓦解了,东西方经济逐渐走向一体化,原来的以美国为首的西方国家不仅在世界经济中居于垄断地位,在国际政治中一时也取得了压倒的优势。这样,美国和一些西方国家必将利用当前发展中国家的经济困难,更加露骨地推行强权政治和经济霸权。80 年代以来,西方国家和它们控制的一些国际经济机构,经常把西方的经济模式、价值观念、政治结构,作为向发展中国家提供援助的条件,经济关系日益被政治化。在这种情况下,很多发展中国家为渡过经济上的困难,被迫实行政策上的调整。不仅过去倾向西方的国家,包括倾向原苏联的国家,也只能向西方"靠拢",从而加强了对西方的经济上依附和政治上的从属关系。

当然,我们无法知道,上述趋势能否实现,以及在多大程度上实现。但是,挑战是客观存在的,问题的关键是,广大发展中国家能否从目前的发展危机中摆脱出来,缓和许多国家存在的国内严重两极分化状况,并使经济走上健康发展的道路。

二、迎接挑战,实行自主的调整和改革

在我们分析目前发展中国家经济发展的困扰和面临的挑战之后,如果对这些国家的未来持悲观和宿命的观点,也是错误的。正如南方委员会报告所指出的:"未来并不是预先注定的。它将在多种力量的相互作用之下演变发展;将是众多的相互竞争的利益和新思想以及人类创造性和组织的结果。"① 在这过程中,发展中国家当然不会完全置于消极被动的地位。过去几十年发展所积累的力量和经验,广大发展中国家和人民要求实现经济自主和发展民族经济的愿望,使它们有可能对未来的挑战作出有力的反应。

为迎接和战胜这些挑战,目前发展中国家必须在两条战线上同时努力,一条是外部战线,即利用一切可以利用的条件,加强南方国家之间团结和合作,并通过联合斗争,争取西方发达国家在一些问题上的让步。另一条是内

---

① 南方委员会:《对南方的挑战》中译本,1991 年中国对外翻译出版公司,第 242 页。

部战线，即根据本国的国情，抓紧进行经济调整和改革。当然，这两条战线是相辅相成的，但发展中国家战胜挑战的立足点应在内部。

目前发展中国家的调整改革，是有很大困难，但有利条件也是存在的：(1) 大国关系的缓和，为发展中国家提供了一个可以利用的和平环境。(2) 西方国家的矛盾和争夺继续存在，即使两极格局瓦解后，俄罗斯和西方国家之间的矛盾也不会消除，发展中国家在大国之间仍有很大回旋余地。(3) 随着新技术革命的推进和发达国家的经济调整，一般估计，90 年代中期后西方国家情况将逐渐好转，资金市场的利率比 80 年代会有所降低，贸易条件会有所改善。(4) 更重要的是，多数发展中国家积累几十年的经验，他们对自己国情的认识和制定相应的发展模式的能力大大提高了。

当然，要使发展中国家的调整和改革取得预期的成效，除了国际条件的配合之外，首先调整必须是自主的。目前，由世界银行和国际货币基金组织在一些发展中国家所推行的“结构调整方案”，之所以成效甚少，根本原因是：(1) 它是强制的，是在提供援助和清偿债务两根鞭子下实施的，在调整内容上并未与发展中国家取得共识；(2) 调整不是从发展中国家实际情况出发，而是以西方国家新自由主义的模式为内容。一些国际机构认为，目前发展中国家困难的主要原因是国家干预过多，市场机制不能充分发挥作用，因此，调整的内容应是紧缩财政信贷，放松价格控制，国有企业私有化，调整汇率，贸易自由化和提高利率等。总之，这样的调整，是要使发展中国家的经济按西方国家所希望的方向发展。调整结果是，许多国家经济长期停滞不前，通货膨胀普遍加剧，对外债务越还越多，人民生活水平严重下降，社会动荡日益加剧。

多年来的事实证明，对如此众多的发展中国家，企图用一种模式去指导它们的发展，是不可能获得成功的。当然，这不是说，发展中国家的经济发展没有一般的规律可以遵循，但是这些普遍的经验也只有和本国的具体情况相结合，才能起到推动经济发展的作用。对发展中国家当前的调整改革来说，历史提供的最主要经验是：

1. 正确处理内向发展和外向发展的关系。由于长期的殖民统治，发展中国家过去的工业基础十分薄弱，因此，在独立之后一个时期，为了保护本国弱小工业的发展，它们通常实行内向的进口替代工业化模式，这在当时情况下是完全必要的。然而，实践同时说明，对本国工业实行长期的和过度的保护，并不利于工业的健康发展。特别是在战后新技术革命日新月异的条件下，不搞对外开放，不参与世界市场和国际竞争，不利用国外的资金、技术和先进的管理经验,工业发展就会失去活力,经济增长就会放慢,与发达国家的技术经济差距就会扩大。因此,“依附论”学者主张的和西方国家经济“脱钩”的理论是错误的。

但是,在广大发展中国家认识到必须实行外向发展的今天,必须看到,西方新自由主义所鼓吹的贸易自由化的主张也是别有用心的。因为当今的世界,早已不是几百年前资本主义发展初期的自由竞争时代,是西方垄断资本垄断着今天世界的生产、贸易、技术和资金流通过程。因此,发展中国家必须在积极推进外向发展的同时,学会保护自己,趋利避害。要通过对外开放、增强本国经济自主的能力。因此,必须把内向发展与外向发展巧妙地结合起来,并随着自身经济实力的增强,逐步放开国内市场;必须根据本国生产要素的相对优势,不断调整和优化产业结构,增强对国际经济环境变化的适应能力。

2. 在经济体制上,正确处理国家干预和市场调节、国有经济和私人经济的相互关系。在独立初期,发展中国家国内商品经济一般都不发达,市场机制很不健全,私人资本还比较弱小。虽然有些国家如巴西、阿根廷、墨西哥、印度、埃及等,在二次大战后初期,工业已有一定的规模,但是,本国资本投资的主要领域是轻纺工业,重工业基础也十分薄弱。因此,面对战后强大的国际垄断资本,发展中国家程度不同地加强了国家对经济生活的干预,并对私人资本无力投资或不愿投资的一些部门由国家投资经营,这些做法也是必要的,符合生产力发展的要求。问题是,不少国家在一个时期内忽视了市场机制在推动生产和技术进步方面的重要作用,抑制了私人经济的发展,而国有企业又是政府或少数统治集团所占有,没有完全的经营自主权,许多企业管理混乱,亏损严重。特别是一些受原苏联影响较大、宣布“以社会主义为方向”的国家,完全排斥了私人经济和市场机制的作用,最终导致经济长期停滞,商品极端匮乏。

现在,越来越多的国家认识到,必须对国有企业进行整顿改革,并充分发挥私人经济的积极作用;必须减少国家对经济不必要的干预,积极培植市场机制,发展商品经济,并逐步实现宏观上抓紧、微观上放开。这是历史的经验总结,它将对发展中国家的未来发展产生积极影响。但是,现在西方新自由主义所鼓吹的,在发展中国家实行完全的市场调节,完全取消国有经济的做法,不符合发展中国家的实际,而且是有害的。不仅在发展中国家行不通,即使在今天资本主义高度发达的西方国家也是一种幻想。

3. 在经济战略中,在追求经济高速增长时,要根据本国国情,正确处理各产业部门之间(工业、农业和服务业),国民经济中重大比例关系之间(供给与需求、积累与消费、财政收入与支出、国际收入与支出),各个地区之间、城市与乡村之间以及社会各阶层收入分配之间的协调关系。多年来事实证明,保持宏观经济的适当平衡,是实现国家战略目标的重要保证,是保证经济持续稳定发展的基本前提。

在这方面,发展中国家的教训是沉重的。长期以来很多国家实行“重工轻农”政策,使粮食问题日趋严重;拉美和其他地区一些国家,发展条件优越,工业有一定基础,然而,由于盲目追求高速度,忽视了内部结构平衡,总需求严重大于总供给,结果造成严重的外债和通货膨胀,导致目前生产长期下降;还有的产油国,如巴列维王朝时的伊朗,1970 年代油价暴涨带来了巨额财富,就企图在一夜之间成为强大的工业和军事国家,结果不仅大量财富被挥霍浪费,而且由于严重的两极分化,最终导致王朝的覆灭。

为了保持宏观经济的协调,就必须制定一套健全的社会经济政策和法律制度,如产业政策、财政税收政策、货币金融政策、对外贸易政策、技术政策和分配政策等。在这方面,比较容易忽视的是教育政策。现在人们常常谈论南北之间经济技术差距,而不注意教育和人才培养方面差距。在西方,1960 年代前后就提出了“人力资本”理论,把劳动力体力和智力的发展,视为一种资本的投资类型。为适应新技术革命的要求,它们普遍推行了 8—11 年制义务教育,大大增加对教育和人才培养方面的投资。80 年代中期,发达国家公共教育开支占国内生产总值的比重为 6% 以上,发展中国家一般在 4%,甚至更少;每人平均公共教育开支,发达国家为 682 美元,发展中国家仅为 38 美元。目前发展中国家中文盲人数达 9 亿人左右。高等教育升学率,发展中国家为 7.5%,发达国家为 38.3%。发展中国家不仅培养的专业技术人才少,而且还有很大比重流向发达国家。显然,这种状况不仅直接影响发展中国家当前的发展,而且必然严重制约未来的前景。

4. 在经济改革调整的同时,必须相应进行政治体制的改革。历史已经证明,对发展中国家来说,政治独立是经济发展的重要前提。但是决不能说,有了政权,就能保证经济发展的一切政治条件。在这方面,主要是:(1) 要有一个经济发展所必需的良好的政治环境;(2) 要有一个廉洁、公正、有效率的政府机构;(3) 要建立一套健全的法律制度。这三个方面缺一不可,其中关键是第二条。目前很多发展中国家政府机构存在的贪污腐化、官僚主义和效率低下,不仅影响经济发展所需要的政治环境的稳定,而且也无力对经济发展实行有效的管理和指导。

因此，从发展中国家目前情况看，政治改革的当务之急，并不是西方国家所鼓吹的多党制，而是从本国的国情出发，建立健全的公务员制度，完备的法律制度，正常的干部遴选制度，广泛的群众参与制度和对政府权力机构与干部的有效监督制度。由于这些制度的建立，涉及到权力的再分配，它不可避免地会遇到各种阻力和抵制，然而它是经济调整和改革所必需的，代表着历史发展的方向。

5．加强发展中国家之间合作，争取建立国际经济和政治新秩序。国内经济调整改革的顺利进行，发展中国家团结合作的加强，是建立国际新秩序的基础。因此，在目前比较困难的条件下，发展中国家之间应在和平共处五项原则的基础上，努力消除相互间歧见和纷争，加强相互间的经济政治合作；应该加强“七十七国集团”和“不结盟国家组织”等协调机构在国际上的作用；应该争取务实的做法，积极发展发展中国家之间区域性和次区域性的经济合作；最后，应该在不放弃建立国际新秩序的目标之下，首先就南北之间的一些紧迫问题（如资金、债务、贸易和环境等）进行谈判，力争取得发达国家更大让步。总之，只要发展中国家坚持斗争，利用一切可以利用的力量，一定可以战胜面临的各种挑战，逐步壮大自己的力量。

解决贫困问题是当前人类面临的挑战*

贫困问题并非始于今日，亦非为发展中国家所特有。但是，在发达国家和发展中国家，贫困的性质及其表现形式是不相同的。如果把这两类国家的社会经济发展作一比较，应该说，今天的贫困问题主要是发展中国家的问题。正如南方委员会指出，发展中国家现在占世界人口的3/4以上，但是"南方国家处在北方发达国家的边缘，基本上未分享到繁荣和进步的好处"。它们"在人类生活基本条件方面的差异，不是在缩小，而是有了天渊之别。"①

因此，解决和减轻发展中国家的贫困问题，是当今人类面临的重大挑战。它不仅关系到发展中国家自身的生存和发展，也关系到整个世界的繁荣和稳定。

一、当前发展中国家贫困的严重性及其原因

贫困是一个复杂的、系统性的问题。有两种不同的理解：(1) 贫困是物质的概念，即指"人类基本需求的匮乏"或"缺乏达到最低生活水准的能力"。② (2) 贫困既是物质上缺乏满足基本需求的能力，又包括政治上缺乏实现这些基本需求的权力。这两者既有区别，又有联系。物质权力是政治权力的基础，而政治权力又是物质权力的前提。这里，我们将主要从第一层意义上来考察贫困。

贫困又分为"绝对贫困"和"相对贫困"。前者指难以维持最低生活水准的状况，或称"生存贫困"。当然，"最低生活水准"在不同国家和不同发展时期各不相同，这里包括历史的和道德的因素。衡量"最低生活水准"的主要尺度是"家庭收入和人均支出"，但还需要用营养、预期寿命、婴儿死亡率和文盲率等指标加以补充。相对贫困是指在国民收入中，处于最低水平的一

---

* 原载《北京大学学报》1994年第3期，获北京大学1995年优秀论文奖。

① 参阅南方委员会：《对南方的挑战》，中国对外翻译出版公司1991年版。

② 世界银行：《1990年世界发展报告》，中国财政经济出版社1991年版，第26页。

组人口所占份额的变动。它反映社会贫富不均和收入分配不平等的情况。通常衡量相对贫困的指标有基尼系数和洛伦茨曲线。

从量的方面考察一国的贫困问题，首先要确定贫困的标准，即"贫困线"。由于它通常是以社会公认的最低消费水平和人均收入状况计算的，因此它要受到各国社会经济发展水平的制约，即不同发展水平的国家应有不同的贫困线标准。其次，要测定各国的贫困程度。其中最主要的指标：(1)"贫困发生率"，即计算收入低于贫困线的人口占全国总人口的比重；(2)"贫困缺口率"，即计算贫困线以下人口的纯收入与达到贫困线所需要的全部收入的比率。

为考察发展中国家贫困的规模及其特征，研究缓解贫困的途径，世界银行曾先后发表两个报告。在1980年发表的《1980年世界发展报告》中，以印度的研究材料为基础，确定人均年收入75美元为国际贫困线(以1970年不变价格计算)，在此基础上，估计1975年发展中国家生活在绝对贫困状态的人数约为7.8亿人(不包括中国和越南)，其中南亚地区占1/2，西亚和东南亚地区占1/6，撒哈拉以南非洲地区占1/6，其余1亿人在拉丁美洲、北非和中东地区。同时指出，1975年发展中国家约有6亿成人文盲，有3/5儿童入学不超过3年，1978年有5.5亿人平均预期寿命不到50岁。[①] 时过10年，世界银行《1990年世界发展报告》又根据一些低收入发展中国家的研究成果，规定了两条国际贫困线来进行估量：(1)按人均年收入370美元(以1985年购买力平价美元计算)，估计1985年发展中国家的穷人人数为11.15亿人(包括中国)，约占发展中国家人数的1/3[②]；(2)按人均年收入275美元计算，估计有6.3亿人处在"赤贫"状态，约占发展中国家人口总数的18%。[③] 同时，该报告分析了发展中国家贫困的一些特点：

1. 在地区上，南亚和撒哈拉以南非洲地区情况尤为严重。在1985年全部11亿多穷人中，南亚占46.6%，贫困发生率达51%；撒哈拉以南非洲地区占16.1%，但贫困发生率达47%。在6亿多赤贫人口中，南亚占47.4%，撒哈拉以南非洲占19%。其他社会生活指标方面，80年代中期，发展中国家平均预期寿命为62岁，其中南亚地区为56岁，撒哈拉以南非洲地

① 世界银行：《1980年世界发展报告》，第33—35页。

② 世界银行：《1992年世界发展报告》对1990年报告的材料作了修正。该报告确定的贫困线为人均收入430美元(以1990年价格计算)，在贫困线以下人口，1985年为10.51亿人，1990年为11.33亿人。

③ 世界银行：《1990年世界发展报告》，中国财政经济出版社，第29页。

区仅为50岁，有些国家如塞拉利昂、埃塞俄比亚仅为42岁。

2. 就一国来说，贫困常常集中在某些经济落后地区。如巴西东北部，占全国人口30%左右，但却是巴西最贫困的地区，该地区人均收入水平仅及全国的一半，巴西1/2穷人集中在该地区。印度恒河中下游的比哈尔邦和东北部的阿萨姆、特里普拉、曼尼普拉、那加等地，或因人口过密、交通闭塞、灾害不断，或因民族、宗教等因素，长期处在落后状况。至于非洲东北部和萨赫勒地区，畸形的单一经济、生态环境的严重恶化、传染病的猖獗和接连不断的战乱，使这一地区成为当今世界最贫困的地区。

3. 从社会各阶层看，发展中国家的贫困首先是农村现象。在大多数发展中国家，农村穷人通常占全国穷人的大多数，它们一般是无地少地农民。如1970年代末，孟加拉无地和占有半英亩耕地以下农户占总农户的43%左右，其中93%都是贫困户。[①] 在印度等国，无地少地农民又常常是低种姓阶层，除遭受严重经济剥削外，还要受非人道的种姓歧视。在城市中，贫困阶层所受折磨常常比农村有过之而无不及，它们中许多是流落到城市的贫苦农民，没有固定的工作，收入低微，栖息在肮脏的贫民区，有些则沦为乞讨者。在贫困家庭中，妇女、儿童、老人和失去劳动能力的人处境更加困难。据联合国儿童基金会估计，80年代中，发展中国家有1亿儿童流落街头，仅巴西就有3200万流浪儿童。[②]

总之，发展中国家穷人既缺少土地、资金等物质资本，又缺少人力资本，他们是社会中最脆弱的部分，很难经受外部的冲击。一般说，如果没有外部的力量，特别是政府的有力扶植，就很难摆脱“贫困的恶性循环”的陷阱。

事实上，对于发展中国家日益严重的贫困问题，早就引起了世界公正舆论的严重关注和不安。因为正是贫困的扩大和加深，使很多国家长期来社会政治处于动荡不定的状态，民族矛盾、宗教冲突、民众不满和地区纠纷持续不断。不仅如此，发展中国家贫困问题的恶化，在世界范围内也大大加深了南北之间的矛盾和对立，并严重制约了世界市场容量的扩大和世界经济的繁荣和稳定。

有鉴于此，战后以来，国际上不同的社会经济理论和思潮，都对造成发展中国家贫困的原因作了探讨。有的把这些国家的贫困归结于它们国内的“人口爆炸”(新马尔萨斯学派)；有的则主要归结于这些国家缺乏资本(发展

---

① Ravallion. M. & D. Van de welle, *Poverty Orderings of Food Pricing Reform*, 1988年。

② 〔美〕《华盛顿邮报》1988年4月9日。

经济学结构主义学派);有的认为,主要是在当今世界经济体系中发展中国家所处的不平等地位和它们对发达国家的“依附关系”(“依附论”学派)等。虽然这些看法都给我们提供了某些有益的启示,但大都失之偏颇。

应该说,造成今天发展中国家贫困的原因是复杂的,各国也不尽相同。但是,除了一些国家受自然资源和环境的严重制约,不少国家存在着过度的人口压力以及殖民主义长期掠夺的后果和国内现存的传统经济关系束缚等因素外,最主要的原因在于:(1) 外部是不合理的国际经济关系对发展中国家造成的损害。今天,西方国家利用自己掌握的经济技术优势和不平等的国际经济体制,继续控制和剥削广大发展中国家。据初步估算,从70年代初,发达国家仅通过不等价交换、外债付息和直接投资等手段,每年从发展中国家掠夺的利润约为200—220亿美元;到80年代末,仅此三项“贡赋”,一年估计达2 500—3 000亿美元。[①] 显然,正是这源源不断的海外利润,成为战后西方国家经济增长和社会稳定的重要基础,但同时,却使发展中国家发展经济的努力遭受严重挫折。(2) 在内部,主要是发展中国家经济战略、经济体制和经济政策的严重失误。独立后,多数国家沿袭西方传统的发展模式,片面追求经济增长,忽视收入分配;强调工业发展,忽视农业基础。结果,随着经济增长,城乡的经济差距进一步扩大,贫困农民的状况日益恶化,城乡贫困人口越来越多,社会两极分化越来越严重。仅曼谷一地,1960年贫民窟约361处,人口35万;到1980年,贫民窟增加到1 000处,居住人口近100万。社会两极分化的扩大,又是社会政治动荡的重要渊薮;反过来,又严重制约一国的经济增长和缓和贫困的努力。

二、发展中国家摆脱贫困的努力和进展

战后几十年里,发展中国家的社会经济发展,大体经历了两个时期。从50年代到70年代,这些国家的经济增长还比较顺利,在减轻贫困方面,特别是人均消费水平、入学率、婴儿死亡率和平均预期寿命等社会指标,都有不同程度的改善。但同时,很多国家贫困的规模并没有明显下降。

当然,70年代以前,发展中国家的情况也不相同,当时各国实行的经济战略,大体有三种模式:

1. 先增长、后分配的模式,这在发展中国家中是多数,如巴西、墨西哥、

---

① 巫宁耕:《南北矛盾的经济根源》,《经济学家》1991年第4期。

印度等国家。它们认为只要通过加速经济增长，实现国家工业化，就能自然地摆脱贫困。因此生产是第一位的，分配和就业是第二位的。追求经济的高速增长，是经济战略主要的甚至是惟一的目标。正是在这一战略下，在产业政策上，一味追求大型的资本和技术密集型的产业，忽视小型的劳动密集型企业的发展；在财政政策上，常常依靠赤字财政来筹集资金，同时又实行农产品低价和加重农民负担的政策；在外贸政策上，实行内向战略，一方面本币高估、高额关税，损害了农产品的出口利益；同时，又在外汇和资金上对农业实行歧视政策；在经济体制上，过分强调国家干预，限制市场机制和私人经济的作用。这一切，加上人口控制上的失误和土地改革的失败，使很多国家在经济增长的同时，社会两极分化日益严重。

如墨西哥1955年到1970年年平均经济增长达6.5%，人均国民生产总值也由1950年的181美元，增至1970年的661美元。但是，在经济增长的背后，贫困却有增无减。1970年有64%在职人口低于维持最低生活的收入水平，有近2/3的居民得不到医疗，1/3以上的居民居住在贫民窟里。农村贫困更加严重，在经历了几十年土地改革之后，无地农民仍占农民总数的一半。应该说，这种"有增长无发展"的"墨西哥病"，在当时并不是孤立的现象。根据世界银行材料，1972年巴西20%最低收入家庭仅占全部家庭收入的2%，而20%最高收入家庭所占比重为66.6%；在印度，1960—1975年农村贫困人口比率由42%增至47.7%，农村贫困人口由1.52亿增至2.25亿。[①]

2. 重分配轻增长的模式，以斯里兰卡为代表。在1970年代前，斯政府一直在粮食、教育和卫生等方面，维持庞大的福利补贴开支；同时，为支持农业的发展，在粮食、化肥和种子等方面，实行保证价格和补贴。这一政策，对改善收入分配和保障低收入家庭的生活无疑起了很大作用，全国的文化教育和医疗卫生水平也高于同等发展水平的国家。但是，由于国家用于各种福利补贴费用过大，严重影响了投资的增长；而长期的低增长也使高福利政策失去了基础。

3. 增长和分配相兼顾的模式，以新加坡、韩国和中国台湾地区为代表。为加速经济增长，它们在实行短期的内向战略后即转向外向发展，利用与西方国家的关系，大量吸收国外资本和技术，充分发挥自身劳动力优势，发展面向出口的加工工业；同时，通过建立一种有指导的市场经济体制，积极发

① 孙培钧：《南亚国家经济发展战略研究》，北京大学出版社1990年版。

展教育和科技，注意农业的发展，推行土地改革和实行其他社会改良措施，以调节收入分配，改善贫困人民的状况。

正是鉴于前一阶段多数发展中国家经济发展中暴露的问题，60年代后期，一些西方发展经济学者对传统的经济战略提出异议，他们认为，必须区别发展(development)与增长(Growth)的含义；经济发展的目标应是双重的：即"除增长外，还应包括摆脱贫困"。这种贫困"既有经济方面的意义，还有非经济方面的意义"[①]。70年代后，一些国际机构如世界银行、国际劳工组织等又分别提出以满足人的基本需要为核心的社会经济综合发展战略。联合国第二个发展十年也明确指出："发展的最终目的，必须使个人的福利得到不断进步，并给所有人带来好处"[②]。

这种"基本需要"应包括：(1) 增加就业，特别是通过发展乡村工业和加强基础设施，缓和农村的就业困难；(2) 向贫困人民提供最低的消费需要；(3) 通过经济和法律手段，减少收入和财富的不平等，如实行累进税，提供社会保障，规定最低工资和对基本生活品实行价格补贴；(4) 提高贫困人口的生产力，包括在教育、卫生、节制生育等方面，给穷人提供方便。

理论上的转变和客观环境的要求，使一些国家开始考虑把就业、平等、消除贫困等因素包括在经济战略目标之内。如东盟中马来西亚、泰国、印度尼西亚等国，70年代后先后推行了有"脱贫效应"的经济发展战略。其特点是：(1) 强调发展的平衡性，即工业和农业同步发展、促进经济的多元化；(2) 强调发展的综合性，即经济和社会综合发展，把解决失业、贫困和分配问题置于重要地位。与此同时，各国都采取了一些具体措施。如1970年马来西亚实施了重点为扭转马来人和华人之间收入差距的"新经济政策"；印度尼西亚自第二个五年计划(1974—1979年)起，把提高全体人民生活水平作为压倒一切的目标之一，并提出实现八项"普遍平等"的具体目标[③]；泰国在第三个五年计划(1972—1976年)也突出了社会开发、人力投资和扩大就业。一些产油国因70年代油价大幅度上涨带来的巨额收入，也大大增加了人力资本投资，扩大了社会福利的实施范围。

当然，就发展中国家总体来说，执行以人为中心的社会经济综合发展战

① 艾玛·阿德尔曼：《发展经济学重新确定目标》，《美国经济评论》，1975年5月。

② 巫宁耕：《战后发展中国家经济》(概论)，北京大学出版社1986年版。

③ 八项普遍平等目标包括：普遍满足人民基本需要：获得教育和卫生设施的均等机会；平均分配国民收入；就业机会均等；经商机会均等；有参加建设的平等机会，特别是青年和妇女；在全国各地均衡建设；得到公正平等的待遇。

略困难较大,原因在于:(1) 解决贫困人民的基本需要,要有一定的物质基础;(2) 要进行相应的社会、经济和政治结构的改革;(3) 要有相应的国际条件配合。显然,在当前条件下,发展中国家为解决贫困问题的努力,既要受到客观物质条件的制约,又要受到国际国内各种既得利益集团的重重阻挠。这里,关键的因素是,政府能否制定正确的经济战略和经济政策,妥善地处理增长与分配、效率与公平的关系;在实现经济增长的同时,使贫困人民的状况得以改善。

然而进入 80 年代后,广大发展中国家的经济情况出现了严重恶化。除东南亚和南亚一些国家外,其他地区国家经济出现长期停滞,甚至下降,同时还伴随着严重的财政危机、债务危机和社会危机。这次危机是这些国家内部结构严重失衡、外部贸易条件恶化、外来资金急剧减少和西方国家推行高利率政策等因素造成的。情况最严重的是撒哈拉以南的非洲和拉丁美洲,据世界银行材料,按人均国民生产总值计算,80 年代这两个地区倒退了 10—20 年。

80 年代以来发展中国家进行的经济调整和改革,大都是在这样的背景下进行的。它包括两个方面的任务:(1) 实行宏观经济稳定,包括控制财政支出,削减社会开支和公共投资;控制货币发行,紧缩信贷规模;控制进口数量,改善投资环境等。(2) 经济战略、经济体制和经济结构的调整和改革,包括鼓励私人经济发展,对国有企业进行改革和私有化;改变国家对经济不适当的干预,发挥市场和价格机制的作用;积极发展外向型经济,鼓励外资进入等。不少国家还在西方国家压力下,着手政治改革,推行多党制。

无疑,发展中国家的经济调整和改革,如果是在自主的条件下进行,目的是使经济朝着健康协调的方向发展,那么从长远看,它是有利于缓和贫困、改善穷人处境的。但是从近期看,它对穷人的正负面影响是相交织的。特别是目前进行的调整改革大都是以新自由主义理论为指导,以市场为取向的。在一般情况下,穷人的利益最容易被忽视,贫困地区和贫困人口最易受到伤害。特别是在实现宏观经济稳定过程中,它对穷人的不利影响是:(1) 紧缩性的财政货币政策,将损害经济增长,使失业增加,劳动者收入下降;(2) 减少政府提供的社会服务、价格补贴和社会保障支出,对穷人的打击更大;(3) 如果在巨额财政赤字和生产萎缩条件下放开价格,减少进口,将使物价进一步失去控制,其最大受害者也是穷人。另一方面,在调整改革中,如果政府注意在产业政策上发展劳动密集型产业,加强对农业投资;在金融外贸政策上,实行货币贬值,积极促进出口;在投资政策上,鼓励国内外私人投资，特别是鼓励向贫困地区投资；在价格政策上，注意对农产品价格的适当保护；在社会政策上，增加贫困地区的教育投入，建立适当的社会保障机制等，也会有利于改善贫困人民特别是农民的处境。利弊相衡，取决于这些国家经济对外界冲击的应变能力和政府在调整改革中能否兼顾穷人的利益和社会的稳定。

目前的调整改革，只有东南亚地区和其他地区一些国家成绩较为显著。如马来西亚、泰国和印度尼西亚等国，它们原有的经济贸易有较好的基础和适应性，积欠的外债不多，加之长期以来重视人力资本投资，这为它们的调整提供了有利的条件。这些国家在稳定经济的基础上，通过经济战略和体制的调整，从80年代中期起，经济很快走上快速增长的道路。与此同时，它们在调整中继续推行行之有效的反贫困战略，使这些国家的贫困问题有很大缓解。

80年代以来，这些国家反贫困措施主要有：(1) 通过各种政策手段，鼓励农业发展和城镇就业，如印尼在调整中注意运用汇率调整、价格倾斜和减少税收等手段，解决农民增产不增收现象，保护农民收入。泰国在"五五"和"六五"计划中，拨出巨额投资用于农村开发；同时，放松工业管制，鼓励乡村工业，以大量吸收劳动力就业。(2) 在调整中帮助穷人参与增长，增加穷人获得土地、贷款和公共设施及服务的机会。如印尼的农村普遍信贷计划；泰国帮助农民建立稻谷、耕牛银行和储蓄合作社；马来西亚对原住民在就业和企业经营方面提供特殊的财政、金融和技术援助。(3) 对边远和贫困地区，采取特殊的扶贫措施，如印尼的外岛迁移计划，马来西亚的农村迁移计划，泰国的地区优惠政策等。它们都增加了对贫困地区投资、注意保护生态平衡和人力资源的开发。(4) 建立安全保障网，帮助穷人尤其是老、弱、妇、幼，克服短期困难和灾祸。与此同时，还采取一些直接面向贫困阶层的措施，如泰国的"农村发展计划"、印尼的"贫困人口收入计划"和马来西亚的"就业改组计划"，以增加穷人的资产存量和生产力，加快脱贫步伐。在这些国家扶贫过程中，它们有效地建立了政府机构、非政府组织和以社区为基础的协调合作，使减缓贫困的努力达到最佳效益。如印度尼西亚从1970—1987年，贫困发生率已从58%降至17%；贫困人数从6 790万减少到3 000万；贫困缺口率由37%降至17%。马来西亚从1973年到1987年贫困发生率也由37%降至15%，穷人人数由401万减至220万，贫困缺口率由40%

降至24%。[1]

但是,综观发展中国家情况,很多国家的经济调整改革是一波三折,这些地区的贫困状况也继续恶化。据世界银行的最新估计,从1985到1990年,穷人数量就由10亿多一点上升到11亿以上。仅南亚、拉美、中东和撒哈拉以南非洲等地,穷人人数就增加了近一亿人。[2] 如巴西一地,从1981—1987年,穷人的数目就从2 300万人增至3 300万。至于撒哈拉以南非洲地区,调整更加艰难,在该地区的4亿多人口中,目前经常有1亿人左右食不果腹,在饥饿线上挣扎。

展望90年代,发展中国家反贫困问题的前景,尚很难确定。这在很大程度上取决于:(1) 这些国家经济能否走上健康协调的发展道路。这不仅受制于客观环境的变化,更取决于各国经济调整改革的决心和部署;(2) 这些国家反贫困战略的实施。这既决定于当权者战略思想的转变,也取决于能否克服既得利益集团的阻力;(3) 其他因素的配合,特别是人口数量的控制和素质的提高。所有这些方面,发展中国家都面临很大困难。总之,展望90年代,发展中国家的经济状况将好于80年代,但发展将带有很大不平衡性。与此同时,在减少贫困方面,进展也将是很不平衡的:东南亚地区反贫困的良好势头将继续下去;撒哈拉以南非洲地区的贫困状况将大幅度增加;至于其他地区,只要经济和政治状况有起色,贫困状况也可能有所缓和。

三、中国解决贫困问题的进程和思考

消灭贫困是人类面临的共同任务,也是中国社会经济发展中的大问题。在过去四十多年中,中国政府在满足人民基本需求方面进行了长期的努力。但是在过去,由于僵化的经济体制和过分的平均主义,严重阻碍了生产力的发展,导致广大人民特别是农民的生活长期处在贫困状态。1978年以来,中央确定了改革开放的伟大决策,把工作中心转移到经济建设的轨道上来。到80年代中期,农村经济发展较快,农民收入提高较多,从整体上说,农村贫困有明显缓和。

但是,中国是幅员广大的国家,由于历史、经济、社会、环境等多种原因,各地发展很不平衡。到80年代中期仍有一部分地区发展迟滞,农民状况还

---

① 世界银行:《1990年世界发展报告》,中国财政经济出版社,第41页。
② 世界银行:《1992年世界发展报告》,中国财政经济出版社,第29、30页。

相当贫困。以国家统计局的贫困线标准[①] 衡量，到 1985 年，我国贫困人口仍有 1.25 亿人（1978 年为 2.5 亿）；贫困发生率为 14.8%（1978 年为 30.7%）。这些贫困地区主要集中在西南和西北以及发展相对落后的“老、少、边、穷”的地区。

针对这种情况，从 80 年代中期起，中国开始了有组织的大规模扶贫工作。1984 年政府发出了《关于帮助贫困地区尽快改变面貌》的通知。“七五”计划（1986—1990 年）也提出了明确要求，并为此采取了一系列重要措施。包括：(1) 调整扶贫方针和政策，设立专门机构。特别是改变过去单纯分散救济的方法，强调在国家必要扶植下，利用当地资源，进行开发性建设，依靠自身力量脱贫致富。同时，自国务院起，到各省、区和地县设立相应扶贫机构。(2) 针对贫困分布的区域特点，以县为单位确定国家扶植的重点。1986 年国务院确定了 331 个县，各省和自治区又确定了 368 个重点扶植贫困县。(3) 增加扶贫资金、物资的投入，实行有利于贫困地区休养生息的优惠政策。如把扶贫资金主要用于生产开发项目；减免税收和粮食合同定购，开放农产品销售价格等。(4) 控制人口过快增长，积极提高人口素质。从 1987 年起，国家对贫困地区的干部、农村科技人员和农民技术骨干，进行了大规模培训活动。(5) 动员国家机关和社会各界帮助贫困地区开发，加强贫困地区与发达地区的对口支援和干部交流。与此同时，政府还通过实施“三西”地区农业建设计划、“以工代赈”计划、“温饱工程”、“星火计划”、“希望工程”等，加强对贫困地区的支持。

据国家统计局材料，这几年里，我国扶贫开发成果是明显的。按可比价格计算，1990 年贫困人口已下降 8 500 万，比 1985 年减少 32%；贫困发生率降至 9.4%，比 1985 年下降 5.4%；国家重点扶植的 331 个县，农村人均收入从 1985 年的 208.6 元，增至 1991 年的 377.7 元。[②] 贫困地区的教育、卫生和医疗条件也有一定改善。但是应该看到，我国贫困问题尚未根本解决，而且还出现一些值得注意的新问题：(1) 这几年，我国的减贫速度放慢了。目前的贫困地区，是经济开发最困难的部分——自然条件较差、生产方式落后、产品结构单一、基础设施薄弱、人口压力过大、人口素质不高的一些地区。而且由于长期自然经济影响，表现出严重的保守、封闭和落后观念，缺少进取精神，如深山区、石山区、高寒山区、地方病高发区和一些少数民族地

---

① 国家统计局确定的贫困线标准：1978 年为 100 元，1985 年为 206 元，1990 年为 268 元。

② 陈俊生：《中国政府的扶贫战略》，在中国扶贫国际研讨会上的发言，1992 年 10 月。

区。(2) 一部分初步解决温饱地区的人均收入水平也不高，生产力水平尚无实质的变化，抵御自然灾害的能力薄弱，因此尚处于不稳定状态，返贫率较高。(3) 尽管我国西北和西南地区经济有一定发展，但是和东部地区相比，无论在经济总量和质量上，存在着明显的差距，并有不断扩大的趋势。(4) 特别是进入 90 年代后，中国加快了由计划经济体制向市场经济体制的转变，虽然贫困地区经济作为国民经济的组成部分，宏观上也将受益，但是市场经济是“竞争经济”、“强者经济”，由于贫困地区和贫困人民处于不平等的竞争地位，这就决定了他们的处境将更加困难；同时，过去体制下对贫困地区行之有效的一套政策保护，随着市场机制的引入，将受到冲击和逐步弱化。因此，90 年代能否加快贫困地区的发展，已经成为关系中国改革成败、政治稳定、社会安定、民族团结和国民经济长期均衡协调发展的重大问题。

正是在这种严峻形势下，中央及时地决定实施全国“八七扶贫攻坚计划”，即从 1994 年起到 20 世纪末，用七年时间要基本解决目前尚未解决温饱的 8 000 多万人的温饱问题。

作为一个发展中的社会主义国家，和其他发展中国家相比，中国在解决贫困问题上应该说有着许多有利的条件。社会主义制度的建立，为实现中国人民的共同富裕开辟了广阔的前景；中国实现了土地制度的根本改革，广大农民成为土地的主人；改革开放以来中国经济的高速发展，为解决贫困问题创造了越来越坚实的基础；解决少数地区的贫困问题，已经成为全党和全国人民的共识；特别是十多年来，我国在扶贫工作中已经积累了丰富的经验。但是，这还不够。从中国的实践和其他发展中国家解决贫困的经验看，我们必须进一步解放思想，加快改革开放的步伐，以改革促开发，使潜在的资源优势转化为经济优势。为此，就全国来说，当前必须在发展战略上扭转以经济增长为主要或惟一目标的传统思想，真正摆正人的发展与物的增长之间的相互关系，确立以人的发展为核心的社会经济综合发展的思想。经济增长是实现我国战略目标的物质前提，但是，这种增长只有和社会文化的发展、人力素质的提高、地区间的协调、生态环境的改善和政治体制的改革相结合，才能有持久和稳定的基础。

扶贫工作是一项长期的系统工程，在当前加快向社会主义市场经济体制的转变中，迫切需要采取的措施是：

1. 加快贫困地区的经济转轨变型，大力发展商品经济。综观国内外的扶贫经验，要使一个地区脱贫致富，必须：(1) 转变传统的思想，在不放松农业生产的同时，树立大农业思想，并由农业单一经营向农工商综合经营转变;(2) 要由数量产值型农业加速向质量效益型农业转变;(3) 要充分利用优势,通过多形式、多渠道的合作,加速封闭型经济向开放型经济转变;(4) 在开发中注意生态环境的保护和改善。

2. 政府要为欠发达地区实行经济转变创造条件和环境。除了对贫困地区发展生产给予资金、技术和物资上的重点倾斜,减免各种征税外,重要的是要积极培育市场,加快基础设施和通讯联系建设,加强生产资料供应和销售部门的服务工作,使产品能较快地实现商品化。要切实保证资金的正确使用,并克服过去重视投入、忽视实际效益的做法。

3. 在严格执行人口政策的同时,大力开发人力资源,提高人口素质。国内外经验早已证明,教育与经济发展和农民收益,有密切的正相关关系。因此,要大力宣传"教育立国"、"教育强国"的思想,同时采取切实措施,在贫困地区加快实施普及教育,大力发展职业教育和成人教育,使广大农民都能有一技之长。为此,除通过各种渠道,加强民间集资外,必须大大增加教育在各级政府开支中的比重,也可以考虑增设与高消费相联系的教育税;在积极从外部引进技术管理人才的同时,应该让贫困地区有组织地向发达地区输出劳务。

4. 进一步改革补贴制度和社会保险制度。要彻底改变平均主义的做法,实行有针对性的补贴制度。如对贫困户,可通过"以工代赈"给予救济和补助;同时,在技术培训上给予照顾,以提高获得较多收入的能力和机会。对一些丧失劳动力的穷人,社会也必须通过社会保障体系给予救济。

5. 在加强和完善扶贫专门机构的同时,要发挥非政府志愿组织的积极性。在东南亚一些国家反贫困工作中,建立了许多民间扶贫组织。由于这些组织较易接近社会下层,工作人员基本上是志愿者,有明确的工作目的和献身精神,因此起到政府组织无法起到的作用。同时,要制定有关扶贫开发的法律和法规;在尊重主权和法律的条件下,积极发展与国外有关基金和组织的合作。

总之,反贫困工作是一项长期的战略任务。这项工作做好了,不仅将大大推动我国的社会和经济发展,也是中国对人类所作的又一贡献。

世界经济
和
南北经济关系

西欧国家联合反霸是当代历史发展的必然趋势*

欧洲共同体从成立到现在，已经整整 20 年了。20 年来，它在抗衡苏美两霸激烈争夺欧洲的角逐中，逐步发展为一个强大的世界政治和经济实体，成为国际政治中一支不可忽视的力量。1976 年，共同体九国的人口为 2.59 亿，超过苏美；该年的国民生产总值估计为 14 750 亿美元，接近美国，比苏联多一半；在钢铁、汽车等主要工业品产量方面，都已分别接近和超过美苏；九国的出口贸易和国际储备，早已列居世界首位，大大超过美苏两国的总和。

欧洲共同体走过的道路，是艰难曲折的。它经受着资本主义制度所固有的各种矛盾、危机和冲突的折磨；美国也从未放弃对共同体渗透和控制的欲望；特别是苏联把它视为自己称霸欧洲的严重障碍。但是，欧洲共同体还是存在着、发展着。一个根本原因，在于它代表着一种不以人们意志为转移的、当代历史发展的必然趋势。

一

1974—1975 年，欧洲共同体经历了战后资本主义世界最严重的一次经济危机，至今经济回升乏力，失业和通货膨胀严重，使共同体的建设受到很大影响。但是，大敌当前，各成员国表现了维护和加强欧洲共同体团结的强烈愿望。联合自强、联合自保，仍然是当前西欧国家的主要倾向。

到 1977 年年底，英国、爱尔兰和丹麦三个新成员国已经结束为期五年的过渡期，与原六国一起，实现了商品的自由流通，对外建立起统一关税；除少数商品外，原则上实行了农产品的共同价格政策。这样，共同体的两大基石——关税同盟和农业共同政策，得以巩固和扩大。由于共同体各国经济发展的不平衡和面临的经济困难，建立经济和货币联盟的步伐放慢了。但

* 原载《世界经济》1978 年第 2 期。

是,各成员国在协调经济政策、扩大共同体财政干预手段、相互提供资金援助和建立统一的欧洲货币等方面,还是有所前进。在政治联盟方面,从1972年提出建立"欧洲联盟"目标以来,成员国之间的政治合作显著加强。九国首脑每年会晤三次,协调内外政策。在诸如对苏关系、中东、非洲和第三世界等问题上,九国基本上做到了"用一个声音说话",采取共同的立场。1979年,共同体还将采取用直接投票方式选举欧洲议会,从而将朝政治联合目标迈出新的重要一步。

与此同时,欧洲共同体的对外关系十分活跃。它同世界上一百多个国家建立了正式关系。根据1972年缔结的"欧洲自由贸易区"协议,1997年欧洲17国相互间的工业品关税已经完全取消,和东欧国家的贸易关系也有了很大发展。希腊、葡萄牙和西班牙又先后提出要求加入共同体的申请。不仅如此,几年来共同体采取不少实际步骤,加强同第三世界国家的政治经济联系,支持和声援它们反对两霸的侵略和扩张。这一切,使欧洲共同体在国际事务中发挥的影响日益增强。

欧洲共同体的产生及其发展,是当代世界各种基本矛盾发展变化和国际政治力量分化改组的生动反映,也是西欧各国与苏美两霸之间控制与反控制、侵略与反侵略斗争的必然产物。因此,它的壮大,有利于维护欧洲自身的独立和安全,有利于世界反霸阵线力量的扩大和加强,而不利于苏美两个超级大国的霸权主义。早在1970年毛主席就指出:"要争取他们,如英国、法国、联邦德国等"①。1977年10月中国领导人在接见英国前首相希思时再次表示:"我们希望看到一个联合的、强大的欧洲。"② 它表达了中国人民支持西欧联合反霸,支持它们在和平共处五项原则基础上发展同第三世界国家关系的一贯立场。这几年来,中国和欧洲共同体之间的相互关系也不断发展。继1975年双方建立正式关系之后,1978年又正式缔结了第一个贸易协定。

长期以来,苏联统治当局出自它争夺霸权的野心,对欧洲共同体采取不承认主义,并阻挠东欧国家与共同体发展关系,害怕中国与共同体相互关系的增进。几年来,他们开动宣传机器,攻击毛主席关于三个世界的理论和我国支持西欧联合反霸的原则立场,还断章取义地引用列宁《论欧洲联邦口

---

① 转引自《人民日报》编辑部文章:《毛主席关于三个世界划分的理论是对马克思列宁主义的重大贡献》,人民出版社1977年版,第40页。

② 1977年10月21日《人民日报》。

号》一文,为他们的霸权主义政策辩护。他们不顾历史条件,借用列宁在1915年说的"欧洲联邦在资本主义制度下不是无法实现的,便是反动的"①这句话,诬蔑中国的政策是"反列宁主义"的,中国"根本不关心"西欧劳动人民的"切身利益","中国赞成垄断资本,阻挡无产阶级的革命斗争"②,等等。

列宁在批判第二国际机会主义时曾经这样写道:"马克思主义的词句在我们这个时代已经成为完全背弃马克思主义行为的挡箭牌了;要成为马克思主义者,就必须揭穿第二国际领袖们的'虚伪的马克思主义'"。③ 列宁说的完全正确。理论上的诡辩,总是隐藏着卑鄙的政治目的的。

二

《论欧洲联邦口号》(以下简称《论联邦》)一文究竟教导我们什么?只有完整地和准确地了解列宁对"欧洲联邦"的态度,才能对此作出确切的回答。

《论联邦》一文,发表于1915年8月。当时,第一次世界大战已经爆发。这是一次帝国主义列强为重新瓜分世界而进行的掠夺性战争,也是帝国主义为摆脱国内日益严重的政治经济危机而进行的疯狂挣扎。战争大大加深了资本主义的各种矛盾,促进了欧洲革命形势的迅猛发展。

在这场战争和革命的危机面前,第二国际机会主义首领纷纷投入本国资产阶级政府怀抱,推行一条阶级投降和煽动各国人民为垄断资本利益而相互杀戮的反革命路线。只有以列宁为首的布尔什维克党坚持了鲜明的国际主义立场。在战争爆发后不久,列宁就根据当时形势起草了关于战争问题的提纲,即《革命社会民主党在欧洲大战中的任务》。在这之后,列宁又根据这个提纲为党中央委员会写了宣言,即《战争和俄国社会民主党》。宣言和提纲明确地回答了当时形势提出的迫切问题,分析了这场战争的性质,谴责了第二国际首领的叛卖行径。在谈到欧洲无产阶级革命任务时,列宁指出:"欧洲社会民主党人当前的政治口号应当是建立欧洲共和国联邦"④。

可见,"欧洲联邦"当时是作为党的策略口号提出来的,它并不是欧洲的现实。而且,这个口号当时在党内也有争论。在1915年2月党的国外支部

---

① 列宁:《论欧洲联邦口号》,《列宁选集》第2卷,人民出版社1960年版,第684页。

② 〔苏〕《新时代》:《西欧和北京政策》1972年10月20日。

③ 列宁:《英国的和平主义和英国的不爱理论》,《列宁全集》第21卷,人民出版社1959年版,第243页。

④ 列宁:《战争和社会民主党》,《列宁选集》第2卷,人民出版社1960年版,第532页。

代表会议上，决定把“欧洲联邦”口号问题推迟到报刊上讨论这个问题的经济方面后再来解决。事隔半年之后，列宁才以俄国《社会民主党人报》编辑部的名义，发表了《论联邦》一文，对讨论作了总结。

列宁在《论联邦》一文和随之发表的《关于欧洲联邦口号》中首先指出，中央提出的“欧洲联邦”口号，与当时考茨基的主张有原则的区别，因此，那种认为这一口号会削弱社会主义革命的观点是错误的。列宁说，在政治上，“用以革命手段推翻欧洲三个（指德、奥、俄）最反动的君主制度首先是俄国的君主制度为条件，把欧洲共和国联邦这一口号作为政治口号提出来，是无可非议的。”只是在涉及这一口号的经济内容和意义时，列宁才认为，“在当前经济条件下，欧洲联邦不是无法实现的，便是反动的”。原因在于，这时自由竞争的资本主义已经过渡到垄断的资本主义，“资本已经具有国际性和垄断性”。[①] 各国垄断资本为了攫取高额垄断利润，不仅垄断了国内市场，还极力设法垄断国外市场。生产资料的私有制和生产的无政府状态，使资本主义各国发展极不平衡。帝国主义瓜分世界的惟一原则是实力，而实力又是随各国经济发展的变化而变化。这样，后起的帝国主义强国最后必然会诉诸武力来谋求重新瓜分世界。

就20世纪初帝国主义各国的力量对比看，列宁认为，主要的帝国主义强国如英、法、德、俄都集中在欧洲。这些国家输出的资本最多，掠夺的殖民地领土最大，军事和经济实力最雄厚，从而争夺世界霸权的野心也最强烈，是新的世界战争的策源地。事实上，第一次世界大战就是以英法为一方，以德国为另一方为争夺世界霸权而爆发的。至于当时的美国和日本，虽然它们发展很快，美国工业生产已列居世界首位，两国也已经开始积极向外扩张，但是整体来说，它们资本主义发展的历史并不长。在第一次世界大战前，美国还是债务国，在对外贸易中出口的主要还是农产品和半制成品。日本在1868年“明治维新”时，欧洲大国已经处在垄断资本主义的前夜。因此，就整个实力特别是军事实力而言，它们和欧洲列强还相差很大。

正是在对帝国主义经济制度和各国力量对比进行客观分析的基础上，列宁认为当时建立“欧洲联邦”是不可能的。因为帝国主义列强不可能放弃对殖民地的剥削，也不可能联合起来有计划地共同剥削世界。它们之间的争夺是长期的、绝对的。当然，这不是说它们之间不可能达成暂时的妥协。列宁指出，在这种意义上建立“欧洲联邦”也是可能的。但是这种妥协，一是

---

① 列宁：《论欧洲联邦口号》，《列宁选集》第2卷，人民出版社1960年版，第684页。

暂时的,二是反动的。因为它"等于组织反动势力去阻碍美国较迅速的发展"。[①]

尤其重要的是,列宁所以放弃"欧洲联邦"这一策略口号,是和他这时在理论上对无产阶级革命学说所作的划时代贡献分不开的。在此以前,各国马克思主义者一直遵循着马克思和恩格斯在19世纪中叶提出的,社会主义革命必须在大多数、至少在欧洲几个主要国家同时进行才能胜利的著名原则。这在当时无疑是正确的。但是,进入20世纪后,当自由资本主义已经过渡到垄断资本主义,这个原则显然已经不适用了。正是由于列宁深入考察了帝国主义的本质、特征及其矛盾的基础,才能在《关于欧洲联邦口号》一文中,第一次科学地揭示了"经济政治发展的不平衡是资本主义的绝对规律",提出了社会主义革命可能在少数甚至在一国首先胜利的光辉理论,为无产阶级革命指明了胜利的道路。也正是考虑到"欧洲联邦"口号可能使革命者产生革命不能在一国首先胜利的不正确认识,列宁才在文章最后说:"欧洲联邦口号是不正确的。"[②]

可见,列宁对"欧洲联邦"的设想,是有一个发展变化的过程,即从最初赞成这个口号,到最后放弃这个口号,列宁对这个口号作了全面的分析。同时,列宁十分注重用马克思主义的方法,考察当时世界基本矛盾的变化和国际阶级斗争的发展,教导人们集中力量反对主要的帝国主义。这里,列宁给我们提供的教益是多么重要。

三

能不能说当年列宁所否定的"欧洲联邦",就是今天的欧洲共同体呢?

列宁教导我们:"马克思辩证法要求对每一特殊的历史情况进行具体的分析。"[③] 这就是说,我们不能从抽象的概念出发,而要从客观存在的实际出发,对具体事物所处的环境及其发展趋势,作出合乎实际的分析。显然,列宁60年前说的"欧洲联邦",与现在实际存在的欧洲共同体,本来就是两回事,而且,今天欧洲共同体产生和发展的国际环境,与列宁当年也是完全不能同日而语的。

---

① 列宁:《关于欧洲联邦口号》,《列宁选集》第2卷,第686页。
② 同上书,第687页。
③ 列宁:《论尤尼乌斯小册子》,《列宁选集》第2卷,第861页。

半个多世纪来,特别是二次大战以后,国际形势发生了巨大变化。首先是世界被压迫民族和被压迫人民的空前觉醒。60年前,整个世界被一小撮帝国主义列强所瓜分,亚非拉地区是帝国主义"最可靠的后方",那里的人民遭受着帝国主义最残酷的剥削和最野蛮的压迫。然而今天,在民族解放斗争洪流的猛烈冲击下,帝国主义的旧殖民体系终于土崩瓦解,绝大多数亚非拉国家先后赢得了政治独立,中国等一些国家走上了社会主义的发展道路。进入1970年代后,第三世界的反帝斗争又从政治领域深入到经济领域,即由争取政治独立的阶段,发展到维护和巩固政治独立、争取经济独立的新阶段。广大发展中国家团结战斗,在维护国家主权、保卫民族权益、发展民族经济等方面,向西方大国一手造成的旧的国际经济秩序展开了持续不断的进攻,取得了许多新的胜利。

其次,经过两次世界战争,特别是在各国人民斗争的沉重打击下,垄断资本主义制度已经日趋衰落,陷于各种不可解脱的矛盾和危机之中。同时,由于资本主义发展不平衡规律的作用,西方大国之间的力量对比也发生了明显变化。60年前曾经显赫一时的英、法、德,现在实力已大大削弱,沦为二等国家。战后初期,西欧国家甚至不得不依仗美"援",才勉强支撑住摇摇欲坠的资本主义制度。1950年代后,这些国家的经济逐渐恢复和发展。但是,今天无论哪个西欧国家的经济和军事力量,都无法与美苏两个超级大国相匹敌。尤其在军事上,据西方估计,1976年英、法、联邦德国三国的军费开支总额,只相当美国的38%和苏联的31%,三国的总兵力只有美国的64%和苏联的37%①。它们有一点原子弹,但也不多。显然,西欧已不再是世界经济和政治体系中起支配作用的力量。

最后,今天在世界经济和政治中逐渐形成两个凌驾于一般国家之上的超级大国,它们在当今世界中争夺霸权的斗争愈演愈烈,都想在世界上称王称霸。它们的野心和手段,具有侵略性、冒险性和欺骗性。两霸争夺的战略重点在欧洲,因为这里战略地位重要,资源丰富,拥有先进的技术和装备,各自又都有重要的政治经济利益。为了争霸欧洲,它们采取军事、政治和经济三管齐下的手段,从各方面加紧对西欧的侵略和扩张。这就是当前西欧各国面对的严酷现实。在这种形势下,除非西欧联合起来,就无法抗衡两霸的威胁,保卫自己的独立和生存;除非加强和改善与第三世界的关系,就无法保障自己的原料供应、商品市场和投资场所,甚至可能被两霸从过去的传统

① 伦敦国际战略研究所:《1977—1978年军事力量对比》。

市场上撵走。

马克思主义告诉我们,自然界和社会中的一切事物和界限都是有条件的和可变动的,没有一种现象不能在一定条件下转化为自己的对立面。同样,我们在考察欧洲共同体的性质及其在当前国际关系中的作用时,怎么能撇开具体历史条件,把它与列宁当年所说的“欧洲联邦”混为一谈?

固然,从本质上说,欧洲共同体仍然是西方国家垄断资本主义的国际联盟,它是在战后西欧国家垄断资本实力加强和国家垄断资本主义迅速发展基础上形成的。但是,如果离开战后各国经济政治发展不平衡的加剧,资本主义世界市场问题的尖锐化,特别是如果不是两霸加紧在欧洲的扩张,使西欧实际上处在两霸夹击之下的严重局面,欧洲共同体也不可能产生;产生了,也不可能在内部重重矛盾之下,互相妥协和让步,朝着欧洲联合的方向一步步前进。

因此,欧洲共同体国家既不同于亚非拉发展中国家,又与苏美两霸有区别。一方面,它们仍然压迫和剥削本国人民和第三世界国家人民,同时,自己又在两霸的侵略、控制和威胁之下。正是这种地位,决定了它们在国际斗争中的矛盾状态。

欧洲共同体和美国之间有千丝万缕的联系,今天在军事上还要依赖美国共同抗衡苏联。但是,二十多年来欧洲共同体反对美国控制,争取平等伙伴关系的斗争,从未停止过。如法国戴高乐实行的民族独立政策,英国放弃英美“特殊关系”,对美国侵略印度支那战争持消极和批评态度等。特别是经济上,随着资本主义世界经济危机和货币危机的频繁爆发,西欧和美国之间的“贸易战”、“投资战”和“货币战”也必然十分尖锐。所有这些,都是客观存在的现实。怎么能只看到它们还是“盟国”,而无视它们之间的尖锐对立?而且,只要美国一天不放弃控制西欧的政策,斗争就会继续下去。

对于苏联,欧洲共同体一些国家希望通过向苏联输出商品和资本,捞取经济实惠;有些统治集团还想借拉拢苏联,抬高自己在同美国打交道中的地位,甚至幻想把苏联扩张的祸水引向东方。但是,面对苏联咄咄逼人的军事威胁,这些年来西欧对苏联的警惕正在加强,它们纷纷要求加强联合,加强防务,加强军事上和军备生产上的合作。不仅如此,共同体还依仗其雄厚的经济和技术力量,通过加强同东欧国家的经济来往,改善同第三世界国家、特别是同中东和非洲国家的关系,抵制苏联在世界范围的扩张。

在和第三世界国家的关系上,欧洲共同体一些国家一面仍然继续在用新殖民主义方法,力图保持在许多发展中国家的既得利益。有些国家有时还站在两霸一边，阻挠第三世界国家争取和维护民族权益的斗争。就这方面说，它们之间的矛盾是对抗性的，斗争也是长期的，有时甚至是很激烈的。但是另一方面，随着第三世界作为反帝反霸主力军作用的发挥，西欧国家又不能不从自身利益着想，靠拢第三世界，对发展中国家作出某种让步，并对它们的反霸斗争表示中立和支持。如欧洲共同体对第三世界争取新的国际经济秩序斗争采取“对话”的立场，1975 年同非洲、加勒比海和太平洋地区 46 个国家签订的“洛美协定”，支持非洲国家提出的“非洲应当由非洲来管”的主张，一定程度上支持阿拉伯国家解决中东问题的合理主张，等等。这一切说明，它们又是第三世界在反霸斗争中可以争取和联合的重要力量。

当前西欧确实存在着各种矛盾，但是严峻的现实，使西欧人民日益认清，它们和两霸的矛盾是西欧政治中最主要的矛盾。反对两霸，是当前全世界人民包括西欧人民在内的首要任务。

试论发达国家对发展中国家的技术转让*

技术转让，是当前发达国家和发展中国家经济关系中一个十分突出的问题。长期以来，西方发达国家垄断资本利用在科学技术上的垄断地位，在向发展中国家转让技术中，不仅攫取了巨额利润，而且通过设置种种限制，给发展中国家经济和科学技术的独立发展造成了不利的影响。因此，从1960年代起，特别是在1974年第六届特别联大通过的《关于建立新的国际经济秩序宣言》和《行动纲领》，以及随后联合国有关会议通过的《各国经济权利和义务宪章》、《达喀尔宣言》和联合国贸发会议的有关决议中，都一再表达了第三世界国家对发达国家垄断公司利用技术转让进行控制和剥削的强烈不满，要求在公平合理条件下实现技术转让的正当愿望。目前围绕着技术转让问题所展开的斗争，已经成为第三世界国家在国际经济领域里反对帝国主义和霸权主义，争取建立新的国际经济秩序的一个重要组成部分。

国际间技术转让的途径很多，有技术合作、技术援助、技术贸易和通过建立联合企业实现技术转让等。本文着重讨论发达国家通过贸易途径向发展中国家输出技术的情况。

一、技术输出是当前发达国家垄断资本对外经济扩张的重要手段

国际科学技术交流，可以追溯到几千年前。中国、印度和阿拉伯国家灿烂的古代文明，对今天西方资本主义国家科学技术进步所起的作用，早已举世公认。当然，国际科学技术交流的性质和范围，在各个历史时代是不同的。一般地说，它由当时的生产力发展水平所决定。在机器大工业和世界市场出现以前，各国的技术交流，具有很大的局限性和偶然性，因此常常出

* 原载《世界经济》1979年第11期。

现一地的发明失传,需要在各个地方重新开始的情况。在此以后,特别是随着各种现代化交通和通讯工具的出现,各国之间经济联系日益密切,国际技术交流不仅有了扩大的可能,而且它在各国经济发展中的作用也愈来愈重要。国际技术交流,要受当时的社会经济制度制约。在资本主义出现之后,科学技术也就成了资产阶级用以剥削和奴役本国和其他国家人民的工具。资产阶级为了攫取利润,一面使科学技术的交流和新技术的采用以前所未有的速度迅猛发展;同时,为了长期地保持超额利润,为了在竞争中击败对手,它又尽可能地垄断新技术,保守技术秘密,为科学技术交流的扩大设置障碍。

从近代经济史考察,在资本主义生产方式出现后的一个很长时期里,西方的科学技术还是落后于亚非拉地区的许多国家的。例如,直到18世纪下半叶,英国手工工场的棉织品,无论在数量和质量上都还敌不过印度的传统织品。第一次大战期间,印度殖民当局的工业调查团(1916—1918年)的报告就承认:"当西方的商人冒险家最初出现于印度时,这个国家工业的发展无论如何不劣于当时较先进的欧洲诸国。"[①] 因此,当时西方资本主义的原始积累是以最残酷的暴力为特征的。它们通过直接掠夺、贩卖奴隶和欺诈性贸易,从亚非拉国家和人民身上榨取惊人的财富,并由此浇灌了西方的工业革命。

从18世纪末到19世纪初,以第一次科学技术革命为先导的工业革命,大大推动了西欧国家社会生产力的发展。机器的出现和广泛应用,使西方资产阶级获得了新的武器——廉价的工业品来向外扩张。它们用廉价商品摧毁了一切"万里长城",把一切民族都卷到文明中来,"它使未开化和半开化的国家从属于文明的国家,使农民的民族从属于资产阶级的民族,使东方从属于西方"[②]。但是,直到1970年代以前,作为自由竞争资本主义时代特征的是商品输出。在这个时期,西方对亚非拉国家的资本输出和技术输出还是个别现象。

资本主义进入垄断阶段以后,殖民地的作用更加突出了。它们不仅是资本主义的商品市场、原料产地,更重要的是剥削廉价劳动力和输出"过剩"资本的有利场所,有的则是西方列强争夺世界霸权的重要战略基地。这一切,使帝国主义分割和重新分割世界的斗争空前尖锐起来。为了满足统治

① 萨拉夫:《印度社会》,华中师范学院历史系翻译组译,商务出版社1977年版,第224页。
② 《马克思恩格斯选集》第1卷,人民出版社1966年版,第243页。

和掠夺的需要,西方垄断资本这时开始竞相在亚非拉地区开矿设厂、修铁路、办学校。然而历史表明,直到第二次世界大战前,西方对这一地区的资本输出,主要还是借贷资本。直接投资主要集中在采矿、石油和种植园等方面;制造业部门的投资大多限于原料的初级加工和日用消费品部门。当时的技术输出主要是为垄断资本直接掠夺当地资源、霸占当地市场服务的,很少对亚非拉地区民族资本的企业输出技术。

二次大战后,国际形势的急剧变化,特别是亚非拉国家人民的空前觉醒,迫使帝国主义对殖民政策作出相应的调整。它们被迫放弃对亚非拉国家的直接统治,承认这些国家的政治独立,同时,又以各种手段,特别是经济手段进行渗透和控制,以实现不带政治"兼并"的经济"兼并"。在这种情况下,尽管不等价交换和资本输出仍然是当前发达国家对发展中国家剥削的主要手段,但技术输出在对外经济扩张中的作用,已经越来越重要。它们企图利用科学技术来建立发展中国家对自己的新的依赖形式,作为加强对发展中国家的渗透和剥削、控制当地市场的新的手段。造成这种情况的原因主要是:

第一,从 1960 年代以来,亚非拉国家争取经济独立的斗争日益高涨。许多国家为维护本国的经济权益和自然资源主权,对西方跨国公司实行了一系列限制和监督措施。如限制外资在重要经济部门投资,限制外资兼并当地企业,限制外资在合营企业中的股权,限制外资企业抽回资金和汇出利润等。许多发展中国家还规定,外资企业必须遵守当地法令,必须逐步出让部分股权给当地民族资本。不少发展中国家还不顾发达国家的压力,陆续废除外国公司的租让地和永久开采权,并对外资企业实行国有化。据联合国《在世界发展中的跨国公司——再审查报告》材料,从 1960 年到 1976 年第三世界国家接管的外资企业总数已达 1 447 家,其中东南亚地区 300 家、西亚北非 319 家、撒哈拉以南非洲 628 家、拉丁美洲 200 家。从被接管企业的国别看:美国企业 342 家、英国 521 家、法国 146 家、其他 438 家。被接管企业的部门,属于采矿、石油、农业和银行保险的占 2/3 左右。

显然,在这种情况下,西方垄断资本在亚非拉国家投资的不安全感增加了。为了适应形势变化,跨国公司不得不调整对发展中国家的投资政策和企业组织形式,如缩减在采矿、石油等部门投资,增加制造业投资比重;接受"合营"和在合营企业中的少数股地位;录用当地人员充任企业高级经理人员等;与此同时,又积极寻找新的途径,来实现对这些企业以至当地民族企业的控制和渗透。技术输出,就是跨国公司用以达到这一企图的理想手段之一。

第二,战后资本主义国家竞争的加剧和科学技术革命的发展、现代交通和通讯事业的改进、国内环境保护法的种种限制,促使西方垄断资本逐步改变本国的产业结构。它们把那些需要尖端技术、原料和能源消耗少、产值高、利润大的资本密集型的工业部门集中在国内,而在亚非拉国家建立生产的"外围"系统。在这一战略的指导下,最近十多年来,发达国家大大增加了在发展中国家制造业的投资,它们不仅在这些国家经营轻工业,也把一些技术比较复杂,但消耗劳动力和资源多、污染比较严重的行业,如钢铁、有色金属、冶炼、电器、化工、汽车等部门的一部分,转移到一些发展中国家去,在那里制造零部件或组装成品,以降低生产成本,增强在国际市场上的竞争能力。

最后一个原因是,广大发展中国家在取得独立后,强烈要求发展民族经济,实现国家工业化。但是,长期的殖民主义掠夺和破坏,又使它们的经济发展面临许多困难。它们既缺少资金,又无现代技术,不得不求助于外国的合作和转让。一些发展中国家采取了积极鼓励外资进入和与外国实行技术合作的政策;更多的发展中国家实行有条件地允许外国资本进入的做法,即在控制外资在原料、采矿和一些要害部门的活动的同时,鼓励在制造业、特别是以出口为方向和技术比较复杂的部门中吸收外资和外国先进技术。由于多数发展中国家迄今尚未建立起适当的机构和制定有关法令,来监督和管理外国技术的引进,这对发达国家垄断资本的技术输出,无疑是一个有利的条件。

总之,技术输出虽然通常和商品输出与资本输出结合在一起,但是它又有特殊的性质和作用。对垄断资本来说,技术输出不仅可以避免发展中国家国有化的风险,又能带动商品输出和资本输出,加强对发展中国家市场和经济的控制,带来稳定的高额垄断利润。因此,从今后的发展趋势看,它在发达国家垄断资本对外经济扩张中的地位肯定会日益加强。

二、发达国家向发展中国家技术输出的主要特点

现代工业技术(包括其他经济部门的技术)大多以专利和技术诀窍(know-how)等形式,由发达国家垄断公司所控制。据联合国贸发会议材料,目前全世界专利总数约 350 万项左右,由发展中国家批准的仅 20 万项左右(占 6%),其中 84%又为发达国家的跨国公司所控制,属于发展中国家

国民持有的仅3万多项。[1]

目前,发展中国家从发达国家垄断公司输入技术,主要有以下几种类型:

第一种是与体现技术的产品输出结合在一起的。由于技术作为生产力的要素是体现在劳动者和生产资料之中的,因此,发展中国家可以通过贸易途径,即在购买先进的机器设备和其他资本货物的同时,输入产品的制造技术和专利。这种方式的特点是,买方在引进先进技术装备和制造专利后,通过实际操作对产品的技术性能能有更详尽的了解,从而能较迅速地掌握产品的制造技术,提高本国制造工业的生产和技术水平。因此,目前发展中国家较多采用这种方式。但是,在一些技术比较复杂的部门,当少数大公司垄断该项产品的技术,或发展中国家接受某种束缚性援助时,买方通常要支付很高的费用。

另一种是纯粹意义上的技术转让。在这种方式下,被转让的是技术本身。它包括各种专利及其使用权的出售和转让,各种专门技术知识(即有关产品制造、工艺流程和企业经营方面的知识。如工程的可行性研究,具体的工程设计,工厂和设备的安装、操作和使用,各种技术资料和服务,人员训练等)的交易。买方利用供方的技术进行生产,并以产品销售额的一定比例,逐年提成支付供方企业的技术费用;也有以实物形式支付给供方。因此,这种转让通常在供方与买方之间要签订许可证或其他类似的合同协议。供方企业通过合同协议,就能对输入企业拥有不同程度的影响和控制。而且,供方提供的技术复杂程度,也常常因对输入企业的资金参与程度而不同。在一般情况下,发展中国家的民族企业从外国垄断公司所输入的技术,其先进程度要低于当地外资控制的子公司或外资与当地资本合资经营的企业。因为后者不仅技术进口主要来自母公司,而且常常和资本、管理技能的输入结合在一起,从而保证供方企业能行使有效的控制。

第三种方式即所谓“交钥匙”的方式。这是一种包括提供机器设备、厂房、各种技术等在内的包罗万象的一揽子转让。这种方式虽然省事,但由于整个工程由少数大公司垄断,买方通常要付极高的代价,也不能充分利用本国的资源和技术。

当前,由于技术输出常常和资本输出交织在一起,因此发达国家垄断公司对发展中国家的技术输出,具有以下特点:

---

① 联合国贸易和发展会议:《专利制度在向发展中国家转让技术中的作用》,1974年纽约。

1. 技术输出大部分集中在制造业部门,特别是技术要求比较复杂的一些"现代"部门。联合国贸发会议对十多个发展中国家和地区在1970年前后生效的7 500多件技术合同所做的分析情况如下:

表 1

单位:件

	总数	矿业和采掘	水、电、瓦斯	运输通讯	建筑	制造业①	制造业中:(%)		
							现代部门	传统部门	其他部门
贝宁	33	—	2	2	4	25	20	80	—
巴基斯坦	740	19	—	—	26	695	30	45	25
哥伦比亚	357	2	—	—	2	353	49	38	13
巴西	1 655	28	—	33	35	1 579	56	15	29
阿根廷	343	…	…	1	…	342	64	21	15
南斯拉夫	693	—	—	—	1	692	66	29	5
伊朗	118	20	…	…	8	90	76	14	10
韩国	242	—	2	16	3	221	81	18	1
总计②						7 187	57	26	17

资料来源:联合国贸发会议:《对发展中国家技术转让中的主要问题》1975年,第8—9页。

注:① 统计中将制造业分为三类:"现代部门"包括石油、制药、石油化工、化学、机械、电器、汽车和铁路设备等;"传统部门"包括食品、烟叶、纺织、成衣、皮革、木材、造纸、印刷、玻璃、陶器等;"其他部门"包括橡胶制品、黑色金属和有色金属等。② 总计中不包括印度,但包括西班牙、智利等国的材料,未单独列出。

从上述材料可以看出,不同国家制造业引进技术的情况是不同的。一些原有工业基础较薄弱的国家如贝宁,制造业中"现代部门"合同比例仅占20%,而阿根廷、巴西、南斯拉夫等国均在一半以上。外国垄断公司技术输出集中在制造业中的"现代部门",通常也只是在这些国家建立起一些依赖从发达国家进口原材料和中间产品的零部件生产和成品装配企业。如目前许多发展中国家虽然有汽车和制药企业,但真正能独立制造的极少。而在制造业"现代部门"中,技术要求高的,常常是制造中间产品的环节。所以,这种技术转让对民族经济的独立发展,并非都是有利的,而进口中间产品和支付高额的技术费用,则可能造成发展中国家外汇收支的持续紧张。

2. 技术输出的对象,主要是外国公司在发展中国家的分公司和拥有多数股的企业，但是随着形势的变化，与当地企业签订许可证协议的亦日益普遍。据贸发会议1971年的调查材料，与外国垄断公司签订合同协议的发展中国家和地区企业所有制性质分类情况如下：

表 2

单位：件

	多数股企业①		少数股企业		民族企业		总计
	数目	比重(%)	数目	比重(%)	数目	比重(%)	
塞浦路斯	12	48	11	44	2	8	25
哥伦比亚	132	45	35	12	127	43	294
巴西②	572	36	—	—	1 007	64	1 579
斯里兰卡	23	29	33	42	23	29	79
秘鲁	25	28	17	19	49	55	89
韩国②	28	13	—	—	193	87	221
巴基斯坦	85	12	58	8	549	79	691
印度	49	3	169	12	1 249	85	1 467
南斯拉夫	—	—	37	5	655	95	692

资料来源：联合国贸发会议：《对发展中国家技术转让中的主要问题》，1975年，第11页。

注：① 多数股企业指外国企业持股50%或50%以上的企业。② 少数股企业计入民族企业。

材料表明，输入技术的企业性质，在不同国家情况并不相同，它和各国的经济、社会和政治条件，政府的有关政策和立法有很大关系。应该指出，上述材料并未完全反映出外国垄断公司向发展中国家输出技术的企业性质情况。因为：(1) 在母公司与分公司子公司之间转让技术，通常没有正式的合同协议；(2) 外国公司对当地企业的控制，也不一定采取拥有多数股的方式。

3. 从输出技术的垄断公司国别看，目前美国仍占主导地位，但1960年代以来，其他发达资本主义国家所占比重正在增加。据联合国不完全统计，在1965年到1969年，美国从发展中国家所得的专利特许费和其他直接费用总额达18亿美元以上，占发达国家在这时期从发展中国家所得有关技术销售收入的90%，在整个60年代，主要发达资本主义国家从向发展中国家输出技术所得收入年平均增加12%，其中美国年平均增加11%。

各个发达国家向发展中国家输出技术，通常是与各国传统的投资和贸易地区相联系的。美国技术输出近2/3集中在拉丁美洲，特别是阿根廷、巴西和墨西哥等国。法国技术输出的很大部分在原法属非洲国家，特别是阿尔及利亚的石油和重型机械工业。英国在非洲，特别是南亚地区有重要利益。日本主要在远东，特别是菲律宾、泰国、韩国和中国的台湾地区。

4．发达国家政府在垄断公司向发展中国家输出技术中起着越来越重要的作用。例如，几乎所有发达国家都对向发展中国家输出技术的垄断公司提供某种保证，承担在技术输出中可能遇到的战争破坏、国有化和外汇汇出限制等各种风险；有关国家还通过相应的税收法令，规定对同一资本和技术转移的公司不重复征税，或减少对出口商品、工业产权和技术知识等方面的税收；资助垄断公司的海外经营和科学技术研究，如对有关研究项目提供直接赠与和优惠贷款，提供情报服务，以及对向发展中国家提供信贷的公司提供资金等。不仅如此，发达国家政府也向发展中国家提供各种技术援助，其内容主要是：援助发展中国家有关改善农业生产和医疗卫生等方面的计划；对发展中国家大学和研究机构提供财政支持；帮助培训学生；提供教学设备和资料。所有这些政府技术援助，其目的主要是为了改善发达国家垄断公司向当地销售技术和输出资本的条件。

三、发展中国家在技术输入中所处的不平等待遇

发展中国家从发达国家垄断公司输入技术的影响和作用是双重的：一方面，使发展中国家有可能较快地掌握某些世界现代先进技术，有助于提高这些国家的生产和技术水平，促进出口，增加就业，刺激当地民族经济发展；另一方面，发展中国家在技术转让中，又不得不承受外国垄断公司的剥削和各种不平等的限制，从而对经济发展产生不利的影响。

由于种种原因，目前发展中国家和发达国家在科学技术方面的差距在不断扩大。根据联合国工发组织的材料，1975 年发展中国家仅占世界机器和设备出口的 2.8%，发达国家占 97.2%。1973 年世界总的发展和研究费用为 964 亿美元，发展中国家只占 2.9%。同年发展中国家拥有的科学技术人员也只占世界的 12.6%①。这种状况决定了他们在世界技术贸易中的不利地位。特别是由于发展中国家输入技术大都缺乏长远的发展规划，主要是以私人企业分散进行，缺少技术力量和必要的技术情报知识，从而使它们在技术输入中，不仅常常成为外国垄断公司敲诈勒索的对象，而且由于重复

① 联合国工发组织：《2000 年时的工业化》，1979 年纽约，第 149—151 页。

和盲目引进，浪费了本来就有限的外汇资源。而外国垄断公司在技术输出中规定的种种不合理条件，往往又使发展中国家当地企业失去生产、供应和销售方面的自主权，陷入外国垄断公司控制和剥削的罗网，损害本国经济和科学技术的成长。

当然，外国垄断公司通过技术输出对发展中国家当地企业影响的程度，并不都一样，这取决于技术转让双方的谈判力量和当时具体的政治经济环境。一般说，对于没有资本参与的企业，外国公司在合同协议中设置的限制就较多。发展中国家在输入技术时遭受的限制和剥削主要有：

1. 接受不合理的国际专利制度的束缚

所谓国际专利制度，即有关专利发明的法律保护制度。当前国际上通行的即1883年在巴黎签订的保护工业产权的国际公约(即巴黎公约)。公约规定，由参加国组成巴黎同盟，对技术发明、商标、工艺设计、图案设计和版权等各种形式的工业产权给予法律保护，以制止不正当的竞争。公约指出，此种保护同样适用于农业、采掘、商业和一切制成品和天然产品。目前，有关巴黎公约的实施，由联合国世界知识产权组织进行管理。1975年底，参加巴黎同盟的国家共80个。

巴黎公约前后虽经多次修改，但其本质仍然是维护发达国家垄断公司在技术上的垄断地位，服务于垄断公司对外扩张的目的。特别是在公约实质性条款中，规定了所谓国民待遇原则(即公约成员国在保护工业产权方面，应给予所有其他成员国国民以同于本国国民的待遇)、优先权原则、专利独立原则(即同一发明或商标等在不同国家所受的保护相互无关)等。这些条款，貌似公允，实质上都是有利于发达国家的垄断公司，而不利于发展中国家的。在发展中国家的许多外国垄断公司拥有几十件、几百件、甚至上千件专利，正是由于这些条款的保护，而得以为所欲为。据联合国贸发会议材料，发展中国家目前所批准的外国公司持有的专利中，有90%—95%并未用于当地生产，而只是作为垄断和限制进口，抑制当地技术发展的手段。

2. 交付高额的技术转让费用

跨国公司向发展中国家所属分公司和子公司输出技术所得的收入，实际上是无法计算的。因为这种转让无正式的合同协议，许多费用可以转化为投资利润或通过调拨价格转移。至于通过签订专利许可证协议发生的技术转让费用，包括以下两个部分：

(1) 直接费用。即专利使用费(或称“提成费”，数额一般占输入技术企业销售额的2%—5%，有的甚至高达15%左右，而不管企业盈亏如何)和其他技术服务费。据联合国贸发会议材料,1968年左右,发展中国家交付的有关技术转让的直接外汇费用约15亿美元,相当于当年发达国家对发展中国家官方援助的22%,或当年私人直接投资流入的56%,或发展中国家非石油出产国当年出口收入的5%。有些国家的比重更大,如1968年,墨西哥支付的技术输入直接费用就达2亿美元,占当年出口收入的15.9%。据该组织秘书处估计,发展中国家因技术转让引起的直接费用平均每年增长约20%,预计1980年将增至90亿美元左右。①

(2) 间接费用。这是隐藏在从技术购买企业(通常是外国公司当地子公司或合资企业)高价进口、低价出口和汇出利润中的费用。由于这些支付是和外国垄断公司对发展中国家进行的不等价交换和投资利润交织在一起,因此也很难确切计算。据联合国贸发会议技术部主任苏伦德拉·帕特尔估计,目前发展中国家在技术依赖方面的开支每年约300亿—500亿美元左右,而它们用于本国研究和发展方面的费用每年还不到20亿美元。②

3. 各种不平等的技术转让条件

发展中国家为促进本国技术发展,鼓励当地企业与外资合营,或采用与外国公司签订专利许可证协议等方式,实现技术转让。但是,外国垄断公司则极力设法通过协议强加各种限制性贸易条件,来限制发展中国家技术的独立发展。在合同协议中这种限制条款名目繁多,常见的有:

(1) 束缚性购买或"有条件购入"条款。外国垄断公司在"保证质量"和"正常生产"的借口下,要求输入技术企业必须从输出技术企业或由后者所指定的企业购买设备、零部件和原材料。由于这种交易有很大的强制性,加上输入企业不熟悉世界市场的行情变化,其价格比正常的世界市场价格要高20%—30%。如智利制药业进口原材料的价格,通常要高30%—500%,墨西哥制药业有的甚至高达1 669%。同样情况在其他部门也存在。据联合国贸发会议调查,一些发展中国家所签订的专利许可证协议中,含有这类限制性条款的合同比重约占50%—80%。不少合同还规定,输入技术一方必须聘用外国专家任企业要职,以监督企业的产、供、销过程。

(2) 限制出口条款。这类限制是最常见的,其中包括对使用专利技术的企业,其产品全部或部分禁止出口;或只能向特定地区和国家出口,并对出口价格、数量、品种加以限制;或由指定公司负责代销等。根据联合国对

① 联合国贸发会议:《对发展中国家技术转让中的主要问题》1975年,第25—30页。
② 〔英〕《卫报》1978年10月9日。

一些发展中国家专利许可证合同协议调查,含有这类限制的情况如下:

表 3

国家	合同总数(件)	有限制出口条款的合同		限制出口的性质(%)		
		数量(件)	占合同总数比重(%)	全部禁止或预先批准	允许在一定地区出口	其他
秘鲁	83①	99	99	90	10	—
墨西哥	109	106	97	62	4	34
智利	175	158	90	100②		
玻利维亚	35	29	83	93	7	—
哥伦比亚	117	92	79	98	2	—
厄瓜多尔	12	9	75	100	—	—
印度	1 051	455	43	40	53	7
菲律宾	254	82	32	81	6	13
阿根廷	60	17	28	53	47	—

资料来源:联合国贸发会议:《对发展中国家技术转让中的主要问题》1975 年,第 19 页。

注:① 此处原表数字有错。② 此材料引自联合国贸发会议:《对发展中国家技术转让中的主要问题——智利情况研究》(1974 年第 16 页)。材料中禁止出口的为 113 件,预先批准的为 45 件。

(3) 其他一些束缚性条款,如:

要求获得最低限度提成费以及有关利润和专利费汇回、税率和汇率方面的保证,如当地政府改变政策,使技术供应企业蒙受损失时,要求当地企业给以补偿;

要求限制竞争性进口,限制新公司的进入,限制获得当地专利等,以垄断发展中国家市场。与此相联系,外国垄断公司尽量设法延长协议期限,有的甚至长达 50 年;

要求技术获得者严格按外国技术的特点进行生产,不管国内情况如何,都无权改变产品及其设计过程。如果技术进口企业在技术上作出改良,必须无代价地通知技术供应企业(即所谓非互惠的“回授”grant-back 条款),而后者无义务把自己所作的改良转告技术进口企业;

不少合同还规定,如合同协议双方发生争端,应由专利所有者选择国家法院进行裁决;

此外,有些协议还附有秘密条款,规定技术进口企业有义务保守技术情报、专利和其他秘密，不仅在协议期，即使期满后也不得转移给第三者（有的规定期满后即中断使用所转让的技术），违反者要给予赔偿。在这种情况下，发展中国家其他企业如要获得同一技术专利，就只得与同一技术供应者（或其他供应者）签订新的协议。

至于在技术输出中，外国垄断公司利用发展中国家缺乏技术知识和情报，转让不适当技术，以劣充好，冒充专利，敲诈勒索，牟取暴利；或用推迟和阻止转让，强迫发展中国家接受某种政治经济条件的做法，更是屡见不鲜。

对于外国垄断公司利用技术转让进行盘剥和渗透以及由此造成的对发展本国民族经济和科学技术的不利影响，已经引起越来越多发展中国家的注意和警惕。在这方面，发展中国家有着共同的利益。当前围绕技术转让问题，发展中国家的斗争包括两个相互联系的方面。在国内，一些发展中国家已经制定了相应的政策、法令、规章条例（如外资法、专利法、许可证条例等）和陆续建立了有关处理技术转让的机构，来审查、批准和管理有关专利许可证合同事宜，包括参与合同谈判，审议合同的内容和条件，诸如技术选择、转让类型、引进费用、支付手段、限制条款、国内技术和材料的利用、人员培训、合同期限等，以促进本国经济的发展，限制外国垄断公司的剥削和影响。与此同时，大力加强发展本国的科学技术和文化教育事业。在国际上，第三世界国家在加强相互间技术合作的同时，几年来还围绕要求修订巴黎公约和制定国际技术转让行动守则，与发达国家进行顽强的斗争。但是由于技术垄断涉及发达国家垄断资本的根本利益，因此，目前联合国贸发会议虽然通过了一些原则协议，但因双方分歧甚大，发展中国家要取得实质性的进展，仍需进行坚持不懈的斗争。

论建立国际经济新秩序的斗争*

打破旧的国际经济秩序，建立新的平等的国际经济秩序，这是第三世界国家共同的迫切愿望。在 1974 年 4 月召开的具有历史意义的联合国第六届特别会议上，第三世界国家第一次在全世界树起了这面旗帜。在大会通过的《关于建立新的国际经济秩序宣言》中庄严宣告："我们一致决心紧急地为建立一种新的国际经济秩序而斗争"。它表明占世界人口大多数的穷国、小国和弱国，决心起来维护自己的民族权益，掌握自己的命运，向旧的不合理的国际经济秩序宣战。

从六届特别联大以来，争取建立国际经济新秩序的斗争，已经在不同范围和不同领域里展开，并成为当前国际上、特别是发达国家和发展中国家经济关系上压倒一切的问题。多年来，联合国及其所属机构召开的各种有关发展问题的会议，几乎都是和国际经济新秩序相联系的。今年举行的第十一届特别联大，又是一次集中讨论世界经济问题的重要会议。这次会议将讨论通过联合国第三个发展十年战略并安排新的一轮国际经济谈判。

20 世纪 70 年代以来第三世界在争取建立国际经济新秩序斗争中显示的巨大的物质力量和精神力量，引起了国际舆论界和学术界的密切关注。另一方面，最近几年，这一斗争出现的曲折和复杂情况，又常常使人们对斗争的前景产生忧虑和怀疑。在这种情况下，深入揭示国际经济新秩序斗争的历史根源，正确评价这一斗争的成就和问题，是十分必要的。

一

马克思主义的一个根本原理，是人们的社会存在决定人们的意识，是物质生活的生产方式制约着整个社会生活、政治生活和精神生活的过程。马克思说："我们判断这样一个变革时代也不能以它的意识为根据；相反，这个

---

* 原载《世界经济》1980 年第 9 期。

意识必须从物质生活的矛盾中,从社会生产力和生产关系之间现存冲突中去解释。"① 同样,我们在讨论国际经济新秩序斗争产生的根源时,也不应该把它看做是第三世界国家中少数著名人物头脑里的偶然发现,而要从迄今支配着国际经济关系的旧的国际经济秩序内在的矛盾和冲突中去寻找。

国际经济旧秩序,本质上就是帝国主义对世界上大多数国家特别是亚非拉国家,实行控制、掠夺和剥削的世界经济体系。列宁指出,帝国主义最深厚的经济基础是垄断,是金融寡头的垄断统治。在帝国主义时代,"金融资本是一种在一切经济关系和一切国际关系中的巨大力量,可以说是起决定作用的力量"。② 一小撮金融寡头不仅主宰资本主义国家社会生活的一切领域,而且通过在国外开设银行,输出资本,垄断贸易,建立国际金融机构和集团,把金融资本的密网遍布全世界,形成一个由少数帝国主义强国控制的世界经济体系。

当然,这种旧的国际经济秩序或体系的形成,是一个长期的历史发展过程。18 世纪后期开始的第一次产业革命,是旧的世界经济体系形成的起点,它标志着西方资本主义国家和亚非拉国家经济关系的一个质变。在此以前,虽然西方殖民者通过直接抢劫、贩卖奴隶和欺诈性贸易,从亚非拉人民身上榨取了巨额财富,而这种掠夺,是以最残酷的暴力为特征的,但当时国际间的贸易往来及其对各国的经济影响还十分有限。机器大工业建立后,情况发生了变化。生产力的巨大发展,不仅要求不断扩大的国外市场和原料来源,同时也使西方资产阶级能够利用手中的廉价商品,去冲破一切古老民族的"万里长城",把它们卷入到国际分工和国际交换中来。例如,从 1757 年英国征服孟加拉起,英国殖民者一直是依靠洗劫印度各地的国库、征收田赋、垄断鸦片和食盐贸易,榨取印度人民的。进入 19 世纪后,英国就逐渐转变为以贸易为主要手段来掠夺印度。结果是,这个一直被誉为"棉织品的祖国"的国家,变成了向英国出口棉花和进口棉布的国家。"不列颠的蒸汽和不列颠的科学在印度斯坦全境把农业和手工业的结合彻底摧毁了。"③ 印度成了英国的粮食和原料附庸。可见,这种正在形成中的资本主义世界经济体系,从一开始就表现出强烈的掠夺性、畸形性和强制性。

由自由竞争的资本主义完成向垄断资本主义的过渡,同时也是一个统

① 《政治经济学批判序言》,《马克思恩格斯选集》第 2 卷,人民出版社 1966 年版,第 195 页。
② 《帝国主义是资本主义的最高阶段》,《列宁选集》第 2 卷,人民出版社 1965 年版,第 803 页。
③ 《不列颠在印度的统治》,《马克思恩格斯选集》第 2 卷,人民出版社 1966 年版,第 176 页。

一的、无所不包的世界经济体系最后形成的标志。它同样是生产力和生产关系方面一系列变革所准备的。19 世纪 70 年代开始的第二次工业革命,使社会生产力出现又一次的飞跃。一系列新兴工业部门如汽车、电力、电讯电话、化学和有色金属冶炼等诞生了;许多原有的部门得到了改造和扩大;无数新的产品投入了市场。各国之间的经济联系无论在深度和广度上都大大发展了。同时,新的生产力客观上要求生产和资本的积聚和集中,国内外激烈的竞争和不断出现的经济危机,又大大加速了这一过程,以至到 19 世纪末 20 世纪初,在所有发达国家的主要经济部门中都引起了垄断。为了在竞争中获胜,帝国主义垄断资本必须设法垄断国外的原料来源、销售市场和投资场所,这就使对殖民地的争夺和世界领土的分割、再分割,成为帝国主义的基本经济特征之一。殖民体系的建立,一小撮金融资本确立对世界的垄断统治,使帝国主义成为"极少数'先进'国对世界上大多数居民施行殖民压迫和金融扼制的世界体系"。[①] 旧的世界经济体系,就是这个世界体系的核心和主要内容。

可见,这个旧的世界经济体系的形成,反映了一个矛盾的历史发展过程。在客观上,它是一种进步趋势,是生产力发展、生产方式和交换方式国际化的必然结果;同时,这一体系又是在资本主义和帝国主义的特殊形式下发展起来的,它不可避免地会带来各种矛盾和对抗,引起被压迫民族为争取摆脱帝国主义的桎梏而斗争。

旧的世界经济体系的最后形成,到现在已经将近一个世纪的时间,国际上发生的许多重大变化,特别是二次大战后帝国主义殖民体系瓦解,广大第三世界国家走上独立发展的道路,在各方面影响着这个体系的范围、内容和形式。但是整个说来,这一体系的本质及其基本内容并没有改变。它包括以下几个相互联系的组成部分:

第一,以资本主义国际分工为基础的国际生产体系。资本主义国际分工的本质是亚非拉国家的生产和消费,要按照少数发达资本主义国家的需要来进行,即生产后者所需要的原料和农产品,并销售它们的工业制成品。帝国主义殖民体系确立之后,这种国际生产体系进一步强化了。亚非拉国家的生产和消费完全取决于帝国主义垄断资本的利益。它们利用资本输出来控制这些国家的原料生产、销售和运输;利用贸易壁垒来限制它们发展本

① 参阅《帝国主义是资本主义的最高阶段》,《列宁选集》第 2 卷,人民出版社 1965 年版,第 733—734 页。

国的工业和实现生产的多样化;利用对技术的垄断,保持对这些国家原料生产的控制;等等,甚至利用殖民统治权力来强制推行这个体系。

这种情况,直到今天也没有根本改变。广大第三世界国家仍然是以输出初级产品为主。虽然1960年代以来,发达国家垄断公司为争夺市场和追逐垄断高额利润,把一些劳动密集型工业和污染工业转移到一些发展中国家和地区,但是,即使少数工业发展较快的发展中国家,它们的经济仍然带有严重的依附性质。

第二,以发达国家对世界市场的垄断为基础的国际贸易体系。发达国家在国际生产体系中的中心地位,决定了它们对世界市场的垄断。这种垄断集中地表现在价格上。发展中国家对世界市场的价格决定,长期以来处于无权的地位。发达国家的垄断公司以垄断高价向发展中国家推销它们的工业品,并以垄断低价收购它们的初级产品。不仅如此,发达国家政府的束缚性经济技术援助,以及发达国家跨国公司通过在发展中国家的经营活动、利用对航运和保险业的垄断、对初级产品的囤积和抛售等,还进一步加强了这种不等价交换。同时,由于发展中国家经济严重依赖于世界市场,发达国家只要限制和缩减对发展中国家的进出口,就可能引起后者经济生活的严重困难和混乱。

第三,以发达国家对国际金融网的垄断为基础的国际货币和金融体系。在垄断资本主义阶段,银行是整个经济生活的万能垄断者和神经中枢,同样,也是构成旧的国际经济体系的核心和支柱。发达国家的跨国银行把触角深入到亚非拉国家的各个角落,它们在当地通过贷款、投资和其他活动,建立新企业,收买当地企业,直到操纵所在国的财政金融和经济生活。在这些活动中,它们还常常得到本国政府的强有力的支持。

同时,发展中国家的经济还受到整个国际货币体系的严重影响。一般来说,在世界经济和贸易中占主导地位的国家,它们同时是世界金融中心,它们的货币也就成为主要的国际货币。亚非拉国家在这个体系中是完全处于依附地位的。它们不仅要受它们所依附的某些发达国家货币汇率变动的影响,还要受当时占支配地位的国际货币的汇率变动的影响。如属于法郎区和英镑区的一些发展中国家,就常常受到美元汇率波动的冲击。

第四,各种国际经济机构和协定。如战后的关税和贸易总协定、世界银行、国际货币基金组织、世界知识产权组织等,这些机构长期以来主要操纵在少数发达国家手里,并服务于它们的利益。

综上可见,垄断是帝国主义制度的经济本质,同样也是旧的世界经济体系的本质。这种垄断统治渗透到这个体系的各个方面,不管是生产领域、交换领域,还是货币金融领域。维系这个体系的最重要的杠杆和物质基础是资本输出。在这个体系里,控制和被控制、剥削和被剥削,是发达国家与发展中国家经济关系上最本质的特征。正是这种关系,造成国际上贫富两极分化不断扩大,造成发展中国家长期贫困和落后。几个世纪以来,特别是近百年来的生活现实,使广大发展中国家逐渐认识到,要独立,要生存,要发展,就必须打破旧的国际经济秩序,争取实现平等的和公正的国际经济新秩序。

二

进一步的问题是,为什么建立国际经济新秩序的斗争,不是产生在二次大战前或战后初期,而是在1970年代?这就要进一步分析战后以来国际上发生的、直接影响发达国家和发展中国家相互关系的一些主要因素。

战后国际形势发展的一个显著特点,是亚非拉人民的普遍觉醒,它们争取民族独立的斗争,以史无前例的规模席卷全球。战争一结束,首先在亚洲掀起了民族解放运动的风暴。1949年中国革命的伟大胜利、1955年亚非万隆会议的召开,极大地鼓舞了亚非拉人民争取民族独立和解放的胜利信心。从50年代后期起,沉睡的非洲变成了觉醒的大陆。在亚非拉人民的斗争不断取得胜利的基础上,战后短短的三十多年,有九十多个国家相继赢得了政治独立。这是具有伟大历史意义的事件。正如《关于建立新的国际经济秩序宣言》所指出的:“最近几十年,最大和最重要的成就是很大一批民族和国家摆脱殖民的和外来的统治而独立”。

然而,伴随着这一政治过程的,并不是亚非拉国家在经济上的完全独立和发展。在这些国家里,不仅旧的殖民主义势力还没有彻底清除,帝国主义霸权主义又采取新殖民主义的策略,利用各种手段,从经济渗透、政治颠覆直到武装入侵,对亚非拉国家进行疯狂扩张,企图继续把它们作为自己的原料产地、商品市场、投资场所和转嫁危机的对象;作为争夺世界霸权的基地和工具。这样,许多亚非拉国家不仅政治上继续处于动荡不定的状况,而且,在旧的国际经济秩序支配下,大多数发展中国家的经济和贸易状况变得越来越坏。这表现在:

1. 从战后到70年代初的二十多年里,亚非拉国家的出口增长很慢,它们的贸易条件不断恶化,在世界贸易中的地位不断下降。由于初级产品的需求弹性低,代用品的竞争比较激烈;由于发达国家对发展中国家出口的某些初级产品和制成品设置重重壁垒;特别是由于发达国家垄断国际市场,千方百计压低初级产品价格,结果,从1950年到1973年,整个世界出口贸易总额从607亿美元增至5 701亿美元,即增加了8.4倍,而发展中国家(不包括中国)的出口仅从185亿美元增至994亿美元,增加仅4.4倍。它们在世界出口贸易中的比重,相应从30.5%降至17.4%。[①] 发展中国家(不包括中国和主要石油生产国)的进出口贸易在1950年有将近3亿美元的顺差,到1973年,贸易逆差已增至120亿美元。

2. 战后发达国家跨国公司的广泛发展及其对发展中国家经济渗透的加强。这些公司资金雄厚,消息灵通,技术先进,经营有道,在世界各地遍设分支机构,又有本国政府的支持和在当地广泛的社会影响,这就使它们在控制发展中国家生产和市场,掠夺当地原料和攫取垄断高额利润(通过利润、红利、股息、专利费和其他形式)等方面都处于十分有利的地位。过去一个很长时期里,跨国公司不仅程度不同地控制了许多亚非拉国家的经济命脉,而且还常常依仗其拥有的巨大的政治和经济力量,粗暴干涉发展中国家的内政,甚至策划颠覆所在国政府,成为当地的"国中之国"。

3. 经济状况的恶化和国际收支长期入不敷出,使发展中国家的外债越来越重。60年代以来,发达国家的官方援助不断减少,除少数国家外,都未达到联合国发展十年所规定的占GNP 0.7%的指标。整个发展援助委员会国家所提供的援助占当年国民总产值之比,1961—1962年平均为0.52%,1973年降为0.3%。结果,发展中国家只得转向利息很高的私人货币市场告贷,这又进一步加重了它们还本付息的负担。据世界银行调查,86个发展中国家未清偿的债务1965年为380.7亿美元,1972年已增至993.8亿美元,平均每年增加14.7%。1972年的还本付息已占当年新借外债的57%,许多国家要拿出当年出口的20%甚至更多来还债。

进入70年代后,战后发达国家经历的相对稳定的发展局面一去不复返了,资本主义世界在生产、贸易和货币金融领域都发生了激烈的动荡,并猛烈地冲击着发展中国家。

首先是战后以美元为中心的国际货币体系的彻底崩溃。60年代以来接连爆发的美元危机,终于导致70年代初按照布雷顿森林协议建立起来的国际货币体系的瓦解,国际货币金融关系从此进入了一个更加动乱的时期。

① 许乃炯等:《帝国主义对第三世界的控制和剥削》,人民出版社1978年版,第48页。

旧的国际货币体系的崩溃,美元和一些货币(如英镑)的一再贬值,使发展中国家拥有的美元外汇储备贬值了;以美元结算的出口收入实际减少了;而它们所欠的外债,由于常常附有黄金保值条款,却随之增加。

其次是发达国家的经济"滞胀"。1973—1975 年,资本主义世界爆发了战后最严重的一次经济危机,随之而来的是各发达国家经济一直处于"两高一低",即高失业率、高通货膨胀率和低经济增长率的状况。发达国家一面通过各种商品和劳务出口,极力向发展中国家输出通货膨胀;同时,实行更严厉的贸易保护主义,向发展中国家转嫁经济危机。

最后,由于世界性通货膨胀和石油垄断资本长期压低石油价格,迫使石油输出国组织通过斗争于 1973 年夺回了石油价格制定权,较大幅度地提高了油价,加上国际垄断资本乘机哄抬物价,这又反过来加剧了世界通货膨胀,并给发展中国家中非石油生产国造成更大的困难。1975 年它们的外贸逆差比 1973 年增加了 2.5 倍,达 415 亿美元。① 发展中国家的外债在 1973 年后也急剧上升。1971 年到 1973 年平均每年增加约 200 亿美元,1973—1977 年平均每年增加 400 亿美元。1977 年发展中国家外债已增至 2 852 亿美元。②

总之,70 年代以来国际经济形势的重大变化,充分说明了旧的国际经济体系的各个环节已经陷入危机。改革这种旧的不合理的国际经济休系,已经刻不容缓地提到了历史的议事日程上来。而推动这一历史进程的主要力量,是广大受压迫、受剥削的第三世界国家。

当然,亚非拉国家和人民反对帝国主义控制和掠夺的斗争并非始于今日,它的发展过程是和上述国际政治经济形势的发展密切联系的。大体上说,这一斗争经历了几个发展阶段:

1. 1955 年以前,自发的斗争时期。早在第二次世界大战前,一些国家特别是拉美国家就曾为维护民族经济权益,发展民族经济,同帝国主义和外国垄断资本进行过较量。战后,这一斗争继续发展。如 1951 年伊朗政府把长期控制该国经济命脉的英伊石油公司收归了国有。1954 年危地马拉政府没收了"绿色魔鬼"美国联合果品公司长期霸占的几十万公顷的土地。这些斗争都在一定程度上打击了帝国主义在这些国家的势力。但是,这个时期的斗争终究还处在自发的和分散的状态,还没形成一个世界性的运动,以

① 联合国:《国际贸易和发展统计手册》1977 年增刊,第 34—35 页。
② 《世界银行年报》1979 年。

致外国垄断资本常常能依靠其本国政府的支持,来镇压亚非拉国家的斗争。

2. 从万隆亚非会议到第一届联合国贸易和发展会议的召开,是宣传和组织的时期。1955年万隆会议的召开,是具有世界意义的历史事件。会议经过充分讨论,求同存异,不仅通过了经济合作和关于促进世界和平和合作的宣言,而且第一次发出了要求改变旧的国际经济关系,实现经济独立的呼声。正如我国政府代表周恩来总理在大会发言中所指出的:"我们不仅要求政治上的独立,同时还要求经济上的独立。……我们要求改变西方殖民主义国家对东方落后国家的剥削状态,我们要求发展亚非各国独立自主的经济。争取完全独立是我们大多数亚非国家和人民长期奋斗的目标"。[①] 大会通过的决议和著名的万隆十项原则,为在经济领域深入进行反帝斗争指明了方向和道路。

在亚非会议精神的鼓舞下,亚非拉国家的团结斗争也有了明显的加强,并逐步形成一股联合的力量。1961年9月,由南斯拉夫等国发起,在贝尔格莱德召开了第一届不结盟国家首脑会议。1964年在联合国第一届贸易和发展会议上,发展中国家为了能够"以一个声音讲话",组成了"七十七国集团",并在发表的"宣言"中强调,要"采取一切可能的办法来增加它们之间的接触和磋商,以便在国际经济合作方面确定共同的目标和制定联合的行动计划"。"七十七国集团"的成立,标志着发展中国家在国际经济领域走上了联合斗争的道路。同时,60年代发展中国家还组成了不少重要的原料生产国或出口国组织以及区域性、半区域性经济合作组织。

3. 1964年后,联合斗争逐步发动和走向高潮。这一时期所要解决的主要问题是,要有一个共同的斗争纲领和找到一种与发达国家斗争的物质手段。国际垄断资本从来是信奉实力原则的。发展中国家能够拥有的有效武器是什么呢?一个是团结,另一个就是原料。

实际上,原料武器也是发展中国家从发达国家那里学来的。既然西方垄断资本长期以来通过组织各种公开和秘密的同盟,垄断原料销售,压低原料价格;发展中国家为什么不能针锋相对,以其人之道还治其人之身呢?从60年代起,发展中国家的原料斗争就在国内和国际两条战线上同时展开。其中比较突出的是1960年成立的石油输出国组织的斗争。它们的斗争从争取提高油价,逐步发展到参与企业股份和对外资石油公司实行国有化。这一斗争的高潮是1973年。石油斗争不仅维护了本国的经济权益,加深了

① 1955年4月19日《人民日报》。

资本主义世界的政治危机和经济危机，促进了发达国家的内部分化，更重要的是，显示了第三世界国家团结战斗的力量和原料武器的威力。

在制定一个共同斗争纲领方面，从 60 年代中期以来，第三世界国家也一直为此积极奋斗。在第一届联合国贸发会议上，发展中国家代表就提出要建立一种公正的新的世界经济秩序的思想。在随后的历届贸发会议上，讨论的范围逐步由贸易领域扩大到经济领域的各个方面，如资源、贸易、工业化、金融货币、海洋权、航运、保险、技术转让、援助和债务、国际经济结构改革以及最不发达国家等问题。实际上，联合国贸发会议不仅成为有关国际经济新秩序的各种问题的辩论中心和谈判中心，也是一些新思想和新方案的发源地。

进入 70 年代后，不结盟运动反帝反殖斗争的侧重点也有明显变化。从第三届不结盟国家首脑会议起，就开始注意帝国主义、殖民主义在国际经济领域的种种表现。并通过了一项《关于不结盟和经济发展宣言》。1973 年在阿尔及尔召开的第四届不结盟国家首脑会议上，国际经济问题已占据了主导地位，会议通过的《经济宣言》和《经济合作行动纲领》的基本内容，以后都写进了第六届特别联大通过的《宣言》和《行动纲领》之中。

这样，在 1974 年前夕，整个国际政治经济形势，特别是第三世界在国际经济领域反帝反霸斗争的形势，已经发展到了一个新的转折点。国际经济新秩序这面旗帜正是在这种背景下提出来的。它标志着第三世界的反帝斗争进入了一个新的发展时期。

三

从第六届特别联大以来，第三世界争取建立国际经济新秩序的斗争，经历了一个曲折的发展过程。在 1977 年巴黎南北会谈失败后，斗争从高潮转入僵持状态。于是人们提出，应该如何评价这一斗争？它的发展趋势将会是怎样呢？

这里，首先涉及一个斗争的目标问题。这也是当前国际学术界争论比较热烈的问题。因为，一方面发展中国家有着共同的经历，面临共同的任务，决定了它们在争取建立国际经济新秩序的斗争中有共同的利益和要求；同时，它们的情况又是十分复杂的。在政治、经济、社会、历史和文化等各个方面存在着千差万别的情况，这又使它们对国际经济新秩序有不同的理解。多年来，一些第三世界国家的代表曾提到，国际经济新秩序的最终目标，是摆脱帝国主义的控制和剥削，实现国家的经济独立和解放。[①]但是，从六届特别联大通过的《关于建立新的国际经济秩序宣言》和当前斗争的具体内容看，国际经济新秩序的近期目标，是维护国家的经济权益，减轻和缓和西方大国的控制和剥削，以创造一个比较有利的国际环境，促进发展中国家的经济发展。

因此，尽管70年代后期以来，斗争出现了一些复杂的情况，从历史的和辩证的观点来考察，第三世界争取建立国际经济新秩序的斗争的成就是不容低估的。它集中表现在：在短短的时间里，第三世界国家团结一致，向旧的国际经济秩序进行了第一次全面的冲击，在一些方面取得了有重要意义的进展。

例如70年代以来，第三世界国家在联合国贸发组织、关税贸易总协定等国际机构内，就贸易和发展问题进行了内容广泛的谈判。现在，普遍优惠制已为发达国家所接受；商品综合方案和共同基金问题经过多年磋商和斗争，也达成了基本协议并签订了橡胶商品协议；一些发展中国家与部分发达国家通过双边谈判，签订了比较有利的经济贸易协定，如非加太集团与欧洲经济共同体之间于1975年和1979年先后签订了两个洛美协定。特别是石油输出国组织，率先在旧的国际经济体系上打破了一个缺口。其他原料生产国组织也取得了程度不同的成果。

在维护本国自然资源主权方面，第三世界国家和发达国家之间在制定《跨国公司行动守则》、《技术转让行动守则》、《班轮公会行动守则》和修改《海上货物运输公约》等方面，达成和即将达成协议，这对限制跨国公司的非法活动，维护发展中国家利益，将起到有益的作用。许多发展中国家制定国内政策时，在利用外资和外国技术的同时，又颁布了许多政策法令，对外资企业进行监督和限制。

发展中国家之间的经济合作有了较大的发展，为实现集体的自力更生，减少对发达国家的依赖，发展中国家已经组织起二十多个区域性和半区域性经济一体化组织。其中有的实行区域内减免关税，有的还对外统一关税，

① 已故阿尔及利亚革命委员会主席布迈丁在第四届不结盟国家首脑会议时曾指出，“非洲、亚洲和拉丁美洲各国的根本目标是对新的统治和剥削形式进行斗争”。“我们这些国家的安全必须要通过经济解放、消灭垄断资本的压迫和剥削，建立真正的民族独立来实现”（1973年9月7日《人民日报》）。坦桑尼亚总统在1979年2月“七十七国集团”第四次部长会议开幕词中说：“我们的目的是使第三世界国家从外来的统治下完全解放出来，这是新的国际经济秩序的基本含义。团结是我们获得解放的手段，也是惟一的手段……我们的目标是取得经济上的解放，在这一目标上是没有妥协余地的。”

有些组织如安第斯条约组织和东南亚国家联盟，积极协调各国经济计划和政策，进行多方面的经济合作，在面对美苏逼人的扩张下，加强了内部磋商，团结对敌。与此同时，一些发达国家由于对发展中国家的原料依赖较大，政治上也出自联合第三世界反对美苏的需要，表现了与亚非拉国家继续“对话”的愿望。

即使在发达国家严密控制的货币和金融领域，情况也在变化。为研究改革国际货币制度问题，发展中国家第一次参加了国际货币基金建立的20国委员会和随后的临时委员会。1976年国际货币基金牙买加会议达成的协议中，提高了发展中国家在这一组织中的份额和投票权。此外，近年来国际货币基金组织还先后设立了石油贷款、中期贷款、信托基金贷款等新的资金便利，并放宽了普通贷款、出口波动补偿贷款和缓冲库存贷款的额度。一些发达国家还先后免除了部分最不发达国家的债务。

所有这些，对促进发展中国家的经济发展，减轻资本主义世界经济停滞和国际货币金融市场动荡所造成的影响，起了有益的作用，并在一定程度上提高了发展中国家在世界经济和贸易中的地位。

当然，由于这一斗争是涉及国际经济关系大变革的斗争，它不可能不遇到来自各方面的阻力。发达国家与发展中国家之间关于经济和贸易问题的谈判至今尚未取得重大的突破。已经取得的成就，不仅离六届特别联大的《宣言》要求相距甚远，而且大部分发展中国家特别是最不发达国家的经济困难还没有明显的改善。所有这些，也都是客观存在的事实。

目前阻挠这一斗争顺利发展的主要因素是：

1. 1970年代以来，苏联加紧了在亚非拉地区的扩张步伐，并在争取建立国际经济新秩序斗争的很多问题上反对发展中国家的合理主张。如对扩大普遍优惠制的范围，在贸易中以可兑换货币支付，履行联合国发展战略对发展中国家官方援助指标和减免发展中国家债务等问题上，苏联一概横蛮拒绝。在共同基金问题上，苏联亦对应付份额持保留态度。对发展中国家要求举行全球性谈判的建议，苏联也进行阻挠。同时，苏联却以“反对歧视”和“扩大东西方贸易”等名义，企图从国际谈判中捞取“最惠国待遇”的实惠。显然，苏联的活动，损害了亚非拉地区的稳定和发展，也制约了建立国际经济新秩序的斗争。

2. 发达国家特别是美国对第三世界国家的一些合理要求采取拖延和阻挠态度。近几年来，美国虽然改变了过去的僵硬态度，口头上表示接受国际经济新秩序这个概念，但实际上借口经济不振，采取拖延战术，以维护其既得利益。一些第二世界国家由于切身的利害，也常常在一些问题上追随美国。它们愿意搞“集团”对“集团”的局部性解决，虽然表现了它们有缓和同发展中国家矛盾的愿望，同时也有分化第三世界团结的意图。

3. 由于各国具体条件不同，从而对具体问题的利害关系不同，加上发达国家从中挑拨离间，几年来发展中国家的内部矛盾有时表现得比较突出。在经济发展比较顺利或斗争处于高潮时期，有些矛盾暂时被掩盖了；一旦经济形势恶化，如近年来石油涨价造成的困难，以及整个斗争处于僵持状态时，消极观望和只顾局部利益忽视整体利益的倾向就可能滋长。显然，这在一定程度上削弱了发展中国家团结斗争的力量。

总之，由于旧的国际经济体系是帝国主义、殖民主义通过对亚非拉国家和人民长期剥削过程中形成的，彻底改革这一旧的制度也决不会是一蹴而就的。特别是由于当前双方经济力量悬殊，国际政治经济关系又出现一些复杂的情况，斗争将会是长期的、曲折的，有时会出现反复。然而，现在世界上已经有越来越多的国家认识到，在世界经济日益相互依赖的情况下，建立一种以平等、互利和合作为基础的国际经济新秩序，不仅有利于第三世界国家的经济发展，同样有利于发达国家的经济增长，有利于维护世界和平。因此，不管这一斗争将经历多么曲折的道路，只要第三世界国家加强团结，联合一切可以联合的力量，采取正确的方针和策略，就一定能够朝着建立国际经济新秩序的方向不断前进。

世界经济危机和南北经济矛盾*

20 世纪 80 年代以来,发展中国家经济正经历着一个空前艰难的时期。在 1980 年开始的战后最严重的资本主义世界经济危机中,由于发达资本主义国家推行的损人利己政策,使发展中国家作为一个整体,几年来经济几乎没有增长,同时,大多数国家失业人数不断增加,财政危机和通货膨胀日益严重,对外贸易和国际收支状况空前恶化,外债数量急剧上升,以致许多国家陷入严重的债务危机而不能自拔。值得注意的是,这场灾难不仅席卷了进口石油的发展中国家,而且蔓延到多年来一直被认为发展中国家的"佼佼者"——出口石油的发展中国家。经济状况的恶化,加剧了许多国家国内的社会矛盾和政局动荡。

资本主义经济危机,最深刻地暴露了迄今存在于发达国家和发展中国家之间经济关系的不合理性,并大大加深了它们之间的矛盾;同时也表明,改革旧的国际经济关系,建立新的国际经济秩序,不仅是历史发展的必然,而且在今天世界各国经济联系日益密切的情况下,对扭转世界经济的恶化,促进各国经济增长,也是不可缺少的。

一、战后发展中国家经济发展最困难的时期

经济危机是资本主义国家社会基本矛盾的产物,但是在每一次危机中,发展中国家总是危机最大的受害者。由于这次危机是战后资本主义世界最严重的一次危机,这就使发展中国家在生产、贸易、国际收支和经济生活等各方面所受的打击特别沉重。1983 年 3 月《七十七国集团》通过的《布宜诺斯艾利斯纲领》指出,这次危机使"过去发展中国家的成就大都遭到破坏,目前的发展受到干扰,未来的前景受到削弱"。①

从经济增长看:从战后到 70 年代,发展中国家的经济一直是以快于发

* 原载《经济科学》1984 年第 2 期。

① 《七十七国集团》第五次部长会议:《布宜诺斯艾利斯纲领》,TD/285。

达资本主义国家的速度增长的。60 年代全部发展中国家国内总产值年平均增长率为 5.9%，70 年代为 5.1%，而发达资本主义国家相应为 5.2% 和 3.2%。但是从 1980 年开始，发展中国家的经济就出现恶化，该年的国内总产值仅增长 2.9%，只略高于人口的增长，但比上次(1974—1975 年)危机期间的增长率(4.6%)要低。1981 年，情况急转直下。该年发展中国家的国内总产值仅增长 0.7%(其中石油出口国为 -0.4%)，几乎没有增长。1982 年情况更糟，整个发展中国家国内总产值增长为 -0.7%(其中石油出口国为 -2.6%)，按人口平均下降 3% 以上，这是战后几十年来从未有过的现象。[①] 如果从地区来考查，这几年情况最糟的是非洲、西亚和拉丁美洲。西亚地区国家从 1979 年到 1982 年国民生产总值下降 18%，拉美地区 1981 年和 1982 年连续两年经济负增长，非洲以人均产值计算已经连续五年下降，只有东南亚一些国家靠政府扩大投资等办法，还保持一定的增长速度。

发展中国家经济活动的下降，主要是与工农业生产的停滞和下降相联系的。1980 年以来，发展中国家粮食生产一直陷于停滞状态。特别是非洲地区，1979—1981 年人均粮食产量比十年前下降 10% 以上，撒哈拉以南非洲有 2/3 的国家面临严重缺粮。发展中国家的工业特别是制造业，受这次危机的打击更大。由于发达国家市场需求不振和贸易保护主义，由于 80 年代以来发展中国家为应付外汇匮乏采取的缩减投资和减少进口等措施，近年来发展中国家的工业生产出现了战后以来的第一次下降。根据联合国统计，发展中国家的工业生产指数(以 1975 年 = 100)，1979 年为 124.7，1980 年为 124，1981 年为 121.8。[②] 1982 年情况估计更糟。影响最大的是一些制成品主要出口国，它们的纺织、服装、鞋类、木材、电子产品、造船和化工等行业，普遍存在产品积压、开工不足和生产萎缩的情况。例如巴西的制造业生产指数(以 1975 年 = 100)，1980 年为 143，1981 年下降为 115。[③] 近几年来，石油输出国组织成员国为保持油价稳定，采取大幅度减产的措施，石油日产量从 1979 年 3 100 万桶降至 1983 年初的 1 400 万桶，减少了一半以上。由于这些国家石油部门的增值价值通常占国内总产值的 40% 左右，石油部门的大幅度减产必然造成国内总产值的下降。

在对外贸易方面，发展中国家的出口如按实际价值计算，从 1980 年以

---

① 联合国经社理事会:《1983 年世界经济概览》，1983 年 5 月。
② 联合国:《每月统计公报》，1983 年 2 月。
③ 同上，1983 年 3 月。

来已经连续三年出现下降。这种情况首先是因石油出口国石油出口骤减造成的。从70年代中期第一次石油涨价以来,发达国家就实行了有效的节约能源、加速开采石油和发展利用其他能源的政策,加上资本主义世界经济危机爆发也减少了对石油的需求,这一切迫使石油输出国组织不仅减少产量,而且于1983年3月把油价从每桶34美元降至29美元,造成出口收入大幅度减少。1982年尽管这类国家严格控制了进口,但因出口收入继续下降,国际收支经常项目也出现了逆差。石油进口国的贸易出口虽有增加,但增长速度已大大下降,1982年它们的出口仅上升1.5%。由于进口工业品和石油价格上涨以及1979年后初级产品价格猛烈下跌,从1978年到1982年这类国家的贸易条件恶化了25%。这几年里,这些国家的贸易逆差也大幅度地增加。仅1980—1982三年,贸易逆差总额就超过2 000亿美元以上。在这类国家中,最困难的是最不发达国家,1980年到1982年这些国家的贸易逆差平均每年达90亿美元,而1973年还只有12亿美元。[①]

从国际收支情况看,除少数几个资本盈余的石油出口国[②]外,其他石油出口国和全部石油进口国经常项目的国际收支逆差1979年为437亿美元,1980年就升至642亿美元,1981年进一步增加到988亿美元,1982年估计仍为925亿美元。其原因除了贸易收支逆差因素以外,还与美国里根政府近几年来推行的高利率政策和国际货币金融制度的严重弊端直接有关。

由于国际收支逆差不断扩大,使这几年发展中国家的外债也急剧增加。官方和由官方担保的中长期债务已由1976年的2 170亿美元增至1981年的4 713亿美元,其中尚未包括国际商业银行的短期和未担保债务。[③] 据估计,1982年发展中国家的全部外债为6 000多亿美元。1981年和1982年发展中国家的外债本息偿付额都在1 300亿美元左右。发展中国家外债本息的偿付占当年商品和劳务出口的比重,已由1978年的37%增至1982年的61%(其中最大的20个债务国达70%)。[④] 由于还付本息额大大增加,而这些国家的外汇收入和国外资金流入量又相应下降,结果越来越多的发展中国家陷入债务清偿危机。1981年发展中国家要求重新安排债务偿还期限

---

① 第六届联合国贸发会议:《80年代支持最不发达国家的新的实质性行动纲领的执行进展》,TD/276,1983年。

② 联合国统计中把沙特、利比亚、科威特、伊拉克、文莱、伊朗、卡塔尔和阿拉伯联合酋长国列为资本盈余的石油出口国。

③ 第六届联合国贸发会议:《国际金融和货币问题》,TD/275,1983年。

④ 联合国社经理事会:《1983年世界经济概览》。

的共12起,1982年增至21起。要求延期偿还债务的国家不仅有小国和穷国,还有一些经济发展程度较高的中等收入国家,如巴西、墨西哥等。与此同时,许多发展中国家目前外汇储备已不足一个月进口。①

在国内经济生活方面,发展中国家的通货膨胀上涨率通常比发达国家要高得多。进入80年代后,由于大多数发展中国家财政状况恶化,进口能源和制成品价格上涨和一些国家为应付收支逆差采取的货币贬值和限制进口等因素,使发展中国家消费品物价连年上涨。1976年到1980年发展中国家的物价指数平均年上涨33.5%,1982年为45.8%,其中拉美地区平均为87.4%。此外,由于经济活动萎缩,许多发展中国家工人失业队伍不断扩大,实际工资大幅度下降。由于外汇紧张,许多国家压缩了必需的粮食进口,使饥饿和营养不良状况日益严重。这一切,导致许多国家近年来不断爆发群众性的抗议示威斗争。

1983年以来,尽管一些发达资本主义国家经济出现回升,但发展中国家经济依然是困难重重,1983年发展中国家的经济增长率估计比上年更糟。这是因为:(1) 发达国家经济回升十分乏力又很不平衡。同时,由于失业问题仍然十分严重,发达国家的贸易保护主义丝毫没有放松,经济结构的调整十分缓慢,这一切使发展中国家对发达国家的出口不会很快增加。(2) 发展中国家外债严重情况继续发展,估计目前已达7 000亿美元,国际储备处于空前低水平,这就使它们目前实施的控制进口、压缩投资和需求的政策不会轻易改变。(3) 各方面对发展中国家的资金流入不会很快增加。发达国家官方资金和多边金融机构的资金流入,多年来增长很慢,私人银行对发展中国家的贷款近两年也出现下降。(4) 更重要的是,1983年石油跌价15%,势必进一步恶化石油出口国的国际收支和经济增长。此外,从1982年开始的蔓延非洲大部分地区的严重干旱,至今仍在发展。

总之,尽管发展中国家中不同类型国家的经济水平和结构不尽相同,最近出现的一些迹象,如石油价格疲软、利率稍有下降、部分初级产品价格开始回升等,对不同国家会有不同的影响,但就大多数发展中国家而言,80年代前半期的经济情况,仍然会是相当困难的。

① 联合国社经理事会:《1983年世界经济概览》。

二、南北经济矛盾中两个关键领域

1980年代以来造成发展中国家经济严重困难的原因，归纳起来，一方面是一些发展中国家多年来实行的经济战略和经济政策存在着严重弊病；另一方面是发达资本主义国家对发展中国家转嫁危机的直接结果。这种转嫁的过程是，当经济危机在发达资本主义国家爆发时，这些国家的垄断资本及其政府，首先通过贸易和金融货币等渠道，如限制从发展中国家进口，压低初级产品价格，提高制成品价格，减少对发展中国家资金流入，抬高各种贷款的条件等，加强对发展中国家的剥削，从而造成发展中国家国际收支的巨额逆差。由于目前绝大多数发展中国家的经济生活是依赖于对外贸易和国外资金流入的，不仅经济发展所需要的机器设备绝大多数依赖进口，而且维持制造业正常运转的原材料和中间产品很大一部分也要靠进口。这样，出口收入和国外资金流入的减少，不仅使这些国家的进口大大压缩，也使它们的财政收入和国内投资相应减少。结果是，国际收支困难直接转化为发展中国家的发展危机。据《七十七国集团》估计，仅1981年和1982年两年，因贸易条件恶化、出口收入减少和高利率引起的债务利息的增加等因素，发展中国家就损失外汇近2000亿美元。①

由此可见，贸易和金融货币领域，是发展中国家和发达国家经济关系中矛盾最突出的两个方面。发达国家之所以能通过贸易和金融货币领域，向发展中国家转嫁危机，又是和现存的旧的国际经济制度，特别是旧的国际贸易制度和金融货币制度相联系的。

旧的国际经济制度的一个显著特点，是它的垄断性和掠夺性。在生产领域，发达国家垄断资本按照旧的资本主义国际分工原则，通过资本输出、技术控制和贸易限制等各种手段，极力使发展中国家的生产限制在初级产品和劳动密集型部门，以服务于自己的生产和消费需要。在贸易领域，发达国家垄断资本凭借其经济实力，控制世界市场，垄断商品价格决定权，使发展中国家遭受严重的不等价交换剥削。在金融货币领域，垄断资本通过遍布世界各地的金融网，控制了世界上大部分流动资金，操纵汇率和银行利率，并通过银行业务活动剥削和控制发展中国家；同时，在目前的国际货币制度下，由于发达国家的货币能自由汇兑，它们操纵了世界储备货币的创造

① 《七十七国集团》第五次会议：《布宜诺斯艾利斯纲领》，TD/285。

权,发展中国家货币只得以各种方式依赖于发达国家的货币,它们的经济生活在很大程度上受制于它们能获得的发达国家货币数量,这样发达国家就能够通过货币发行和汇率变动来左右或影响发展中国家经济。此外,战后建立起来的各种国际经济机构,也大都控制在发达国家手里,发展中国家不能以平等的地位充分参与这些机构的谈判和决策。

值得注意的是,近十年来随着发达国家经济状况的恶化和社会矛盾的加剧,发展中国家为发展民族经济和争取经济独立斗争日益高涨,在国际贸易和金融货币制度方面,又出现了一些严重损害发展中国家经济利益的新现象。其中最突出的是:

1. 发达国家越来越严厉的贸易保护主义。战后以来,发达国家特别是美国,一向是以维护"自由贸易制度"自居的。70年代以来,面对国际市场竞争的加剧,国内传统工业部门严重开工不足和失业人数的增长,发达国家包括美国的贸易保护主义日益强烈。

具体地说,发达国家的贸易保护主义是通过以下方式,来保护本国资本利益,削弱和打击其他国家特别是发展中国家的对外贸易。

(1) 关税壁垒。尽管这一传统手段在今天的地位已大大降低,但仍是发达国家用来对付国外竞争者的重要方法。战后通过多边贸易谈判和普遍优惠制的实行,发达国家的关税虽已降低,但它的关税结构中保留着明显的不利于发展中国家的内容。如发达国家通常对工矿原料(如燃料、金属矿石、化工原料等)规定较低的关税或免税进口,但对一些农产品和劳动密集型产品(如饮料、蔬菜、纺织品、烟草等等)则规定较高的关税。又如根据产品加工程度进行征税和使用有效关税(Effective Tariffs)计税,结果名义税率下降了,但实际税率仍然很高。另外,目前在普遍优惠制下实行的关税优惠,常常附有许多限制,如对产品范围、原产地和例外条款的规定。1980年普惠制涉及发达资本主义国家从发展中国家进口商品的48.8%,但实际上只有21.3%的商品享受了这一待遇。[①]

(2) 非关税壁垒。这是当前发达国家贸易壁垒的主要形式,既用于制成品,也用于对农矿产品的进口限制。据统计,目前发达国家实行的非关税壁垒近一千种,大体上分为两大类:一类是数量控制,如限额制、季节限制、总体限制、酌情发给许可证、有条件的禁止、自动进口批准等,另一类是价格控制,如可变动的征税、反倾销税和反补销税、最低价格水平控制、价格调查

① 第六届联合国贸发会议:《保护主义、贸易关系和结构调整》,1983年,TD/274。

和监视等。据联合国贸发会议80年代初的调查,目前发达国家非关税措施中,一般是数量控制的使用频率大大超过价格控制;对从发展中国家进口的农产品(如牲畜、蔬菜、饮料、烟草等)和劳动密集型产品的使用频率大大高于工矿原料。1982年以来,发达国家在纺织、服装、鞋类、钢铁、电子消费品和农产品方面,又采取了大量新的保护措施,严重打击了发展中国家这方面的出口。例如包括85%纺织品和服装贸易的"多种纤维协定",就包括有对各个国家不同产品约三千多项限额,以限制发展中国家在这方面出口的增加。在农产品方面,1982年美国对食糖进口除施以更多限制外,并把食糖进口税增加了三倍。欧洲经济共同体对木薯、麸糠和肉类的进口也加强了限制。

(3) 限制性贸易惯例。和上述两类保护措施不同的是,这是由跨国公司采取的。目前世界贸易中约30%—40%实际上是属于跨国公司的内部贸易。由于发达国家跨国公司资金雄厚,垄断技术专利权,并拥有政府给予的某种商品独家销售权,从而它所采取的国内和国际惯例,对进口贸易有重要的影响。例如跨国公司组成的国际卡特尔就常常通过有秩序的销售安排和自动出口限制,在进出口国家企业间制定限制进口竞争的目标。跨国公司还通过技术贸易,规定发展中国家企业接受束缚性购买和限制出口等条款,影响发展中国家的进口贸易;各种专利、商标、版权等产权也都被跨国公司用来作为垄断市场和排除竞争者的手段。此外,一些跨国发达国家公司还常常对发展中国家出口企业在本国法院提出诉讼,以限制普惠制下某些发展中国家商品的进口。重要的是,一些发达国家政府对跨国公司的上述活动不仅不加限制,反而常常加以支持和鼓励。

2. 跨国银行在国际资金流动中的作用急剧增长。过去十多年来,发达国家对发展中国家资本输出中一个重要的变化是,政府机构和多边机构的贷款比重日益下降,而私人资本输出特别是国际商业银行贷款的比重上升很快。从1970年到1981年对发展中国家的长期贷款中,官方贷款(包括政府和多边机构贷款)的比重由60%降至43%,发达国家对发展中国家的官方援助占国民总产值的比重,还不到联合国十年发展战略规定指标0.7%的一半。相反,私人贷款由40%增到57%,其中银行贷款由1973年的不到3%增到1981年的27%。在发展中国家积欠的中长期外债总额中,官方贷款的比重也由1970年底的71%,降到1981年底的52%,同期私人贷款比重由29%增到48%,其中银行贷款由9%急增到近40%。

这种情况的出现,一方面固然反映了近十年来发达国家的经济困境和财政危机的加深;同时也是跨国银行所垄断的国际流动资金日益膨胀的结果。例如仅欧洲货币市场的规模,十年来就增加了十倍,存款总额由1971年底的1 500亿美元增到1981年底的18 000亿美元,其中存款净额由850亿美元增到8 900亿美元。国际商业银行的贷款虽然解决了部分发展中国家外汇资金的需要,但是这种贷款也存在很多弊端:(1)利息高,偿还期短。国际商业银行对发展中国家贷款中相当一部分是短期贷款,利率是浮动的,因此这种贷款很难用于发展中国家改造经济结构的长期建设,而且由于美国政府近几年来推行的高利率政策,使国际货币市场利率也随之急剧上升。例如发展中国家向世界银行借款的平均利率由1981年的9.6%增加到1982年的13%,而欧洲货币市场的银行贷款利率则由1978年的8.7%增加到1982年的16.5%。(2)这种贷款通常只有少数发展中国家(主要是中等收入国家)才能获得,大部分发展中国家特别是最不发达国家根本无法问津。(3)这种贷款的波动性很大,它随着世界经济形势和债务国的经济状况的变化而变化。例如从1980年以来,国际商业银行对发展中国家的贷款就出现紧缩的趋势,到1981年发展中国家对国际商业银行债务的还本付息甚至超过新的借款。国际资本流动中跨国银行作用增长,意味着垄断资本对发展中国家剥削和渗透的加强,它是近两年来许多发展中国家发生债务清偿危机的重要原因之一,也是目前国际金融体系动荡进一步加深的渊薮。

此外,自70年代初布雷顿森林货币体系瓦解和各国实行浮动汇率以来,发达国家的货币汇率变化不定,大起大落。这种情况不仅给世界经济和国际贸易带来巨大影响,也加重了发展中国家经济和国际收支的困难。

综上可见,发展中国家当前的经济困难,从根本上说重要根源在于旧的不合理的国际经济关系。因此,不打破这种建立在垄断和剥削基础上的国际经济关系,发展中国家要想根本扭转目前经济上不同程度地受人摆布的局面,促使经济的自主发展,是非常困难的。

三、南北经济关系的发展前景

事实上,从60年代起,发展中国家为反对西方大国的经济控制和剥削,就逐步走上联合斗争的道路。70年代初,这一斗争达到了高潮,明确提出了建立国际经济新秩序的战略目标。斗争也从最初的贸易、援助等领域,扩展到国际经济的其他方面,特别是国际经济结构和体制的改革。这一斗争取得了一定成就。但是,由于目前双方经济和技术力量的对比优势还在发达国家方面,决定了这一斗争的艰巨性和曲折性。从1977年巴黎“南北对话”失败后,南北谈判就一直陷于僵持和停顿状态。

面对80年代以来险恶的经济形势,越来越多的发展中国家逐渐认清,要改革旧的不合理的国际经济关系,关键还在于加强自身的自力更生能力和发展中国家之间的经济合作。近几年来发展中国家为克服发达国家转嫁危机所造成的困难,一方面采取各种措施进行经济调整,与此同时,也更加重视发展中国家之间的合作,以实现集体的自力更生。在这方面,“七十七国集团”提出了许多设想,如促进建立发展中国家间的多国性生产企业;加强区域性、分区域和区域间的经济合作和一体化;争取建立发展中国家间的全面贸易优惠制,加强发展中国家国有贸易公司间的合作;密切发展中国家间的货币资金合作和建立“发展中国家银行”等。

在南北关系上,发展中国家为推动南北谈判的进程,反对发达国家主张双边解决、目的在制造发展中国家间矛盾的做法,近年来曾在各种国际会议上强烈要求举行全球谈判,要求国际社会采取全球性的解决办法,制定一项能促进发展中国家经济持续发展,振兴世界经济,推进国际经济结构改革的紧急行动计划。从联合国第六届贸发会议看,这项紧急计划的内容主要包括:在商品问题上,发展中国家要求尽快建立商品共同基金,实施商品综合方案,扩大发展中国家的加工、销售和运输能力,对出口收入不足的国家提供补偿基金。在贸易问题上,发展中国家要求减少和消除发达国家的贸易保护主义,扩大和延长普遍优惠制的实施,促进发展中国家经济的多样化和增加发展中国家在世界制成品生产和贸易中的地位,改革国际贸易制度中一些不合理的贸易规则。在货币和金融领域,主要是要求发达国家增加官方发展援助,扩大多边金融机构的贷款能力,增加发展中国家在国际货币基金中的配额,改善贷款条件,重新安排发展中国家的债务等。至于最不发达国家问题,主要是切实执行联合国通过的《80年代支持最不发达国家的新的实质性行动纲领》。

显然,上述应急计划,只是一种权宜之计,它主要是希望缓和发展中国家面临的国际收支问题,帮助发展中国家渡过目前的难关,并不涉及国际经济关系方面的改革。同时,鉴于发达国家和发展中国家之间经济上的相互依存关系,发展中国家市场目前已占发达国家出口的30%,因此,发展中国家的经济发展必然也有利于发达国家的经济恢复。然而,发展中国家的所有这些努力,至今没有得到美国等国家的响应。后者在世界经济的恢复主要有赖发达国家经济恢复的幌子下,顽固地拒绝发展中国家提出的一切正当要求。

因此,目前南北经济关系正处于一个十分重要的关键时刻。如果按照目前美国政府对发展中国家采取的竭泽而渔的政策发展下去,南北之间经济矛盾势必进一步加深,南北贸易关系将不会改善,发展中国家对吸收国际货币市场资金将更加谨慎,一些大债务国也可能破产并导致触发国际信用体系危机,南北之间的政治对抗也会随之激化,最后,发达国家也将自食其果。正是预感到这种前景的可能性,近年来一些发达国家政客和学者,提出了各种改良主义的设想。他们主张向发展中国家提供大规模的资金援助,或实施"新马歇尔计划",赞成一定程度的国际经济结构改革,让发展中国家在国际经济机构中享有较平等的地位,以继续保持发展中国家经济增长的势头。这样,一方面发达国家可以进一步扩大自己的国外市场,带动自身的经济发展;同时可以从逐渐增大的发展中国家经济"蛋糕"中,攫取更大的份额,又不致引起南北矛盾发展到无法收拾的地步。显然,这样的设想根本上说是服务于发达国家利益的,但是它和垄断资本各个集团的私利相冲突,因而至今没有引起主要发达国家统治集团的积极反应。

历史表明,发展中国家要在南北经济关系中获得较平等的地位,冲破旧的不合理的国际经济关系,摆脱或减轻发达国家转嫁经济危机造成的损害,指望用道义的力量迫使发达国家作出让步,收效是不大的。重要的是依靠自己经济力量的不断增长,依靠发展中国家之间的团结和合作,依靠正确的斗争战略和策略,坚持不懈地开展各种形式的斗争。

南北关系和国际经济新秩序*

南北关系,即发达国家和发展中国家之间的关系,是当前国际关系中一个基本的方面。南北关系的核心,本质上就是发达资本主义国家凭借它在国际经济体系中的垄断地位,继续控制和剥削发展中国家;而广大发展中国家为维护国家的经济权益,发展民族经济,要求打破这种垄断,反对西方大国的控制和剥削。因此,今天南北之间的矛盾和斗争,在经济上集中反映在发展中国家要求建立新的国际经济秩序,而发达国家则极力维护现存的国际经济旧秩序的斗争上。

一

如同历史上任何被剥削者对剥削者的斗争一样,发展中国家要求打破旧的国际经济关系,建立新的国际经济秩序的斗争(简称"破旧立新"斗争),同样走过了一条艰难曲折的道路。从20世纪60年代起,这一斗争开始在世界范围内进行组织和发动。1964年"七十七国集团"的成立,标志着发展中国家在国际经济领域走上了联合斗争的道路。70年代初,斗争出现了新的局面,拉丁美洲国家带头掀起的反对超级大国海洋霸权的斗争,原料生产国争取自然资源永久主权的斗争,特别是1973年10月阿拉伯国家的石油斗争。接着是1974年召开的第六届特别联大,把破旧立新的斗争推向了高潮。斗争不仅充分显示了发展中国家团结战斗的巨大力量,使发达国家当时恐慌不已,美国在国际会议上也陷于空前孤立;而且,发展中国家利用手中的原料武器,实现了对国际经济旧秩序的第一次冲击,在一些方面取得了重大胜利。正是在这种形势下,根据法国前总统德斯坦的倡议,于1975年5月召开了巴黎国际经济合作会议,即"南北对话"。

但是,随着1977年巴黎南北对话的失败,斗争实际上已经转入僵持状

* 原载于《北京大学学报》1984年第5期。

态。特别是进入80年代以后,由于世界经济形势进一步恶化,南北关系出现了明显逆转的趋势。多年来,发展中国家创议的全球谈判实际上已被搁浅。1983年6月召开的第六届联合国贸发会议,也使发展中国家大失所望,少数发达国家在实质问题上不仅拒绝向发展中国家作出进一步让步,而且在许多方面都在原有的承诺基础上后退了。

为什么从70年代后期起,南北谈判一直处在这种僵持局面?为什么美国等少数发达国家能够置广大发展中国家的合理要求于不顾,在国际会议上顽固坚持其反对一切正当改革的立场?对此,目前比较普遍的看法是:

1. 世界经济特别是发达资本主义国家经济多年来一直陷于"滞胀"和危机的困境。在最近十年时间里,发达资本主义国家就经历了两次周期性经济危机。在1974年至1975年严重的经济危机过去之后,资本主义世界经济并没有出现繁荣,生产上的走走停停与严重的通货膨胀和高失业交织在一起,困扰着大多数发达资本主义国家。一些发达国家为控制通货膨胀采取的紧缩政策,又触发了1980年至1982年一场新的世界经济危机。从这次危机的进程看,这是20世纪30年代大危机以来历时最长、破坏最重、影响最深的一次危机。主要资本主义国家的工业生产曾出现两次下降;失业人数和失业率、企业破产数和股票金融市场的动荡都开创了战后的最高记录;1981年起世界出口贸易也出现战后第一次踏步不前的情况。严重的经济危机不仅导致许多发达国家政府的更迭,也影响了这些国家的内外政策。突出的例子是美国。里根入主白宫后,在保守主义政策的支配下,在南北关系上采取了完全无视第三世界国家正当要求的僵硬立场。他极力鼓吹搞好美国经济就是对发展中国家的"最大贡献";标榜"自由贸易"和"私人经济"应该成为"国际经济战略"的首要原则;在对外援助上,美国一面缩减援助规模,同时又把援助方式由过去重点是多边援助转向双边援助,以服从它对苏战略的需要。在国际会议上,它极力阻碍南北问题的解决,力图维持国际关系的现状。美国的所作所为,使它成为南北关系继续发展的主要阻碍之一。

2. 石油武器的作用受到了一定程度的削弱。在最近十年里,石油输出国组织利用阿以中东战争和两伊战争之机,前后两次大幅度提高油价,使石油价格上涨了十倍多。石油斗争不仅大大增加了石油输出国的收入,增强了与发达国家斗争的物质基础,同时也威胁到发达国家的经济稳定。石油输出国组织多年来在国际斗争中坚持把能源问题与其他原料、贸易、金融、货币等问题作"一揽子"谈判,以推动南北关系的发展和国际经济新秩序的建立。但是70年代中期以来,情况也逐渐出现变化。一方面,西方国家通过金融机构和其他渠道,顺利地解决了石油美元的回流,从而解除了它们的后顾之忧;另一方面,由于发达资本主义国家近几年来实行了有效的节约能源、加速开采石油和发展其他替代能源的政策,加上其他非石油输出国组织国家采油的增加和世界经济长期处于停滞和危机等原因,使近几年来世界石油市场上出现了供过于求的状况,这就迫使石油输出国组织采取压缩生产和降低油价的对策。因此,尽管现在发达国家仍然严重依赖发展中国家的能源,但石油输出国组织在世界石油生产和出口中的地位已经下降,大多数石油生产国近年来自己面临着严重的财政、经济和国际收支问题。

3. 大多数发展中国家面临着日益严重的经济困难。尽管60年代以来发展中国家的经济增长速度一般快于发达资本主义国家,但是近十年来它们的经济增长已大大慢于过去。1960年到1973年,所有发展中国家的国内生产总值年平均增长率为5.8%,其中中等收入国家为6.4%;1973年到1980年期间,它们的国内生产总值年平均增长率分别下降为4.6%和4.7%[①]。1980年以来发达国家为摆脱经济困难,竭力向发展中国家转嫁危机,又使它们深受其害。1981年到1983年发展中国家国内生产总值年平均增长率预计为0.7%(远低于这一时期发展中国家人口年平均增长率)。如按地区看,非洲为0.2%,拉丁美洲为-1.2%,西亚地区为 1.6%,只有南亚和东南亚地区保持了5.1%的年平均增长率。[②] 同时,由于近两年世界市场初级产品价格大幅度下跌,发达国家的贸易保护主义日益严重,世界市场制成品价格继续上涨,发达国家的银行利率高居不下,对发展中国家的官方援助又不见增加,这一切,使大多数发展中国家的国际收支状况处于岌岌可危的地步。1982年发展中国家的国际收支逆差超过1 000亿美元,当年年底发展中国家积欠的外债已达6 300亿美元,一年的还本付息就高达1 300多亿美元。[③]

发展中国家经济状况的恶化,必然会影响它们之间的相互关系。在经济发展比较顺利或斗争处于高潮时,它们之间的一些矛盾和分歧暂时会被掩盖起来或降为次要地位;然而当斗争处于僵持状态,它们的经济状况又相继恶化,加上发达国家特别是超级大国从中分化瓦解,发展中国家之间的分

① 世界银行:《1982年世界发展报告》,第9页。

② 联合国社经理事会:《第三个联合国发展十年国际发展战略评价》,1984年3月29日。

③ 《七十七国集团》第5次部长会议:《布宜诺斯艾利斯纲领》,TD/285,1983年。

歧就会随之上升。例如目前发展中国家中一些原料生产国就比较关心加速实现商品综合方案问题,以切实保证它们出口收入的稳定;一些“新兴工业化国家(地区)”或工业比较发达的国家则强烈要求发达国家减少贸易保护主义,让它们的制成品有更多的机会进入对方市场;而发展中国家中一些最不发达国家,由于它们的财政经济困难重重,它们希望发达国家尽快执行1981年联合国大会通过的《八十年代支持最不发达国家的新的实质性行动纲领》所规定的援助指标。在发展中国家产油国和非产油国关系上,当1973年第一次石油大提价时,非产油国从团结反霸的大局出发,曾给予产油国以巨大的支持。但是此后,多数非产油国因进口石油费用剧增而加剧的国际支付困难没有得到合理解决,使它们对1979年第二次石油提价表现出很大的不满。此外,近几年来发达国家不仅加强了它们的内部协调,也日益利用发展中国家面临的困难,通过条约和其他形式,加强和部分发展中国家之间的双边联系,以扩大发展中国家内部的离心倾向。所有这些,再加上历史上遗留下来的其他政治的和领土的纠纷,不能不影响发展中国家在争取共同利益斗争中的团结和力量。

我们认为,上述分析,是当前南北谈判停滞不前的重要原因,但是这仅仅涉及事物的表象,还没有完全揭示事物的本质。如果要进一步追溯南北谈判进展迟缓的根本原因,我们就必须从总体上,从国际经济关系的全局上,来考察当前南北之间经济关系的性质及其特点。

二

世界经济并不是各国经济简单的总和,它是一个通过各种不同类型的国际经济关系,由各种相互依存又相互矛盾着的力量(包括国家和国家集团)结合在一起的经济体系。一个统一的无所不包的世界经济体系,是在20世纪初,当自由竞争的资本主义实现了向垄断的资本主义过渡时才最终形成的。

列宁指出,当时的国际经济关系基本上有两种类型:(1) 帝国主义国家之间的经济关系。列宁说:“最新资本主义时代表明,各个资本家同盟在从经济上分割世界的基础上形成了一定的关系,与此同时,与此有联系的是,各个政治同盟、各个国家在从领土上分割世界、争夺殖民地、‘争夺经济领土'的基础上也形成了一定的关系。"[①] 因此，这种关系的本质，是掠夺者之间的关系。当各个帝国主义列强的实力地位发生变化时，就不可避免地会引起重新分割世界的斗争。(2) 帝国主义和殖民地、附属国之间的关系。列宁多次指出，帝国主义时代的一个基本特点，是"整个世界分成了两类国家，一类是剥削别人，压迫别人的国家，是占少数的国家，另一类是给它们当殖民地的弱小民族的国家，是占多数的国家"[②]。它们之间的关系，是掠夺者和被掠夺者的关系。由于矛盾的主要方面是帝国主义，它们掌握着强大的政治和经济实力，广大殖民地、附属国处于被剥削和被奴役的地位，这就决定了殖民地、附属国人民必然起来要为争取民族独立和解放而斗争。

当然，二次大战后，国际经济关系发生了很大变化。就其类型而言，不仅包括南北关系、西西关系，还包括东西关系、南南关系和东东之间的关系。它们之间又都相互制约和相互斗争。然而，南北关系(即发达国家和发展中国家之间的关系)仍然是所有这些国际经济关系中最基本的关系之一，它影响着时代发展的进程和方向。

就南北关系本身而言，显然它和以往的帝国主义与殖民地、附属国的关系也有很大不同。表现在：今天构成矛盾一方的，已经不是任人宰割和摆布的殖民地，而是获得了政治独立的主权国家，是联合国中平等的一员，并在国际事务中起着越来越重要的作用；同时，由于多年来民族经济的发展，发展中国家已经拥有相当的物质和技术基础，成为世界经济和贸易中一个重要的组成部分；最后，由于战后帝国主义旧殖民体系的崩溃，发展中国家日益觉醒和团结，发达资本主义国家要想继续利用暴力和超经济剥削手段来控制和掠夺发展中国家，也已经非常困难了。

所有这些变化，当然是毋庸置疑的。问题在于，今天南北经济关系的本质，即发展中国家在这一关系中所处的地位改变了没有呢？与此相联系，现在世界上各种政治力量都在谈论南北之间经济上的"相互依赖"，我们能不能说，今天南北之间的经济关系已经是平等的"相互依赖"关系？或者说，由于生产力的日益发展，现在发达国家在经济上已经"更加依赖"发展中国家，甚至说"已经超过"发展中国家对发达国家的依赖了呢？显然不能。

首先，所谓"相互依赖"，如果是指各国之间经济生活的相互联系，即包括资本、商品、劳务、技术和人力等要素在国际间的流动，那么它是生产力发

① 《帝国主义是资本主义的最高阶段》，《列宁选集》第2卷，人民出版社1965年版，第797页。
② 《列宁全集》第30卷，人民出版社1957年版，第286—287页。

展到一定阶段的必然产物，也将随着社会生产力的发展而日益加强。因为从资本主义世界市场开始形成和国际分工出现以来，世界上各个民族之间经济上的互相往来和互相依赖，就逐渐取代了原来的闭关自守和自给自足状态。二次大战后，随着世界范围内社会生产力的巨大发展，科学技术对生产结构和经济生活的影响进一步扩大，必然使国际间的经济联系日益密切。因此可以说，今天世界上任何国家的经济活动，都不可能是与世隔绝和闭关自守的，这是社会发展的必然趋势。但是，如果我们从生产关系的角度，即从各类国家在这种"相互依赖"中所处的地位来考察，那么就会发现，从资本主义生产方式出现以来，目前的发达资本主义国家和发展中国家的经济力量和地位，从来就是不平衡的。

今天，世界上垄断资本主义制度依然存在。尽管少数西方大国现在对世界经济的垄断统治已经削弱，但是无论在生产、分配、交换和消费方面，它们仍然占有支配的地位。在国际生产领域，1980 年发达资本主义国家占资本主义世界国内生产总值的 81.4%，占制造业增加价值的 87%；而发展中国家相应的比重为 18.6% 和 13%。由于发达国家垄断了资金和技术，在世界资本主义体系中奉行的仍然是旧的国际分工原则，广大发展中国家至今仍以生产初级产品和部分劳动密集型制成品为主，它们的经济在不同程度上仍受发达国家跨国公司所支配。在国际贸易领域，1980 年发达资本主义国家占全世界出口总值的 69%，而发展中国家仅占 23.3%。今天发达国家的垄断资本仍然垄断着世界市场，操纵着产品价格的决定权，并通过不等价交换对发展中国家进行严重的剥削。在国际货币和金融领域，尽管 70 年代以来发展中国家产油国的外汇储备有很大增加，但 1982 年底发达资本主义国家的外汇储备仍占资本主义世界的 60%。发达资本主义国家的货币仍然是主要的国际储备货币。绝大多数发展中国家的货币仍以不同方式，直接或间接地与发达国家的货币挂钩。不仅如此，发达资本主义国家的金融寡头还通过跨国银行把它们的触角伸向发展中国家的各个角落，影响甚至操纵当地的财政金融和经济生活。战后建立起来的一套支撑世界经济运转的国际经济体制和机构，也无一不在发达资本主义国家控制之下，并服务于它们的利益，发展中国家并不能平等地参与这些机构的决策。因此，如果我们仅仅指出发达国家与发展中国家在经济上存在着"相互依赖"关系，是远远不够的。重要的是，应该进一步揭示这种关系的本质特征，即它们之间存在着的剥削和被剥削、控制和被控制的关系。因为正是这种关系，使发达国家特别是美国在这种旧的国际经济体系中拥有巨大的优势和利益，人们怎么可能设想它们会在当今的南北谈判中轻易地作出让步呢?

至于说到发达国家对发展中国家的依赖日益加深,如果是指垄断资本主义制度的寄生性和腐朽性而言,那无疑是正确的。今天发达资本主义国家正是通过投资利润、利息、商业利润、技术转让费等各种形式,每年从发展中国家人民身上掠夺数以千亿计美元的血腥利润,并以此支撑其制度的稳定。然而,如果我们就它们相互间的经济联系来考察,那么,认为现在发达资本主义国家在经济上日益依赖发展中国家,甚至认为已经超过发展中国家对发达国家的依赖的看法,显然是值得商榷的。

首先,从投资活动看。战后以来,发达资本主义国家对发展中国家地区的私人直接投资是有很大增长,但是由于多种因素的制约,发达资本主义国家对外私人投资的主要部分是在发达国家地区,并不是在发展中国家地区,而且后者的比重还是趋于下降的。例如占主要发达资本主义国家对外私人投资一半以上的美国,1950 年投在发展中国家地区的私人直接投资占其全部对外私人直接投资的比重为 48.4%,1979 年下降为 24.8%。

其次,在原料方面。几个世纪以来,发展中国家一直是发达国家的原料基地。无疑,现在一些重要的矿产原料和热带农产品,发达国家仍需依赖从发展中国家进口。但是应该看到,由于战后科技革命的发展,发达国家农业机械化的实现,以及由于发达国家在生产结构和消费方式方面的变化,今天发达国家在农业特别是在粮食、肉类、禽蛋和奶类等一些重要农产品方面,不仅做到了自给,而且还成为世界重要的出口地区。在工矿原料方面,发达国家对发展中国家的依赖程度是大得多,但是不同国家的情况有很大不同。总的说,近二十年来,这类产品从发展中国家进口的增长速度并不快。据联合国材料,以固定价格计算,1963/1965 年到 1971/1973 年,发达资本主义国家从发展中国家进口的工业原料(不包括燃料),年平均只从 84 亿美元增至 126.8 亿美元,平均每年增长 5.3%;1971/1973 年到 1978/1980 年,年平均进口额仅从 126.8 亿美元增至 127.9 亿美元,基本上处于停滞状态[①]。即使在能源方面,近十年来世界石油的生产和销售也出现很大变化。石油输出国组织在世界石油生产中的比重已由 1973 年的 53%,降为 1981 年的 40%。从 1978 年到 1981 年,发达资本主义国家石油的生产量增长了 10% 以上,而它们的能源使用效率有了明显的改善。特别是近几年来,发达国家的石油总需求量出现显著下降,从而使它们从发展中国家进口的石油也相

① 联合国贸发会议:《1982 年贸易和发展报告》,TRD/2/Rew.1。

应减少了。[1]

最后,在商品市场方面。战后发达资本主义国家和发展中国家的出口占国内生产总值中的比重都有很大增加,1980年前者的比重为14.5%(其中美国为6.7%),后者为16.8%,发达国家仍低于发展中国家。更重要的是,目前发达资本主义国家的出口主要方面仍然是发达地区,它们的总出口中,输往发达资本主义国家的比重,1973年至1981年平均占65%左右。

由此可见,说发达资本主义国家至今仍不同程度地依赖发展中国家的原料和市场是正确的,这也是为什么发达国家在发展中国家争取建立国际经济新秩序斗争中表现各异的经济根源。但是,如果说发达国家在经济交往中"越来越依赖"发展中国家,甚至"超过"发展中国家对发达国家的依赖,根据是不足的。今天,在发达国家和发展中国家"相互依赖"中的不平衡性,仍然表现为发展中国家在经济上对发达国家的严重依附。当前发达国家不仅拥有强大的军事力量,还拥有相对强大的经济力量,这就是为什么发达国家特别是美国至今还能顽固地抵制发展中国家"破旧立新"斗争的根本原因所在。

三

斗争从来是矛盾双方实力的较量。今天美国之所以能极力阻碍南北谈判的进程,原因在于它还拥有相对的实力优势和在旧的国际经济体系中的既得利益。在这种情况下,打破南北关系僵局的出路何在?发展中国家要求建立国际经济新秩序斗争的前景如何?

目前国际上对国际经济新秩序的斗争有两派观点是值得注意的。一派是西方垄断资产阶级御用学者的看法。他们认为现行的国际经济体系的运行是好的,对世界生产和贸易的发展起了很大作用,因此对它只能"改善",不能"改革"。认为所谓建立国际经济新秩序,不过是发展中国家要求发达国家政府把从人民身上纳税所得的收入用来资助发展中国家,因此这是不合理的,必须予以否定。否则,如果对南部的要求作出让步,将会有无法满足的危险。[2] 另一派是激进派"依附论"学者的看法。他们认为目前南北经

① 联合国贸发会议:《1982年贸易和发展报告》,TRD/2/Rew.1。

② N.里夫:《新经济秩序——拙劣的经济学、更糟糕的政策》,《外交政策》第24期,第216—217页。

济关系的本质与殖民时期的经济关系没有什么变化。发展中国家建立国际经济新秩序的要求,不过是一种全球性的妥协,它不可能导致发展中国家的工业化和民族经济的建立。因为在他们看来,工业化和民族经济的建立,是通过拒绝国际劳动分工而实现的。而目前的国际经济新秩序纲领,不过是加深国际劳动分工,其结果只会加强"外围国家"(指发展中国家)对"中心国家"(指发达国家)的依附关系和国际上的两极分化。因此,他们认为所谓国际经济新秩序的论点是错误的,斗争也是必然要失败的。①

上述两派观点之间的差别是显而易见的。但是他们之间却有一个共同点,即他们都不理解当前国际经济新秩序斗争掀起的客观历史必然性,从而也就决定了他们对这一斗争所持的否定态度。

恩格斯指出:"一切社会变迁和政治变革的终极原因,不应当在人们的头脑中,在人们对永恒的真理和正义的日益增进的认识中去寻找,而应当在生产方式和交换方式的变更中去寻找。"② 我们曾经指出,国际经济新秩序的提出,绝不是少数发展中国家领导人头脑里的发现,而是根源于旧的不合理的国际生产体系和交换体系。③ 因为正是这种建立在国际垄断资本控制和剥削基础上的国际经济体系,不仅造成发展中国家的长期贫困和落后,而且已经成为发展中国家独立后在发展民族经济道路上的主要障碍。

当然,今天参加这一斗争的主要力量是广大发展中的民族主义国家。从1974年第六届特别联大通过的《关于建立新的国际经济秩序宣言》和《行动纲领》,以及此后联合国和"七十七国集团"通过的有关决议、宣言和纲领中可以看到,目前发展中国家所争取的目标:(1) 它不是割断和发达国家的联系,而是要求作为国际社会平等的一员,有权对本国的自然资源和一切经济活动行使主权;有权在平等的基础上充分有效地参与世界经济问题的决策,并公平分享由此产生的利益。为此,发展中国家强烈要求对现行的国际经济体制和机构进行改革。(2) 它不是反对资本主义制度,而是要求打破国际垄断资本对国际经济的控制,限制跨国公司在发展中国家的非法活动和贪婪剥削,维护发展中国家正当的经济权益。为此,它们要求联合国制定具有法律约束力的《跨国公司行动守则》、《技术转让行动守则》、《班轮公会行动守则》等,以加强对跨国公司的监督。(3) 它不是要求建立社会主义和

① 〔法〕萨米尔·阿明:《国际经济新秩序的前途如何》,《第三世界》杂志,1980年第1—3月号。

② 恩格斯:《社会主义从空想到科学的发展》,《马克思恩格斯选集》第3卷,人民出版社1966年版,第473页。

③ 巫宁耕:《论建立国际经济新秩序的斗争》,《世界经济》1980年第9期。

共产主义的世界体系，而只是企图建立一个有利的国际环境，以利于这些国家的经济发展。为此，它们要求发达国家稳定初级产品的出口价格，实现商品综合方案；要求发达国家消除对发展中国家的贸易壁垒，以增加它们对发达国家的制成品出口；要求改革国际货币制度，增加对发展中国家的官方援助，减免发展中国家沉重的债务负担；要求加强发展中国家之间区域性、次区域性和区域间的经济合作，以实现个别和集体的自力更生等。

总之，从上述目标中，一方面可以看到，这个纲领带有很大的不彻底性，它反映了当前发展中民族主义国家当权资产阶级的软弱性；但是也应该看到，这一斗争的矛头是针对超级大国的，斗争的胜利必将严重削弱和打击整个垄断资本主义制度。因此，它是在新的历史阶段上广大发展中民族主义国家民族革命的继续，也是整个世界反帝反霸斗争的重要组成部分。正因为如此，任何贬低和否定这一斗争的看法，是完全错误的。

值得注意的是，从70年代后期以来，特别是1977年巴黎南北对话失败以后，发展中国家及其“七十七国集团”在总结经验的基础上，正在着手调整斗争的战略和策略。这表现在：

1. 在南北谈判中，在不放弃有关改革国际经济结构长远目标的同时，当前着重要求解决严重影响发展中国家发展和稳定的一些紧迫问题。例如在1983年4月第五届“七十七国集团”部长会议通过的《布宜诺斯艾利斯纲领》中就提出：“迫切需要国际社会提出活跃世界经济和加速发展中国家发展的紧急行动计划。”同年6月在第六届联合国贸发会议上，发展中国家再次要求制定一整套能促进发展中国家经济发展、振兴世界经济和推进建立国际经济新秩序进程的计划，其中既包括与发展中国家密切相关的商品、贸易、金融、货币、债务和发展等领域的一系列紧急措施；也包括建立国际经济新秩序所必需的调整世界经济体制的长远规划。与此同时，发展中国家还坚持要求举行全球谈判，并把它作为谋求改善南北经济关系、建立国际经济新秩序的重要途径。应该指出，在当前斗争遇到严重阻力、大多数发展中国家经济又陷入严重困难的条件下，提出短期要解决的应急措施，反映了多数发展中国家对改革国际经济旧秩序的现实态度，它有助于加强发展中国家的团结，并继续推进南北谈判。当然，紧迫问题的解决，必须同建立国际经济新秩序的长远目标正确地结合起来；谈判桌上的斗争，必须同会议外的斗争正确结合起来，才能迫使发达国家作出让步，改善发展中国家的困难处境，朝着建立比较公平合理的国际经济关系前进。

2. 在坚持南北谈判的同时，大力加强南南之间的经济合作。实践证明,改变旧的不合理的国际经济结构,指望用道义的力量要发达国家作出让步是收效不大的。物质的力量只有用物质的力量去打破。因此,加强南南间的团结和合作,具有重要的战略意义。它不仅有助于加强发展中国家自身的经济实力,逐步摆脱对发达国家的经济依附,同时也有利于增强发展中国家的谈判地位,进一步推动南北对话。由于发展中国家地域辽阔,资源多样,市场广大,经济发展又处于不同的层次上,各国在发展民族经济方面都积累了一定经验,南南合作也是有广阔前途的。多年来,为推进南南经济合作,“七十七国集团”和其他一些发展中国家组织做了大量工作。特别是1976年1月第三次“七十七国集团”部长会议(通过了《马尼拉宣言》),1979年2月第四次“七十七国集团”部长级会议(通过了《阿鲁沙集体自力更生纲领》),1981年5月发展中国家间经济合作高级特别会议(通过了《加拉加斯行动纲领》),提出了一整套包括贸易、技术、粮食和农业、能源、财政和工业化等领域在内的南南经济合作纲领和计划。正是在发展中国家的共同努力下,70年代以来,它们之间的贸易往来、生产合作、资金援助和技术转让有了很大增加,各种区域性和次区域性的经济合作组织也有进一步发展。可以相信,只要能够坚持平等互利原则,南南经济合作必将在深度和广度上取得新的进展,并成为建立国际经济新秩序斗争的一个重要组成部分。

3. 在坚持国际斗争的同时,积极调整和发展本国的民族经济。长期的实践使发展中国家认识到,要取得斗争的胜利,根本的立足点要放在增强自己经济实力的基础上。正如1983年4月《布宜诺斯艾利斯纲领》指出的,“要建立国际经济新秩序,发展中国家要在更大程度上依靠自己,依靠它们的相互合作,提高自力更生的能力”。[①] 近几年来,面对发达资本主义国家转嫁危机所造成的困难,发展中国家正积极进行本国经济的调整。其中包括压缩财政开支和基建投资,扩大出口,控制进口,以缓和财政和国际收支困难;调整国内经济结构,努力发展多样化经济,加强农业特别是粮食生产,加强能源和基础设施的建设,以加强自力更生的能力;改进经济体制,注意调动各种经济成分的作用,改善经营管理,以提高经济效益,努力增加生产。最后,许多国家正在总结过去经济发展中的经验教训,调整经济战略,并努力探索和制定符合本国国情的社会经济发展战略。

综上所述,当前建立国际经济新秩序的斗争面临的困难很多,南北谈判一时也难以取得很大进展。但是,只要发展中国家坚持团结,坚持斗争,不

① 第六届联合国贸发会议文件,TD/285,1983年。

断增强自己的力量，实行正确的斗争策略，目前严重困难的局面是会过去的。同时也要看到，发达资本主义国家内部也不是铁板一块，特别是其中一些中小国家日益认识到，发展中国家的经济发展和世界经济的复兴有着密切的关系，它们从自身的利益出发，也积极要求打破南北对话僵局，以缓和南北关系。因此，人们完全可以相信，发展中国家的斗争必将赢得世界人民越来越广泛的同情和支持，改革旧秩序和建立新秩序的历史潮流，是任何力量也阻挡不了的。

1990年代以来世界经济的特点和趋势*

二次大战后半个多世纪里,世界政治经济格局发生的变化是巨大的。这种变化并没有终止,因为决定这一变化的主要因素,即各国之间的经济发展,特别是大国和大国集团之间经济实力的对比是不断变化的。因此,要深入地研究世界政治格局的变化,研究当代国际经济关系的变化,我们就必须对当前世界经济的现状和趋势,作认真的考察。

一、1990年代以来世界经济发展的特点

80年代末东欧的剧变和苏联的瓦解,标志着冷战时代的结束。但是,这并没有给世界经济带来预期的繁荣和发展。相反,90年代的世界经济是以西方发达国家再次陷入经济衰退和苏联东欧国家陷入严重的政治经济危机开始的,这说明90年代以来世界经济的发展,是过去几十年世界经济发展过程的继续。同时,冷战的结束以及80年代以来世界各国持续的调整改革,又给90年代世界经济的发展带来重要影响。从90年代前几年的情况看,世界经济发展明显表现出以下一些特点:

(一)世界经济处于持续低速增长的状态

冷战结束,世界总的趋势走向缓和,各国开始把更多的注意力转向发展经济和增强本国的综合国力。但是,世界经济的发展并不尽如人意。从1990年到1995年,世界产值年平均增长率仅为2.7%,不仅低于60—70年代,甚至低于困难的80年代(3%)。[①] 出现这一情况的主要原因是,90年代初西方发达国家发生的周期性经济衰退和苏联、东欧国家的政治经济危机。

从1990年下半年起,美、英和加拿大等国率先进入这次衰退,接着其他

---

* 原载戴伦彰主编:《走向二十一世纪的中国对外经济关系》(论文集),中国物价出版社1997年版。

① 国际货币基金组织:《世界经济展望》,1996年5月。

国家相继卷入。危机前后延续4年左右，时间之长超过战后历次危机。1990—1993年，西方国家年平均经济增长率仅为1.5%，尽管1994年后发达国家基本上走上复苏之路，但当年增长率仅为2.8%（其中美国为3.5%），1995年又降为2%。[①] 日本因泡沫经济崩溃带来的冲击，经济状况仍无多大起色。1992—1995年4年中，日本年平均增长率仅为0.6%，这是战后几十年来所少见的。[②]

这次衰退基本上是一次周期性危机，产品过剩过多，私人消费不振，投资普遍不旺等，是造成危机的基本因素。80年代以来发达国家实施的以控制通货膨胀为主要目标的紧缩性货币政策，无疑也限制了投资和消费的扩张，延长了危机的过程，但是，冷战结束对世界经济特别是对西方发达国家这次经济衰退及其后的经济低速和不稳定增长也有一定影响，其主要表现在：

1．"军转民"困难。冷战结束使西方国家逐渐削减军费开支，军事采购也开始减少，原有庞大的军事工业面临结构性的转变，并引起相应产业的需求缩减，这无疑对不景气的西方国家经济是雪上加霜。

2．"消化代价"。苏联、东欧剧变后，为使这些国家转向资本主义市场经济轨道，西方国家提供了巨额资金。特别是德国统一后，为消化东德，统一后的德国政府3年内的财政资助就达4 700亿马克，由此引起财政赤字大增，物价上涨和利率高企，给衰退中的德国经济是火上加油。

3．竞争加剧。冷战结束后，西方国家在经济领域的竞争空前加剧，加之世界经济日趋全球化，这在客观上要求西方国家在产业结构和经济政策上加强彼此协调。但是，近年来由于国家利益至上观念的抬头，使它们之间的协调越来越难，美国与欧盟、日本之间贸易和金融领域摩擦不断。

当然，从长远看，冷战结束同样存在对世界经济发展的一些积极作用。如政治局势缓和为不同类型国家发展经济关系创造了比较宽松的国际环境，冷战结束也使世界各国特别是西方国家更加关注在经济技术竞争中保持优势。此外，80年代以来发达国家通货膨胀率一直处于较低水平，这使它们有可能放松货币政策，刺激经济的回升。

90年代前半期世界经济缓慢增长的另一重要原因，是苏联、东欧国家经历的严重危机。80年代末，这些国家相继实行向市场经济的转轨。进入90年代后，这一进程加快了，并提出了各自的加速推进的纲领。它们先后

---

① 国际货币基金组织：《世界经济展望》，1996年5月。

② 同上。

放开价格,实行大规模私有化,并放松国家对经济的宏观调控,结果直接导致生产急速下降,物价如脱缰之马上升,失业大幅度增加,从1990年—1994年5年内,这些国家的国内生产总值下降了1/3—1/2。与此同时,这些国家的消费品物价上涨了几十倍到几百倍。当然,这些国家的国情不同,转轨的时间、方式、力度不同,目前的进展情况也有差异。少数国家如波兰、捷克、匈牙利等国,转轨已初见成效,经济较有起色;其他国家经济还处于相当困难的境地。

(二) 世界经济发展中的不平衡继续发展

和过去不同的是,90年代以来世界经济发展的不平衡现象突出地表现在:

1. 在西方发达国家中,80年代以来美国较早地注意了国内经济结构性调整和新科技的开发工作,使美国工业部门的国际竞争能力在总体上比德、日等国有所加强。在这次经济衰退中,美国经济复苏也较早。1992年以来美国的年平均经济增长率明显高于欧盟和日本(详见表1),这就使美国的经济实力有一定恢复和加强。

表1 世界各类国家国内总产值增长率

单位:%

	1978—1987(平均)	1988	1989	1990	1991	1992	1993	1994	1995
世界	3.3	4.6	3.7	2.6	1.5	2.4	2.4	3.7	3.5
一、发达国家	2.7	4.3	3.6	2.5	0.8	1.7	0.8	2.8	2.1
美国	2.7	3.8	3.4	1.3	-1.0	2.7	2.2	3.5	2.0
欧盟	2.1	4.2	3.5	3.0	1.6	1.1	-0.5	2.8	2.6
德国②	1.8	3.7	3.6	5.7	5.0	2.2	-1.2	2.9	1.9
日本	3.7	6.2	4.8	5.1	4.0	1.1	0.1	0.5	0.9
二、发展中国家	4.5	5.3	4.3	4.3	5.2	6.3	6.2	6.4	5.9
非洲	2.1	3.6	3.4	2.1	1.7	0.7	0.7	2.4	3.2
亚洲	6.8	9.1	6.1	5.9	7.1	8.7	8.9	8.8	8.4
中东、欧洲	2.4	—	3.2	5.3	3.2	6.2	3.7	0.7	3.7
拉美	3.1	1.1	1.6	1.1	3.3	2.9	3.1	4.7	0.9
三、转型中国家	3.0	4.2	2.1	-3.7	-11.5	-14.7	-8.5	-8.8	-1.3①
俄罗斯	3.0	4.2	2.1	-3.7	-13.0	-19.0	-12.0	-15.0	-4.0①
中欧、东欧	3.0	4.2	2.1	-3.7	-10.8	-10.0	-5.0	-2.9	-1.4①

注:① 预计。② 1991年前指的是联邦德国。

资料来源:国际货币基金组织:《世界经济展望》1996年5月。

2. 发展中国家经济逐步恢复和发展,增长速度明显高于发达国家。1990—1995年,发展中国家的年平均经济增长率达5.7%,比发达国家的1.8%,高出2.17倍(见表1)。这无疑使南北差距有一定程度的缩小。

3. 发展中国家经济的较高增长率,主要归因于东亚和南亚地区的高速增长。1990—1995年发展中国家年平均经济增长率为5.7%,其中亚洲地区为8%,大大高于发展中国家其他地区的增长率(见表1),使亚洲地区特别是东亚地区在世界经济和贸易中的地位日益提高。现在西方发达国家,特别是美国、欧盟和日本都比过去更加重视亚洲,并相应地调整了对亚洲的政策。

经过多年调整,发展中国家其他地区情况也有改善。特别是拉丁美洲地区,90年代以来过去的恶性通货膨胀已基本得到控制(见表2),严重的外债问题得到一定程度的缓解,一些国家如智利、阿根廷等还保持了较高的增长速度。问题是,这种增长还不够稳定,如1994年墨西哥爆发的金融危机就直接导致1995年墨西哥和其他一些国家经济滑坡。发展中国家中最困难的仍然是非洲地区。尽管这两年风调雨顺和政策上的调整,非洲情况有一定改善,但基础薄弱,结构脆弱,债务沉重,加上一些国家政局不稳,这一切仍制约着这一地区的发展。1990—1995年非洲年平均增长率1.8%(见表1),还赶不上人口的增长率。

表2 世界各类国家通货膨胀率①

单位:%

	1978—1987(平均)	1988	1989	1990	1991	1992	1993	1994	1995
一、发达国家	6.7	3.4	4.4	5.0	4.5	3.3	2.9	2.3	2.4
美国	6.5	4.1	4.8	5.4	4.2	3.0	3.0	2.6	2.8
欧盟	8.0	3.5	4.7	5.3	5.1	4.5	3.7	3.0	3.0
日本	3.0	0.7	2.3	2.8	3.3	1.7	1.3	0.7	−0.1
二、发展中国家	27.4	50.9	59.7	62.5	33.3	35.3	42.5	48.0	19.9
非洲	15.5	17.0	19.3	20.1	24.4	27.9	27.4	33.8	25.8
亚洲	7.6	11.6	11.0	6.6	7.8	6.9	9.5	13.5	10.9
中东、欧洲	20.9	25.6	21.4	21.9	25.1	25.6	24.0	32.0	33.1
拉美	76.9	233.2	340.0	438.6	128.8	151.5	209.5	223.7	37.9
三、转型中国家	5.6	10.1	27.0	34.6	94.2	674.4	614.3	264.8	128.2
俄罗斯	5.6	10.1	27.0	34.6	95.4	300.9	364.5	152.9	75.3
中欧、东欧	5.6	10.1	27.0	34.6	92.7	1 353.0	896.0	302.0	190.2

注:① 消费品物价指数。

资料来源:国际货币基金组织:《世界经济展望》1996年5月。

(三) 国际间的经济关系发展迅速,对世界经济发展起着越来越重要的作用

1980 年代后期以来,国际间的经济关系发展较快。就国际贸易而言,战后世界贸易增长一般快于世界生产(GDP)。进入 90 年代后,世界生产处于低速增长,而世界贸易却进入了快速增长时期。1978 年—1987 年世界商品贸易年平均增长率为 4.2%(同期世界生产年平均增长为 3.3%),1990 年—1995 年年平均增长达 6%(同期世界生产年平均增长为 2.7%),其中 1994 年—1995 年达 9%。[①] 世界贸易的迅猛发展,成为推动 90 年代初世界经济复苏的主要动力。

目前在国际贸易中,美国、德国、日本仍居主导地位,但是 90 年代以来发展中国家的贸易增长明显快于发达国家。1990 年—1995 年发达国家出口贸易年平均增长为 5.5%,同期发展中国家为 8.1%,其中亚洲地区达 15%。[②] 在美国商务部提出的《国家出口战略》中,10 个新兴大市场中亚洲就占 4 个(中国经济区、印度、印度尼西亚和韩国)。[③] 国际贸易的迅速增长,主要是由于新科技革命引起的产业结构不断升级和在不同发展水平之间的产业传递,国际资本流动加速使生产日益国际化以及越来越多的国家把贸易自由化作为调整改革目标的结果。

应该指出,由于信息技术和信息产业日益国际化,在世界贸易中服务贸易的增长速度大大超过了商品贸易的增幅。世界服务贸易在世界贸易中的比重由 1980 年的 15%上升到 1993 年的 22%。在这方面,发达国家特别是美国有明显优势。在商品贸易方面有巨额逆差的美国,是服务贸易的头号顺差国;相反,有巨额商品贸易顺差的日本,却是服务贸易最大逆差国。因此,90 年代以来,发达国家不仅在服务贸易领域对发展中国家施加越来越大的压力,同时,它们之间的争夺也日益白热化。

在国际贸易发展的同时,90 年代以来国际投资对世界经济的促进作用也日益显著。从账面上看,1991 年世界对外直接投资累计总额已达 1.7 万亿美元,实际投资比账面额更大。1993 年国际对外直接投资在停滞了 2 年之后又有新的增长,当年投资额达 1 950 亿美元,比 1992 年增加 14%,说明随着西方国家经济恢复,这种增长势头还在继续。

---

① 国际货币基金组织:《世界经济展望》,1996 年 5 月。
② 同上。
③ 其他 6 国是墨西哥、阿根廷、巴西、南非、波兰、土耳其。

与此同时，国际金融市场扩大尤为迅速，特别是短期资本流动量增长更快，各种金融资产和金融手段不断创新。据估计，目前各种金融衍生产品和工具已超过1 200种左右，未清偿的交易额已接近10万亿美元。对于如此巨大和迅速的国际金融活动，目前还缺乏必要的规章和手段进行严格的监管，以致近年来不断发生一些银行因从事投机性经营出现严重亏损而破产的事件（如1995年英国巴林银行和日本大和银行事件），给国际金融领域带来巨大的冲击。

（四）经济全球化和地区化趋势不断加强

二次大战后，随着各国经济联系的加强，特别是市场经济体系的不断扩大，各种国际经济组织的建立和发展，使世界经济的国际化达到了更高阶段，即全球化阶段。其突出标志是：(1) 各国对外经济活动占国民生产总值的比重不断上升，如世界出口额占世界产值的比重，70年代初仅10%左右，1992年增至15.4%，对外贸易在各国经济和世界经济发展的作用日益提高。(2) 生产要素（资金、技术和劳动力）在国际间的流动量不断扩大，特别是对外直接投资额和国际金融市场的扩展十分迅速。(3) 跨国公司的数量、规模和投资活动的扩大。企业为适应国际生产分工，加速利用国外市场和资源，进行国际经营和对外投资。

应该指出，在经济全球化过程中，跨国公司起了重要作用，它不仅是经济全球化的重要驱动力，也是全球化的主要载体。一些大跨国公司兼营生产、销售、运输、通讯、金融和研究开发等多方面业务，因而能发挥联合的综合效应。

经济的全球化与各国经济发展的关系是既统一又有矛盾。各国经济本质上是独立的，每个国家都力图加强本国的综合国力，并在经济全球化日益加强过程中取得更大利益。但是，由于各国经济发展水平不同，特别是各国的发展又呈现不平衡状态，这就使各国经济在日益融合于全球经济的同时，它们之间又不可避免地发生矛盾和摩擦。在此情况下，地区经济一体化（或集团化）就应运而生。同一地区相近或相邻的国家，在共同利益的驱使下，由国家出面协调政策和行动，签订某种经济合作协议，组成地区性或次区域性经济实体，在区域内实行自由贸易和投资，对外建立某种贸易保护。

地区经济一体化（包括自由贸易区、关税同盟、共同市场、经济货币联盟等），在战后五六十年代就已开始，到80年代后期，逐渐形成一种全球趋势，其特点是：(1) 发展快，遍布世界各大洲；(2) 发展中国家与发达国家共同组成的经济集团日益增多；(3) 一体化的形式多样化，不仅有区域性和跨区域的合作，还有各种次区域性集团和小区域的“增长三角”。目前全球各种区域性组织有130个左右。在这股区域一体化浪潮中，以西欧、北美和亚太地区的一体化发展最为突出。

欧洲经济共同体是战后最早成立的地区一体化组织。1958年成立时，仅6个国家(法国、联邦德国、意大利、比利时、荷兰和卢森堡)，目前已发展为包括15个国家在内的欧洲联盟。90年代以来欧共体采取种种措施加快一体化过程。1993年1月正式建立了统一大市场；1994年欧共体和原欧洲自由贸易联盟共17国组成欧洲经济区。目前欧盟正加紧实施《马斯特里赫特条约》，争取在20世纪末、21世纪初建立经济和货币联盟，并在此基础上推进欧洲政治和经济联盟的建设。

美加自由贸易区于1989年初正式建立，1994年初，由于墨西哥加入而扩大为北美自由贸易区。按协议规定，北美自由贸易区将在15年内即到2009年全部实现协议内容。与此同时，在1994年年底美洲国家首脑会议上，美国和其他美洲国家一致同意，用10年时间将目前的北美自由区扩大为美洲自由贸易区。

90年代亚洲太平洋地区的经济一体化引人注目。从70年代起，特别是80年代以来，东亚地区实现了经济持续高速增长。它的主要动力是，一方面区域内各国(地区)加快了改革开放的过程，不断优化本国的产业结构；另一方面区域内经济贸易合作发展迅速。表现在区内贸易已由1980年本地区贸易总额的25%上升到1992年的45%，同时区内相互投资也大幅度增长。

但是，由于历史和现实的原因，直到90年代前，整个亚太地区经济合作的制度性安排进程比较迟缓。然而，面对世界经济区域集团化的迅速发展，亚太地区如果长期落后于欧洲、北美，显然会对本地区的经济发展产生不利影响；与此同时，美国从自身利益考虑，开始关注东亚地区发展。1989年成立的亚太经济合作组织，开始它只是政府间的论坛，1993年在美国的推动下，在美国西雅图举行了第一届非正式首脑会议，此后，每年召开一次各经济体的部长会议和非正式首脑会议。几年内亚太经济合作组织的发展跨了几大步：1993年西雅图会议确立了亚太经济合作的目标和机制；1994年印尼茂物会议确定了实现本地区贸易与投资自由化的具体时间表；1995年日本大阪会议通过了实现目标的行动议程；1996年马尼拉会议又通过了各经济体的单边行动计划、APEC集体行动计划和指导区域内加强经济技术合作的《原则框架宣言》。这样，亚太经合组织向机制化方向发展的要求将日益迫切。亚太经合组织的发展和完善，不仅将推进本地区的经济贸易合作，也将对未来世界政治经济格局的变化产生深刻的影响。

二、制约世界经济发展的一些基本因素

1990年代以来世界经济发展的进程表明，发达国家已经走出90年代初的经济衰退；发展中国家也开始摆脱80年代发展危机的阴影，走上持续发展之路；独联体和东欧国家经济虽然困难，但也出现复苏迹象。因此，总的说，世界经济在恢复生机，但矛盾并没有解决。21世纪初的世界经济将如何发展，人们众说纷纭，莫衷一是。

世界经济的发展不是随机无序、而是有规律可循的。从战后半个多世纪世界经济的发展进程看，它也不是一些事件的简单组合，而是体现了一些共同的、具有规律的趋势。因此，人们必须在纷纭复杂的世界经济现象中，深入探讨制约世界经济发展的一些基本因素，才能把自己对未来的预测和展望建立在科学的基础之上。

表面上看，战后世界经济发生的变化，确实眼花缭乱、错综复杂。但深入考察，可以发现它基本上受两个方面因素的制约：

1. 它受制于客观经济规律的作用，其中有些规律是对世界经济整体发展起作用，有些则是对世界经济各个行为主体起作用的。虽然这些规律的作用常常通过迂回曲折的方式表现出来，但它的作用是不以人的意志为转移的。

2. 它受到世界政治、军事、社会、意识形态等因素的影响，特别是各国政府为促进经济发展，建立的某种经济体制，制定的经济战略和经济计划，实施的某种经济政策以及对本国或世界经济进行的宏观经济调控等，都会对世界经济进程产生这样或那样的影响。客观规律和人的主观能动作用之间的关系是，当人们建立的经济体制，制定和实施的经济战略和政策，进行的宏观经济调控等，符合客观规律的要求时，它就会推动经济的顺利发展；相反，如果不适合甚至违反客观规律的，就会使经济出现停滞或挫折。

这里，我们就以上两个方面的基本因素分别作进一步的考察：

（一）世界经济规律的作用

一般说，世界经济规律是指对它作为一个矛盾统一体的世界经济起作

用的客观规律。不同类型国家的经济(如发达国家、发展中国家和社会主义国家)和世界经济的各个领域(如贸易、金融、投资等)也都会存在各自特殊的规律,它们对世界经济发展也有影响。不过,由于当今世界经济中发达资本主义国家居主导地位,由于世界各类国家都在建立不同类型的市场经济体制,这样,支配资本主义经济和市场经济发展的一些规律对世界经济就会产生更为重要的影响。具体地说,对世界经济整体发展有决定性影响的是两大规律及相联系的一些规律。

1. 生产力和生产关系相互作用的规律。这是人类社会发展的根本规律,同时也是贯穿世界经济发展的基本规律。在生产力和生产关系的相互关系中,生产力是社会发展,从而也是世界经济发展的根本力量,它的发展方向和速度决定着生产关系及其具体形式的发展;但同时,生产关系及其形式又反作用于生产力,促进或阻碍一定时期生产力的发展。

战后这一规律的作用特点是,生产力的发展超过了过去任何历史时代,可以说,超过了第一次产业革命以来生产力发展的全部总和。生产力的这种加速发展,集中表现在战后 1950 年代开始的新的科技革命上,这次科技革命,在五六十年代主要发生在核能、半导体、电子计算机、喷气技术、航空航天、石油化工等领域。从 80 年代到今天,它又在微电子、光纤通讯、信息技术、新材料、宇航技术、生物工程等领域展开。科技革命的迅猛发展,使新产业、新产品、新工艺不断涌现,使劳动生产率大大提高,社会财富大量增加,从而使发达国家从工业社会进入到信息社会。

生产力加速发展,使世界产业结构也不断变化,并趋向多样化和高级化。发达国家产业结构开始向后工业社会转变,表现在第三产业、特别是高科技产业在国内总产值中比重不断上升,第一产业、特别是第二产业继续下降。同时,发展中国家中不少国家已经由传统的、单一的、以初级产品为主的畸形结构,转向多样化的、以工业为主的产业结构。它们开始发展初级产品加工业和劳动密集型工业,继而发展资本密集型和技术密集型工业。这种情况在新兴工业化经济群和一些工业化进展迅速并有相当工业基础的国家表现尤为突出。其中有些国家和地区的产业结构已接近发达国家,在国内总产值中,它们的第三产业特别是高科技产业的比重日益上升。

生产力的迅速发展,世界各国产业结构的多样化和逐步升级,使国际劳动分工体系也发生相应的变化。战后发达国家就经历了三次产业结构的调整和转移。第一次发生在 50 年代末 60 年代初,发达国家把部分劳动密集型产业转移海外;第二次在 60 年代末 70 年代初,把部分资本密集型产业转移海外;第三次从 80 年代起,它们一面大力发展高科技新兴产业;同时又对一些相对衰落的产业部门,或用新技术进行改造,或将它们转移到海外。这样,不仅发达国家之间的水平分工进一步深化;在发达国家和发展中国家之间,也逐渐由过去的垂直分工逐步向初级的水平分工转化,新兴工业化经济群与发达国家之间已经形成水平分工为主的关系。在此情况下,各国之间经济上的相互依赖日益加强,经济的国际化进入全球化的更高阶段。

生产力的加速发展,相应地也要求经济关系和经济体制作必要的调整。西方发达国家的国家垄断资本主义已经高度发展。发展中国家进行的经济调整以及社会主义国家按市场经济方向进行的改革,也是使经济体制适应生产力发展要求的反映。

2. 竞争和发展不平衡规律。竞争规律和政治经济发展不平衡规律,都是资本主义的绝对规律,也是市场经济的规律。但是,在当前发达资本主义国家在世界经济中占据主导地位,不同国家都走上市场经济道路的条件下,它们同样也是影响世界经济整体运行的基本规律。

竞争规律是市场经济的规律。哪里有市场经济,哪里就有竞争。由于世界经济本质上是市场经济,因此,在公司与公司之间、公司与国家之间以及国家与国家之间都存在着激烈竞争。国家之间的竞争其形式和内容更加复杂,表现为经济竞争、政治竞争和军事竞争。其中经济竞争是最根本的。这一竞争的成功与否,取决于经济和科技实力以及科技转化为现实生产力的能力。

以往,政治经济发展不平衡,主要表现在一些资本主义大国之间力量对比的迅速变化上。二次大战后,国际经济关系发生了巨大变化,社会主义从一国扩大到更多国家,过去的殖民地大都成为独立的发展中国家,这就使发展不平衡表现出更加复杂的情况。首先,战后美苏两个超级大国发展的不平衡,它们在战后争夺霸权的斗争中相互削弱,特别是苏联因经济体制和战略上问题而导致解体。其次,主要发达国家之间发展的不平衡。在美国力量相对削弱的同时,德国和日本又重新崛起,成为资本主义世界第二、三号经济强国。当然,美国的相对削弱不是直线的,而且至今它还是世界惟一的超级大国。再次,资本主义国家和社会主义国家之间发展不平衡。一直到 60 年代,社会主义国家在经济和科技上曾取得突飞猛进的发展,社会主义在世界的影响不断扩大。但是由于体制上的弊端和决策上的失误,此后社会主义国家的发展落后了,以致到 80 年代末 90 年代初,苏联东欧相继出现剧变。只有中国等少数社会主义国家,从 70 年代末起,从自己的国情出发,坚持实行改革开放和以经济建设为中心的基本路线，实现了发展、改革和稳定，引起世人的重视。再其次，发达国家和发展中国家之间发展不平衡。在六七十年代，发展中国家的经济增长还比较顺利，其增长速度还高于发达国家，然而到 80 年代，由于内部和外部的各种原因，大多数发展中国家陷入严重的"发展危机"之中，出现经济停滞和倒退，财政、货币和债务危机不断加深，人民生活日益恶化，从而使它们与发达国家之间的差距明显扩大。进入 90 年代，发展中国家的调整改革取得初步成效，经济出现回升，通货膨胀开始下降，增长速度明显高于发达国家，南北差距又出现一定程度的缩小。最后，在发展中国家之间也出现明显的不平衡发展。少数国家和地区，特别是东亚"四小龙"经济增长较快，实现了工业化进程，现在已经接近发达经济的门槛；亚洲和拉美地区一些国家经济增长也在加快，估计到 21 世纪初可能成为新兴工业化经济群；但是，发展中国家也还有不少国家特别是四十多个最不发达国家(大部分在撒哈拉以南非洲地区)，长期以来经济发展陷于停滞，人民生活极度贫困，不少国家政局动荡、内乱不止。发展中国家内部的严重两极分化，势必影响这些国家内部聚合力的巩固和加强。总之，当代世界经济发展不平衡的情况更加强化和复杂化，它已经导致世界政治经济格局的不断变化，并使今后世界的各种矛盾更加错综复杂。

(二) 各国发展模式和经济政策的变化

对过去和未来世界经济发展有重要影响的另一个基本因素，是各国发展模式和经济政策的变化。要研究这些方面的变化，首先应该研究人们在认识上究竟发生了哪些变化和提高。

1. 在宏观经济政策上。二次大战后，发达国家吸取了 1930 年代大危机的教训，在宏观经济政策上普遍实行凯恩斯主义以充分就业为主要目标的膨胀性的财政和货币政策。这一政策虽然在一定程度上推动了当时的经济增长，减轻了危机的振荡，但同时它的副作用也是突出的，突出表现在财政赤字不断增加、物价不断上涨。如美国，50 年代年平均消费品物价上涨率为 1.8%，70 年代上升到 7%；日本同期从 3% 升至 8.9%；英国从 3.6% 升至 12.4%。物价猛烈上涨，不仅加剧了生产与消费矛盾，削弱了政府财政干预的力度，也使大量资本转向非物质生产部门，从而导致经济增长速度下降。如 1965 年到 1973 年，西方发达国家年平均增长率为 4.7%，1973 年至1982年降为2.4%。[①]

针对70年代中期后出现的“经济滞胀”(即生产停滞与通货膨胀相结合的情况),西方发达国家政府开始把宏观经济管理的目标转向实现低通货膨胀下的适度增长,并相应实施程度不同的紧缩性的财政货币政策和结构调整政策。这一政策对缓和通货膨胀和实现经济稳定增长方面起到了积极作用,但也存在经济增长缓慢、失业增长等问题。因此,从目前情况看,发达国家虽然都还会把防止出现严重通货膨胀作为自己的重要政策目标,但面对国际竞争的加强,未来各国会更强调在适度增长下向高质、高效的方向发展,即把提高本国经济的效益和竞争能力作为首要目标。为此,发达国家正注意一方面加快科技革命和科技进步的步伐,同时加快自身经济结构的调整。

在六七十年代多数发展中国家实行以追求经济增长为目标的赶超战略,为实现经济的高速增长,不少国家走上对内扩大财政赤字、对外大量举债的道路。这一政策虽在一定时期保持了增长速度,但却日益加深了经济总量和经济结构上的严重失衡。例如,发展中国家非产油国1970年外债不到1 000亿美元,1980年就增至4 740亿美元;这些国家的通货膨胀率从1971年起就出现两位数的增长,以后几年每年上升20%左右。[②] 正是这种宏观经济的失衡,加上1980年出现的世界经济衰退和发达国家采取的“以邻为壑”政策的严重打击,使多数发展中国家在80年代陷入了一场空前严重的发展危机之中。其表现为,生产持续下降,通货膨胀空前加重,对外债务不断上升,人民生活严重恶化,社会状况日益动荡。整个80年代,除东南亚和南亚地区保持了较高增长外,多数国家是“失去的十年”。

危机迫使发展中国家对经济进行痛苦的调整和改革,并日益重视对经济加强宏观调控。当然,要同时解决生产停滞、通货膨胀和债务危机,是一项十分困难和复杂的任务,因为要刺激经济回升,就必须增加投资,放松信贷,其结果必然会加深财政困难和债务负担;如果要解决财政危机和债务危机,就要实行紧缩性的财政和货币政策,这又会增加经济回升的困难。因此,加强宏观经济调控必须和经济结构的调整、经济战略和经济体制的改革密切结合起来。事实上,80年代以来,很多发展中国家在加快财政税收制度改革,严格控制货币发行和信用膨胀的同时,在经济战略和经济体制上也

① 世界银行:《1985年世界发展报告》。
② 巫宁耕:《战后发展中国家经济》(概论),北京大学出版社1986年版。

加强了改革的力度,使经济情况出现明显的改善势头。

2. 在发展战略上。如前所述,战后一个时期,发展中国家大都把经济增长及有关内容作为战略目标。这种战略的局限性很大,表现之一是收入分配不均,两极分化严重。其结果不仅造成严重的社会问题,而且影响经济的长期增长。因此,在70年代前后,一些国际组织和国家提出经济发展与社会发展相协调的社会经济发展战略。这是发展战略认识上的巨大进步。但各国实施的进度不同,遇到的困难也不同,这里不仅涉及各社会集团利益的问题,对于发展中国家来说,还有一个经济发展的水平和效率问题。进入90年代以来,谋求经济的可持续发展,成为世界发展的潮流和各国调整战略的重心。1992年召开的世界环境和发展会议、1994年的世界人口会议、1995年召开的社会发展问题世界首脑会议,这一切表明各国日益重视谋求人口、经济、社会、环境与资源的协调发展;日益重视发展既要满足当代人的需要(首先是穷人的需要),也要考虑后代人的需要。因此,可持续发展是一种更新的社会经济综合发展战略。但是,实行这种战略,需要建立相应的经济、社会和资源基础,需要建立有关的政策法律体系,需要建立有效的综合决策和协调机制。

3. 在运行机制上,凯恩斯主义比较强调国家干预,70年代后期起盛行一时的新保守主义又强调市场价格机制的作用,并反对国家强化干预经济,主张充分调动私人企业的作用。上述的理论和政策主张,虽然都是为解决当时经济生活中的矛盾提出的,在实践上也起了一定作用,但也都有局限性。进入90年代后,不少学者提出要重新认识市场经济,特别是政府在市场经济中的作用。他们认为,经济过度自由化有严重缺陷,必须由政府来矫正市场缺陷,以实现经济增长、稳定、效率与公正的结合。为此,必须加强宏观经济管理,其中包括制定和严格执行有关法律法规;同时,也要充分利用市场机制,以保持经济活力和效率。另一方面,必须加强和完善国际经济协调,其中包括调整和改革目前的国际经济管理和协调机构,改变由少数发达国家控制和左右的局面;同时,除发挥现有联合国及有关国际经济机构的作用外,也应发挥非政府机构的作用。

上述情况主要是指世界经济总体和发达国家而言的。由于各类国家具体情况不同,在发展模式、运行机制和经济政策上,都会有自己的特点。例如目前发达国家的经济增长,是内涵型、集约型和效益型的,即主要依靠提高生产率的经济增长模式;而广大发展中国家的经济增长主要是外延型、粗放型和数量型的,在总体上还是依靠增加投入的经济增长模式。当然,即使在发展中国家内部情况也有差别，不能一概而论。一些国家已经开始重视增长方式的转变，推进经济的持续有效的增长。

三、世纪之交的世界经济发展前景

根据90年代前半期世界经济发展的轨迹，以及对影响未来世界经济发展的一些深层次因素的分析，我们可以比较清醒地把握世纪之交世界经济发展趋势的大体脉络。如果说，二次大战后世界经济曾经经历近20年相对繁荣的时期，此后又经过近20年的一波三折的艰难历程，那么，未来的10—20年内世界经济将进入一个新的发展时期，情况可能比前20年好，但也会有不少矛盾和问题，需要各国继续努力作出调整。总的看，世纪之交的世界经济可能呈现出以下趋势：

1. 目前世界经济稳定增长的势头将继续下去，大致可以维持到21世纪初。这是因为：(1) 发达国家经过20世纪90年代初经济衰退，各国宏观调控的能力进一步提高。在时空上，它们从事后调控逐步走向事先调控；在力度上，以微调逐步替代强调；在手段上，注意财政金融政策同时并用或交替并用；在目标上，仍然强调防止通货膨胀下的适度均衡增长。(2) 发展中国家经过十多年的调整改革，已经重新走上持续发展道路。不仅东亚地区将继续保持较快的增长活力，拉美国家由于债务危机有所缓和，恶性通货膨胀得到抑止，经济也出现了转机。(3) 世界贸易组织的建立和区域经济合作的发展，必将促进国家贸易和投资的继续活跃，并推动经济的增长。(4) 俄罗斯、东欧国家目前经济虽然还比较困难，但一些东欧国家已经走上经济复兴之路，俄罗斯等一些独联体国家的经济严重滑坡和恶性通货膨胀已得到初步控制，它们对世界经济拖后腿的作用将会削弱，情况比90年代前半期会有明显改善。

2. 世界经济增长的质量将会提高。这表现在，首先发达资本主义国家都在把提高本国的经济效益和竞争能力作为首要目标。这种重质胜于重量的突出表现是，各国加快了科技革命的步伐。目前美、德、日等国都已基本完成科技政策的调整，并从组织机构到经费保证等方面采取了一系列具体措施。例如在美国提出建设信息高速公路后，欧洲及日本也纷纷提出相应计划，使一场信息革命在全球展开。科技进步必然使产业结构和产品结构向更高层次发展，也使生产方式、经营机制、经营战略发生相应变革；同时，科技进步带来的高效率，也将随之带来高效益。

发展中国家内部不少国家增长方式也将由粗放型向集约型转变。表现在,它们把实现工业化与信息技术革命结合起来。近十多年来,东亚地区增长速度居世界前列,同时,在新科技和高新产业的开发、人力资源投资等方面都作出了很大努力,从而在提高效率和效益方面取得进展。拉丁美洲和南亚地区一些国家,也出现了类似趋势。发达国家加紧把一些劳动密集型、资本和技术密集型产业转移到发展中国家,既有利于发达国家产业结构调整,也有助于发展中国家经济集约化程度的提高。

3. 区域经济集团化将稳步发展,并出现与世界经济全球化相协调的趋势。目前地区经济集团化虽然在组织形式和具体政策上有一定排他性,但它和 20 世纪三四十年代出现的英镑区、法郎区、美元区、日元区等完全不同。这是因为:(1) 目前的区域性集团是主权国家的联合,和过去的那种殖民地与宗主国之间结合不同;(2) 它是在多边贸易体制制约下建立的,现在的区域性集团必须接受世界贸易组织规定的削弱贸易壁垒的要求;(3) 随着跨国公司在战后的迅速发展,跨国投资等现代世界经济全球化的制度创新,都大大削弱了区域集团的排他性。因此,目前的区域集团化是在世界经济全球化的背景下,在实现更大范围的世界经济一体化条件还不具备时的一种次优选择,它对促进世界经济全球化的积极作用大于负面影响。

当然,这里包括两种情况,一类区域组织如亚太经济合作组织,从一开始就突出了开放性,实行开放的地区主义,追求与关税贸易总协定原则相一致的贸易和投资自由化。在运行机制上强调协调的单边主义,是协商而不是谈判,是自愿而不是强制。因此这类组织的排他性较小,它将有力地推动世界经济全球化的发展。另一类区域组织如欧盟、北美自由贸易区等,它们对非成员国有一定的排他性,但正如前面分析的情况(对外贸易壁垒的减少、跨国投资的发展以及成员国的不断扩大等),这种排他性也在逐渐减少。因此,展望未来,世界经济区域集团化的趋势与世界经济全球化趋势在总体上会协调发展。

总之,随着世界多极化趋势的发展和新科技革命深入发展,随着各国调整改革的继续,未来世界经济虽不能排除出现波折和衰退,但大体会保持相对稳定的增长,世界贸易和投资会继续扩大,经济的集约化程度会不断提高,世界经济的全球化趋势会继续加强。同时,人们也不能忽视,影响世界经济运行的一些规律会继续发挥作用;世界经济中原有矛盾也没有解决,相反,随着调整的进行,一些新的矛盾又会不断出现,如紧缩性财政货币政策,导致发达国家失业居高不下和发展中国家贫困人口的不断增加;经济体制的改革虽有助于进一步解放生产力，但是市场不仅无法解决贫困和失业，过度的经济自由化还可能导致经济动荡；各国经济的开放，虽有助于世界经济全球化提高，但也会导致国际经济矛盾的加深。所有这些，不能不引起国际社会的密切注意。